AF478097

DER WERT DER FREIHEIT
THE VALUE OF FREEDOM

VERLAG FÜR MODERNE KUNST

DER WERT DER FREIHEIT

THE VALUE OF FREEDOM

Inhalt

Liste der Künstlerinnen und Künstler / Artists

Contents

Vorwort
Stella Rollig

Wir leben in unheimlichen Zeiten. Es scheint, als würden wir uns in einem dauerhaften Ausnahmezustand befinden. Wir sind angespannt und permanent alarmiert: War es zunächst der islamistische Terror, so sind es nun Flüchtlinge, deren Anwesenheit das subjektive Sicherheitsgefühl strapaziert. Auch der soziale Status quo scheint bedroht. Die Globalisierung brachte nämlich nicht nur billige Unterhaltungselektronik mit sich, sondern auch die Verlagerung von Arbeitsplätzen in Billiglohnländer. Gleichzeitig wurde innerhalb der EU der Arbeitsmarkt geöffnet, die Freizügigkeit erzeugt zusätzlichen Druck auf Arbeitnehmerinnen und Arbeitnehmer. Dagegen hilft nur Effizienzsteigerung – also unterwirft man sich einer Logik der Selbstoptimierung, die die Angst vor dem sozialen Abstieg dennoch nicht nehmen kann. Die traditionellen journalistischen Medien, denen man mit einer grundlegenden Skepsis gegenübersteht, sind in finanzieller Bedrängnis und ersetzen zunehmend Inhalte durch Emotionen, mit denen höhere Reichweiten erzielt werden können. Sie verstärken das Gefühl, von Problemen umgeben zu sein, denen mit Dringlichkeit begegnet werden sollte. Auch die Politik wirkt aus der Balance geraten, ihre Institutionen sind angeschlagen, ihre Protagonistinnen und Protagonisten scheinen unglaubwürdig. Deshalb sind es die Politikerinnen und Politiker mit den radikalsten Lösungsansätzen, denen eine demokratische Mehrheit ihr Vertrauen schenkt. Denn es scheint sofortiger Maßnahmen zu bedürfen, auch wenn die eingängigen Versprechen oft nicht die besten Lösungen bieten.

Ein solches Versprechen lautet: Um sich in einer Welt, die sich in schwindelerregendem Tempo verändert, zu Hause zu fühlen, braucht man harte Regeln, die für Ordnung sorgen. Das Durchsetzen strenger Regeln traut man starken Personen zu, die die Geschicke der Gesellschaft lenken sollen. Egomanen an der Spitze in Verbindung mit einem gesellschaftlichen Konsens darüber, dass der Staat mehr reglementieren und kontrollieren sollte, das ist ein gefährliches Gemisch für die Zukunft und Anlass, diese Ausstellung über den Wert der Freiheit zu zeigen.

Freiheit ist ein Prozess, in dem man selbstständig und zwanglos zwischen Möglichkeiten wählen und entscheiden kann. Aber individuelle Selbstbestimmung wird von vielen inneren und äußeren Faktoren beeinflusst. Die Ausstellung beschreibt dieses Geflecht aus gegenseitigen Abhängigkeiten und Wechselwirkungen entlang verschiedener ineinandergreifender Themenbereiche. Ein zentraler Teil widmet sich dem grundsätzlichen Wesen der Freiheit. Um die Demokratie und um Staatsformen, die die Strukturen des Zusammenlebens bestimmen, geht es in einer weiteren Zone. Eine Reihe von Exponaten beschäftigt sich mit der Einschränkung von Freiheit durch Überwachung, Kontrolle und Zensur. Phänomenen des öffentlichen Raums werden Aspekte und Mechanismen aus den sozialen Medien gegenübergestellt. Die Macht des Wissens trifft auf die Ohnmacht der Desinformation. Ein weiterer Bereich geht Subjektivierungsformen und Strategien der Emanzipation nach. Ebenso werden neue Imperative der Identitätspolitik hinterfragt. Die Freiheit wird auch in ihrem ökonomischen Kontext verhandelt: Verspricht die stetige Produktivitätssteigerung durch Selbstoptimierung überhaupt mehr Freiheit? Zwischen den Polen von Mensch und Gesellschaft, Demokratie und Ökonomie, Arbeit und Freizeit, Körper und Geist, Natur und Kultur ist die Freiheit zu finden – und sie erweist sich nicht als messbare Naturgröße, sondern muss ständig neu verhandelt werden.

Das alles wird in diesem Katalog nicht nur über die Texte zu den einzelnen Kunstwerken, sondern auch über eine Reihe von Beiträgen besprochen. In seinem Katalogtext unternimmt Severin Dünser, der Kurator der Ausstellung, einen Streifzug durch die Themengebiete der Ausstellung und skizziert den historischen Kontext unseres Freiheitsbegriffs. C Scott Jordan schreibt in seinem Beitrag über Freiheit vor dem Hintergrund einer Gegenwart, die er als postnormale Zeit charakterisiert: als eine Zwischenperiode, in der alte Denkmuster ihre Gültigkeit verlieren, neue erst geschaffen werden müssen und sehr wenige Dinge schlüssig sind. Elżbieta Matynia schlussfolgert in ihrem Text, was zu tun wäre, um mittels performativer Demokratie und der Teilhabe im öffentlichen Raum aktive Freiheit zu ermöglichen. Oliver Marchart zieht schließlich Parallelen zwischen Herbert Marcuses *Versuch über die Befreiung* und den Surrealisten und verortet den Ursprung des neoliberalen Kreativsubjekts in der 1968er-Bewegung.

Für die gelungene Ausstellung möchte ich an erster Stelle den Künstlerinnen und Künstlern danken, die mit ihren Arbeiten auffordern und ermuntern, sich den Wert der Freiheit bewusst zu machen. Severin Dünser sei herzlich für das kluge kuratorische Konzept gedankt, das sich einem heute so relevanten Thema aus unterschiedlichen Perspektiven annähert und den Puls der Zeit trifft. Bei den beteiligten Mitarbeiterinnen und Mitarbeitern aus den Bereichen Ausstellungsproduktion und -aufbau, Vermittlung, Presse- und Öffentlichkeitsarbeit, Marketing und Katalogproduktion möchte ich mich für ihre Tatkraft und ihr großes Engagement bei der Umsetzung und Betreuung der Ausstellung bedanken.

Preface
Stella Rollig

We live in strange times. It seems as if we are in a permanent state of emergency, tense and constantly on the alert: While it was initially Islamist terrorist attacks, now it's refugees, whose presence impairs our subjective sense of security. Moreover, the social status quo seems under threat. After all, globalization brings not only cheap entertainment electronics, but also the relocation of jobs to low-wage countries. At the same time, within the EU the job market has opened up, and freedom of movement puts additional pressure on workers. The only way to counter this is through increases in efficiency, meaning that one submits to a logic of self-optimization, which nevertheless cannot avert the fear of sliding down the social ladder. The traditional journalistic media, which are now viewed in some quarters with profound skepticism, are in financial difficulty and are increasingly replacing content with emotions with which they hope to achieve a greater reach. They reinforce the sense of being surrounded by problems that need to be addressed urgently. The world of politics also seems to be out of kilter, with its institutions ailing and its protagonists apparently no longer credible. It is precisely for this reason that the politicians proposing what seem the most radical approaches, gain the trust of the democratic majority. After all, it seems that immediate measures are required, even if the most easily grasped promises often do not offer the best solutions.

A typical such promise reads: In order to feel at home in a world that is changing at a dizzying pace, you need tough rules that ensure order is maintained. Asserting such tough rules is best entrusted to strong individuals who are meant to steer the fate of society. Egomaniacs at the top, combined with a social consensus that the state should regulate and control more aspects of life, form a dangerous mix for the future and are a good reason to stage this exhibition on the value of freedom.

Freedom is a process in which you can independently and freely choose between various options and make decisions. That said, individual self-determination is influenced by many internal and external factors. The exhibition portrays this network of mutual dependencies and interactions as demonstrated by focusing on different interlocking subject areas. A central section is devoted to the fundamental essence of freedom. Another section addresses democracy and the various forms of government that define the structures of coexistence. A series of exhibits deals with the restrictions to freedom through surveillance, control, and censorship. Phenomena from the public space are juxtaposed with aspects and mechanisms of social media. And the power of knowledge comes up against the impotence of disinformation. Another section explores forms of subjectivization and emancipation strategies. Equally, new imperatives of identity politics are critically examined. Freedom is also addressed in its economic context: Does the constant increase in productivity through self-optimization truly promise greater freedom? Freedom is to be found between the twin poles of man and society, democracy and economy, work and leisure time, the physical and intellectual, nature and culture—and it does not prove to be a quantity set by some natural law but instead a property that has to be constantly renegotiated.

All this is discussed in this catalog, not only in the form of texts on the individual works of art, but also across a series of essays. In his contribution to the catalog, Severin Dünser, the exhibition's curator, takes us on a journey through the thematic areas of the exhibition and outlines the historical context of our concept of freedom. C. Scott Jordan contributes an article about freedom against the background of a present day that he characterizes as a post-normal era: He views it as an interim period in which old patterns of thought are losing their validity and new ones first have to be created, and in which very few things are conclusive. In her text, Elżbieta Matynia analyzes what needs to be done to facilitate active freedom by means of performative democracy and participation in the public space. Finally, Oliver Marchart draws parallels between Herbert Marcuse's *An Essay on Liberation* and the Surrealists, and pinpoints the origins of the neoliberal creative individual in the 1968 student movement.

For the successful staging of this exhibition, I first have to thank the artists who, through their works, urge and embolden us to become aware of the value of freedom. I am also immensely grateful to Severin Dünser for his ingenious curatorial concept, which addresses such a topical theme from different perspectives and is in keeping with the pulse of the times. I would also like to thank all the staff members involved—from the areas of exhibition production and construction, education, press and PR work, marketing and catalogue production—for their tremendous efforts which helped make it possible to realize and manage the show.

15 DER WERT DER FREIHEIT

SEVERIN DÜNSER

Der Titel dieser Ausstellung verspricht, Antwort auf eine Frage zu geben: Welchen Wert hat Freiheit? Während damit über eine rhetorische Figur festgestellt wird, dass Freiheit grundsätzlich von Wert ist, wird gleichzeitig eine Kette von weiteren Fragestellungen ausgelöst. Ein Wert beschreibt ja eine Relation, aber wozu steht die Freiheit in Verhältnis? Abgesehen davon, dass es schwierig werden wird, die Freiheit zu validieren, ist auch offen, an wen sich die Frage richtet. Adressiert sie jede Einzelne und jeden Einzelnen oder uns als Gesellschaft? Und von was für einer „Freiheit“ sprechen wir hier überhaupt?

Aus den ersten Fragen ergeben sich auch schon erste Anhaltspunkte. So lässt sich erahnen, dass Freiheit keine messbare Naturgröße ist, sondern ein relationaler Begriff, der einem stetigen Wandel unterliegt. Er erfährt in unterschiedlichen Kontexten verschiedene Bedeutungen und beschreibt als unbestimmte Variable auf psychologischer, sozialer, kultureller, religiöser, politischer und rechtlicher Ebene Aspekte unseres Daseins. Um sich einem zeitgenössischen Verständnis des Begriffs der Freiheit anzunähern, scheint es also angebracht, dessen Interrelationalitäten und Interkontextualitäten zunächst einmal historisch zu beleuchten.

Ihren Anfang nimmt die Geschichte der Freiheit mit der antiken Polis. Etwa ab dem 8. Jahrhundert v. Chr. organisieren sich Bürger selbstbestimmt in Stadtstaaten. In diesen Gemeinden halten sich bis zum 2. Jahrhundert n. Chr. Demokratien, in denen die Macht direkt vom Volk ausgeht.[1] Platon sieht die Staatsform kritisch: „Eine Demokratie entsteht, wenn die Armen den Sieg davontragen und von der Gegenpartei die einen hinrichten lassen, die andern verbannen und den übrigen Bürgern gleichen Anteil an der Staatsverwaltung und an den Ämtern geben.“[2] Es gibt also hier schon ein strukturell in der Staatsform angelegtes Spannungsverhältnis zwischen Arm und Reich, Freiheit und Gleichheit, politischer Freiheit und ökonomischer Unfreiheit. In der antiken Philosophie wird der Begriff der Freiheit zudem vor dem Hintergrund diskutiert, dass die Partizipation an politischen Prozessen nicht allen gestattet ist: Unliebsame Personen werden von vornherein aus der Gemeinschaft ausgeschlossen, Frauen besitzen kein Stimmrecht, ebenso wenig Sklaven. Von den Umständen und Problemstellungen ausgehend entwickelt die antike griechische Philosophie einen Freiheitsbegriff, der Eigenschaften wie Autonomie und Autarkie von der Demokratie auf den einzelnen Menschen umlegt, unabhängig von Stand und Geschlecht. Dem Individuum wird die Herrschaft über sich selbst zugesprochen, Freiheit als „selbstständige Lebensführung“[3] verstanden – allerdings immer in Wechselbeziehung zur Polis, die Gesetze braucht, um ihre Autonomie zu erhalten und damit auch die Freiheit ihrer Bürger.

Die Philosophen der Stoa ziehen sich schließlich aus den Überlegungen zur äußeren und politischen Freiheit zurück und verlagern den Schwerpunkt auf eine innere Freiheit, die eine trotz widriger äußerer Umstände sinnvolle Lebensführung ermöglicht (z. B. auch der Sklavin und dem Sklaven) und den eigenen Begierden und Verlockungen von außen die Vernunft entgegensetzt.

Auch die christliche Heilslehre zieht eine klare Grenze zwischen dem Inneren und dem Äußeren. Der Körper ist an eine von Versuchungen durchdrungene Welt gebunden, während der Geist seine Freiheit im Glauben an Gott ausleben darf. Das eigene Handeln in der Welt wird einer Selbstkontrolle unterworfen, doch die Taten zählen weniger als der richtige Glaube, der dahintersteht. Freiheit kann man sich in der Zeit vor der Aufklärung „nicht erarbeiten, sondern nur erglauben“[4]. Trotzdem gilt das Motto „Ora et labora“, „Bete und arbeite“, denn es geht dabei nicht nur um das Freisein im Geist, sondern ebenso um die Selbstbeherrschung des Körpers, sei es nun als Arbeiter oder als Mensch im Umgang mit anderen.

Die Aufklärung läutet daraufhin wieder eine Wende ein: den „Ausgang des Menschen aus seiner selbstverschuldeten Unmündigkeit“, wie es Kant formulierte.[5]

Alexander Kluge

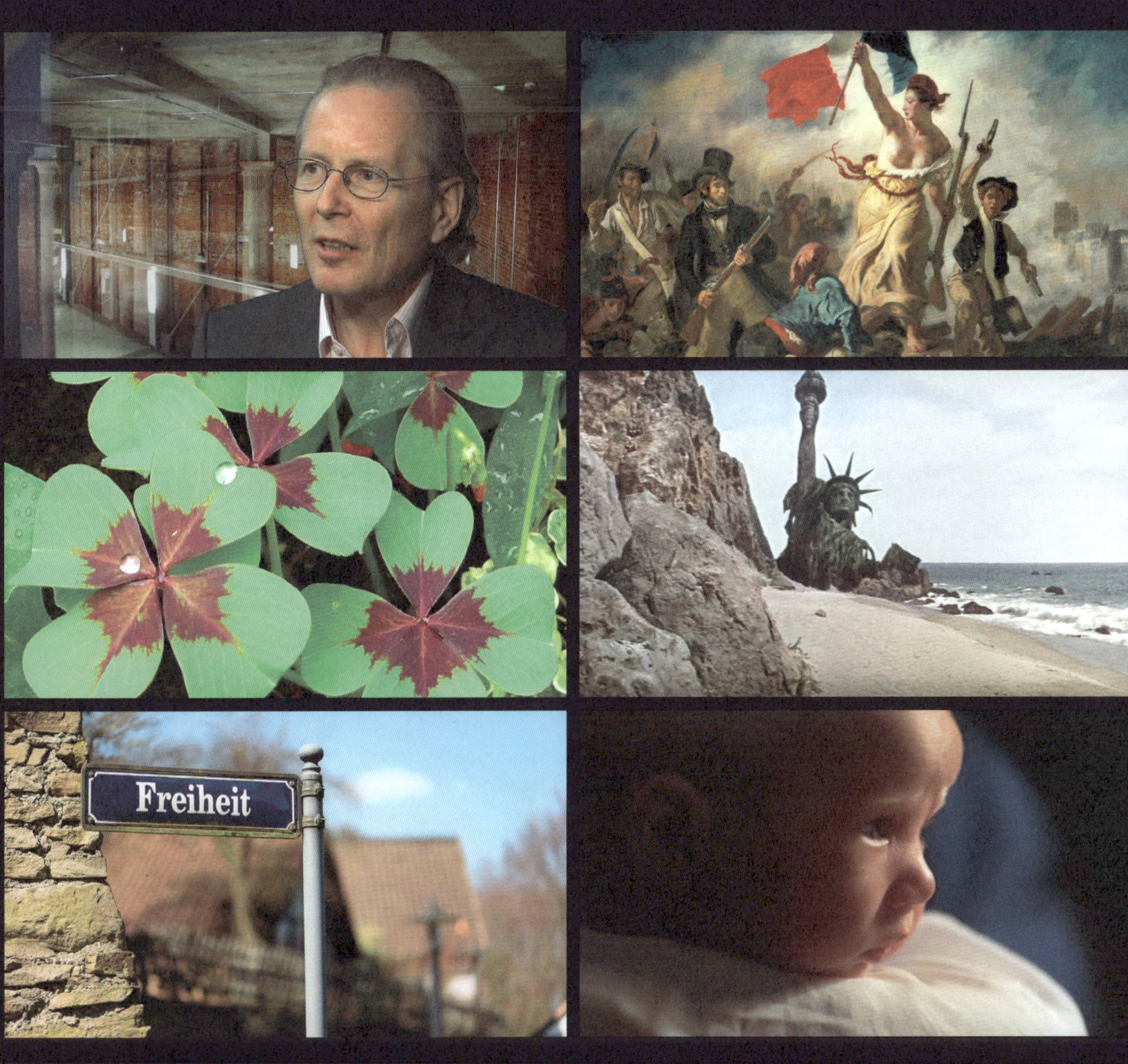

Freiheit glückt beim zweiten Mal – Christoph Menke über eine Flaschenpost Theodor W. Adornos,
2016, Video (Farbe, Ton), 24′,
Courtesy Alexander Kluge

In dem Video interviewt Alexander Kluge den Philosophen Christoph Menke, einen Vertreter der Frankfurter Schule in dritter Generation. Menke untersucht den Prozess des Subjekts bzw. das Subjekt als Prozess, wobei er diesen Prozess als „Prozess der Befreiung" versteht. Er spricht darüber, dass Freiheit nur im Prozess des Sichbefreiens erfahren werden kann und dass dieser Prozess damit beginnt, dass der Mensch durch die Hilfe anderer die Fähigkeit erwirbt, sich von der einfachen Naturgetriebenheit zu befreien. Diese Befreiung geht einher mit einer neuen Abhängigkeit, nämlich von den Spielregeln der Gesellschaft bzw. der „zweiten Natur". Menke schlussfolgert nach Adorno, dass wir subjektive Freiheit einerseits nur im Balanceakt zwischen Natur und Kultur begreifen können und andererseits immer erst beim zweiten Befreiungsversuch.

Liberty succeeds the second time around – Christoph Menke talks about a letter in a bottle from Theodor W. Adorno
2016, video (color, sound), 24′, courtesy Alexander Kluge

In the video Alexander Kluge interviews philosopher Christoph Menke, a third-generation representative of the Frankfurt School. Menke explores the process of the subject and the subject as process, whereby he views this process as a "process of liberation." He explains that freedom can only be experienced in the process of liberating oneself and that this process begins when someone acquires, with the help of others, the ability to liberate himself from his inherent instinctiveness. This liberation is accompanied by a new dependence, namely on the rules of society or one's "second nature." Menke concludes, like Adorno, that we can only grasp subjective freedom in a balancing act between nature and culture, and then only on our second attempt at liberation.

Der Mensch soll nun wieder selbstständig denken und sich ein Urteil machen, sich auf den eigenen Verstand verlassen, statt nur auf andere zu hören. Rationalität ist nun gefragt, und damit werden Wissen und die Kontrolle von Wissen zum Machtinstrument, das den Glauben ablöst und Freiheit ermöglicht. Der Körper und der Geist können wieder näher aneinanderrücken, aber an die Stelle der Selbstbeherrschung tritt nun die Kontrolle von außen.

Ab dem 17. Jahrhundert können in Europa wieder verstärkt demokratische Strukturen Fuß fassen. In England werden dem Parlament ab 1689 Immunität, Finanzhoheit und Recht auf Versammlung unabhängig vom König verliehen. Schon damals gibt es Bestrebungen der politischen Bewegung der sogenannten „Levellers", allen (männlichen) Bürgern gleiche Rechte und Religionsfreiheit zuzugestehen. Die Freiheit, die sie fordern, verstehen sie als Eigentümerschaft an sich selbst, was die damalige Oberschicht als Gleichmacherei auffasst.

Simon Dybbroe Møller

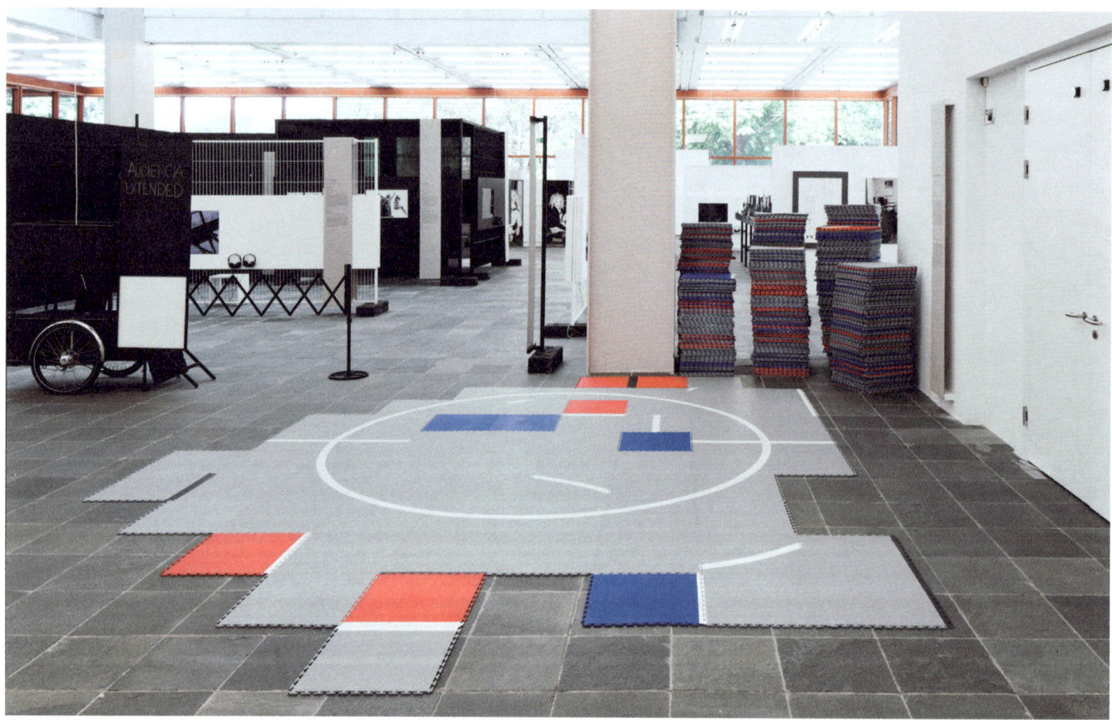

O and No
2011–2015, Sportbodenelemente, Dimension variabel, Belvedere, Wien

Die Installation *O and No* von Simon Dybbroe Møller besteht aus Elementen, die wir aus Turnhallen kennen. Dort sind sie normalerweise, wenn sie gut verlegt sind und einen Boden bilden, nicht als solche wahrnehmbar. In der Ausstellung sind die Bodenelemente durcheinander und nur teilweise auf dem Boden ausgelegt – gerade so, dass ein „O" erkennbar ist. Die restlichen Teile sind zu Stapeln aufgetürmt und versperren einen Durchgangsbereich – sie sind die Entsprechung des „No" im Titel. So changiert die Installation zwischen den Mitteln des Widerstands: dem „O", das das „I prefer not to" von Herman Melvilles *Bartleby* genauso symbolisiert, wie die Bodenmarkierungen es für die Regeln des Spiels tun, und dem „No", das als physische Barriere durchaus an Barrikaden erinnert, die zur Erhaltung oder Generierung von Freiheit sowohl ausschließen als auch einsperren können.

O and No
2011–2015, sports floor elements, dimensions variable, Belvedere, Vienna

The installation *O and No* by Simon Dybbroe Møller consists of elements we are familiar with from gymnasiums. And providing they have been well laid and form a floor, they are normally not noticeable as such in that setting. In the exhibition the floor elements are jumbled up and only some of them are laid out on the floor itself—just forming an "O." The remaining parts are stacked up and block a route visitors would normally take, thus corresponding to the "No" in the title. As such, the installation alternates between the means of resistance, between the "O," which symbolizes the "I would prefer not to" as spoken by Herman Melville's *Bartleby* just as much as the floor markings symbolize it for the rules of play, and the "No," which as a physical barrier calls to mind a barricade, either keeping people out or stopping them from escaping to preserve or generate freedom.

Aufbauend auf den Ideen von John Locke veröffentlicht Charles Montesquieu 1748 seine Ideen zur Gewaltenteilung.[6] Legislative, Exekutive und Judikative sollen nach seinen Vorstellungen im Staat voneinander getrennt werden, um Despotie zu verhindern und nachhaltig Freiheit zu ermöglichen. Aus einer Mischung dieser Ideen, dem englischen Parlamentarismus und dem Modell der Räteverfassung der Irokesen wird 1787 schließlich der erste moderne demokratische Staat aus der Taufe gehoben: die Vereinigten Staaten von Amerika. Ab dem Ende der frühen Neuzeit kommt es noch zu einer Vielzahl von Umschwüngen, die die absoluten Herrschaften mehr und mehr abschwächen und das Bürgertum im 19. Jahrhundert wieder erstarken lassen.

Aus dem Übergang von der Agrar- zur Industriegesellschaft ergeben sich gleichzeitig neue soziale Problemstellungen, in deren Zentrum der Arbeiter steht. Mit dem Ende der Leibeigenschaft und dem Abwenden von der Sklaverei bekommt das Arbeiten ab dem 19. Jahrhundert einen anderen Symbolwert. Der Arbeiter erhält nun Geld dafür, dass er Körper und Geist an einen Arbeitgeber verkauft. Und das Geld kann dann in weiterer Folge dafür verwendet werden – soweit es für die täglichen Ausgaben reicht –, sich Möglichkeiten zu schaffen, also Freiheiten. Und als der Glaube und der Staat anfangen, ihre Zügel zu lockern und den Individuen mehr Freiheiten zuzugestehen, entsteht Raum für eine neue Machtstruktur: die Marktwirtschaft.

Mit dem Industriekapitalismus nimmt ein Modell an Fahrt auf, das die Arbeit und deren Welt rationalisiert und optimiert. Seine Maxime ist die Profitmaximierung für den Besitzer der Produktionsmittel, sein Paradies ein (interventions-)freier Markt. Der Abstraktionsgrad der Wirtschaft wächst mit dem Aktien- und Finanzhandel stetig an, bis sich die immer häufiger auftretenden Störgeräusche schließlich 1929 in der Weltwirtschaftskrise entladen. Als Reaktion auf die ungezügelte Marktwirtschaft einerseits und die Interventionspolitik der Staaten andererseits entwickeln Walter Eucken und die Freiburger Schule das Konzept des Ordoliberalismus, der politische und wirtschaftliche Freiheit vereinen soll. Eine komplette Kontrolle der Wirtschaft durch den Staat wird von den Vertretern des Ordoliberalismus abgelehnt, die nach den Erfahrungen unter dem NS-Regime und der Sowjetunion davon ausgehen, dass die Unterdrückung der wirtschaftlichen Freiheit mit politischer Unfreiheit korreliert. Der Staat soll die Rahmenbedingungen vorgeben, um z. B. Formen der Marktbeherrschung zu verhindern, aber nicht in den Wirtschaftsprozess selbst eingreifen. Soziale Gerechtigkeit und Leistungsprinzip sollen in Balance miteinander gehalten werden, genauso wie staatliche Ordnung und Subsidiarität.[7] In Anlehnung an den Ordoliberalismus entsteht das Konzept der sozialen Marktwirtschaft, das im Gegensatz zu diesem stärkere staatliche Lenkungsinstrumente vorsieht. Die soziale Marktwirtschaft, die ab den 1950er-Jahren in der Bundesrepublik Deutschland und Österreich umgesetzt wird, zielt auf soziale Sicherheit und Gerechtigkeit ab, während sie den „ungezügelten" Kapitalismus einschränkt, ihm aber auch Stabilität gibt. 2009 wird im Vertrag von Lissabon die Zielsetzung des sozialen Fortschritts durch wirtschaftliche Leistung auch von der Europäischen Union festgehalten.

Nachdem der sogenannte Ostblock sich Ende der 1980er-Jahre in Staaten mit demokratischen Strukturen verwandelt hat, scheint es, als ob sich Demokratie und Kapitalismus als parallele und sich potenziell befruchtende Systeme weltweit durchgesetzt hätten. Vor dem Hintergrund der Globalisierung und der damit einsetzenden neuen sozialen Spannungen wird das Verhältnis zwischen Marktwirtschaft und Demokratie jedoch zunehmend als problematisch empfunden.

Aber eine neue Grundhaltung scheint im Windschatten der Demokratie an Boden gewonnen zu haben: der Neoliberalismus. Wenn man ihn nach Wendy Brown „als etwas anderes als eine Menge wirtschaftspolitischer Verfahren, eine Ideologie oder eine Umgestaltung der Beziehung zwischen Staat und Wirtschaft"[8] versteht, nämlich als Neuordnung des Denkens, die „jeden Bereich und jedes Unterfangen des Menschen

20 Artur Żmijewski

Repetition
2005, Video (Farbe, Ton), 74′ 16″, Courtesy Artur Żmijewski und Galerie Peter Kilchmann, Zürich

Für das Video *Repetition* wiederholte Artur Żmijewski 2005 in Warschau das berühmt-berüchtigte, 1971 von Philip Zimbardo durchgeführte Stanford-Prison-Experiment. In einem Casting wählte Żmijewski 16 Kandidaten aus, die per Losentscheid die Rollen von Gefangenen und Wärtern zugeteilt bekamen. In einer Rekonstruktion des originalen Gefängnissettings spielten die bezahlten Freiwilligen ihre Rollen, die sie bald internalisierten. Den Wachen wurde immer mehr bewusst, wie ausgeliefert die Häftlinge ihnen waren, und sie begannen, ihre Macht zu missbrauchen, um die Autorität ihrer Rolle zu stärken. Wie schon in Stanford spitzte sich auch in Warschau die Lage dramatisch zu, allerdings beschlossen die Freiwilligen hier nach ein paar Tagen selbst, das Experiment abzubrechen. Mit *Repetition* führt Żmijewski uns vor dem Hintergrund von sozialem Rollenverhalten die komplexe Dynamik zwischen Freiheit und Kontrolle vor Augen.

Repetition
2005, video (color, sound), 74′ 16″, courtesy Artur Żmijewski and Galerie Peter Kilchmann, Zurich

For the video *Repetition*, Artur Żmijewski repeated in 2005 in Warsaw the (in) famous Stanford prison experiment conducted by Philip Zimbardo in 1971. In a casting session Żmijewski selected 16 candidates, who were assigned the roles of prisoners and guards according to lots. In a reconstruction of the original prison setting, the paid volunteers played their roles, which soon became second nature. The guards increasingly became aware of how much the prisoners were at their mercy and began to abuse their power in order to strengthen the authority of their role. As previously in Stanford, the situation in Warsaw also became critical, but in this case the volunteers themselves decided after a few days to end the experiment. With *Repetition* Żmijewski demonstrates to us, against the background of social role behavior, the complex dynamics of freedom and control.

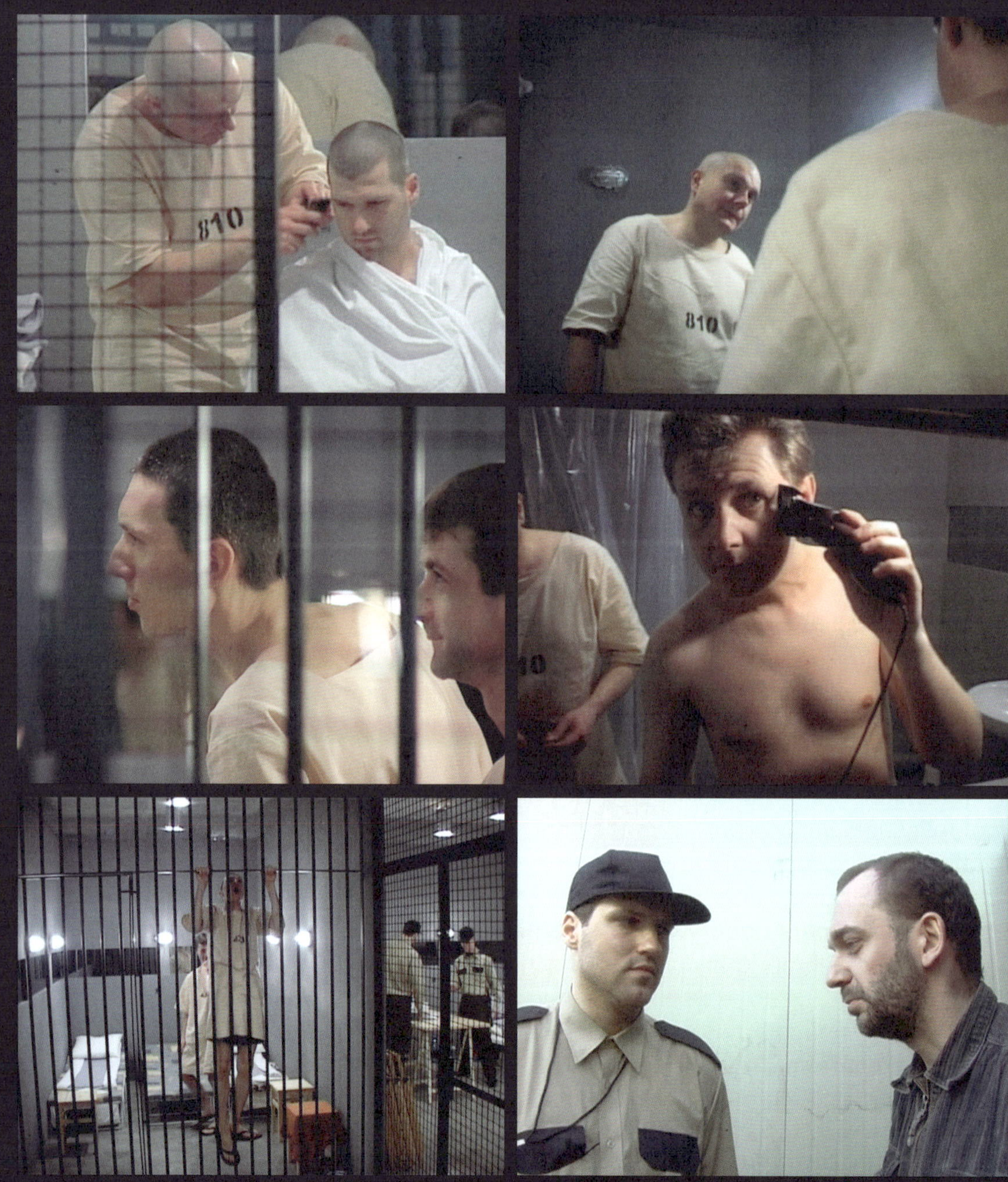

gemeinsam mit den Menschen selbst gemäß einem bestimmten Bild des Ökonomischen" verwandelt, kann man ihn durchaus als ernsthafte Herausforderung für die Demokratie wahrnehmen.

Wenn der Mensch sich der Logik der Marktwirtschaft unterwirft, sich das Individuum an Effizienz- und Produktivitätsoptimierung misst und als Humankapital definiert, als Ich-AG nur noch auf den eigenen Wettbewerbsvorteil schielt – könnte das dann heikel werden für die libertäre Demokratie? Und wird das Leben denn freier durch einen Abbau der Regeln, die unser politisches Zusammenleben bestimmen, zugunsten der Marktwirtschaft? Colin Crouch subsumiert unter dem Begriff „Postdemokratie"[9] jedenfalls Phänomene, die nach seiner These eine Entwicklung hin zu deliberativen Demokratien andeuten: Während Nationalstaaten strukturell relativ träge sind, kann die Marktwirtschaft flexibel auf äußere Einflüsse reagieren und so Druck auf Regierungen ausüben. Dadurch erhöht sich der Einfluss von (Wirtschafts-)Eliten auf staatliche Entscheidungen, während die Partizipationsmöglichkeit der Bürgerinnen und Bürger sich immer mehr auf das Wählen reduziert, für das Debatten um wenige, ausgesuchte Themen inszeniert werden.

Aus dem kurzen historischen Abriss rund um die Freiheit ergibt sich ein Begriff, der von wechselnden Gegenspielern geprägt wird. Schon in der antiken Polis steht die Freiheit in Relation zu Gleichheit und die ökonomische Ungleichheit in einem Verhältnis zur politischen Gleichheit. In der Religion kommt es zu einer Spaltung zwischen Körper und Geist, die Selbstbeherrschung des Körpers wird zur Voraussetzung der nur noch geistig möglichen Freiheit. Die Aufklärung stellt logisches Denken über das Glauben und erhebt das Wissen zum Werkzeug der eigenen Befreiung aus der Unmündigkeit. Damit einhergehend kommt es zu Demokratisierungstendenzen, die der Freiheit des Bürgers im Staat neue Kontrollmechanismen entgegensetzen. Der ehemals Leibeigene wird zum Arbeiter, womit Freiheit zum Tauschobjekt wird: Arbeitskraft gegen Geld, Geld gegen Freiheit und vice versa. Das Streben nach der Akkumulation von Geld führt zum Kapitalismus, der die Freiheit des wirtschaftstreibenden Subjekts durch den Staat eingeschränkt sieht. Durch die zunehmende Komplexität und Abstraktion der Wirtschaft durch Aktien- und Finanzhandel in Verbindung mit der Aushebelung von staatlichen Kontrollinstanzen kommt es zum Zusammenbruch der Weltwirtschaft, infolge dessen die wirtschaftliche Freiheit strengeren Regeln unterworfen und der Versuch unternommen wird, sie in einer Balance mit der sozialen Gerechtigkeit zu halten. Während sich die Demokratie als Staatsform im Zusammenspiel mit der Marktwirtschaft ab den 1990er-Jahren zunehmend als alternativlos darstellt, kommt es mit der Globalisierung zu zunehmenden Spannungen zwischen den beiden. Und nun scheint das Denken des Neoliberalismus als neues Leitbild die vor zu langer Zeit errungenen, selbstverständlich wirkenden Freiheiten nach und nach wieder aufzulösen und die Demokratie langsam auszuhöhlen.

Vor diesem Hintergrund verhandelt die Ausstellung also den „Wert der Freiheit". Wie das Thema selbst ist auch die Ausstellung als komplexes Feld von einander bedingenden Beziehungen aufgebaut. Anhand mehrerer sich überlappender Bereiche und querverbindender Erzählstränge wird versucht, sich der Thematik über unterschiedliche Perspektiven anzunähern.

Ein zentraler Teil der Ausstellung widmet sich direkt der Frage, was Freiheit denn überhaupt sein soll. Geht es um ein Freisein an der Schwelle zwischen Natur und Kultur (Alexander Kluge im Gespräch mit Christoph Menke), oder ist Freiheit nur ein Spiel, dessen Regeln und Widerstände es erst interessant machen (Simon Dybbroe Møller)? Kann der Mensch überhaupt mit Freiheit umgehen oder braucht er Regeln (Artur Żmijewski)? Kann das Eingrenzende zugleich Objekt der Begierde sein (Lars Laumann)? Ist der Sklave nie zu Ende befreit (Kara Walker)? Was symbolisieren Freiheitsmonumente, wie nehmen wir sie wahr, was lösen sie in uns aus (Dara Birnbaum, Luiza Margan)?

Um die Demokratie und um Staatsformen, die die Strukturen des Zusammenlebens bestimmen, geht es in einer weiteren Zone. Es wird nachgefragt, was Demokratie denn eigentlich ist und wie sie sein könnte (Oliver Ressler), die Choreografie und Konstruktion von Öffentlichkeit analysiert (Christodoulos Panayiotou), zur öffentlichen Rede animiert (Carola Dertnig) und dafür plädiert, die Liebe anstelle der Angst in den Mittelpunkt der Politik zu stellen (Johan Grimonprez). Der öffentliche Raum, der ein Spiegelbild der Vorstellungen der Politik genauso darstellt wie die teils differierenden individuellen Bedürfnisse, wird in einer Reihe weiterer Werke thematisiert. Mit „defensiver Architektur"[10] und Verboten werden sowohl unerwünschte Nutzungen verhindert als auch spezifische Handlungen und oft auch mit ihnen verbundene Bevölkerungsgruppen aus der öffentlichen Wahrnehmung verbannt (Šejla Kamerić, Nina Könnemann). Gleichzeitig ist er ein Raum von potenzieller (Milica Tomić) und tatsächlicher Gewalt (Teresa Margolles), der das subjektive Sicherheitsgefühl zu einem die Politik bestimmenden Faktor aufsteigen ließ. Um öffentliche Sicherheit und Ordnung und sein Gewaltmonopol zu gewährleisten, verfügt der Staat über ein Kontrollinstrumentarium, dessen Qualität und Quantität Ausdruck des Verhältnisses zwischen staatlichen Interessen und individuellen Bedürfnissen sind. Menschenmengen werden geregelt (Eva Grubinger), das Individuum überprüft (Aernout Mik), seine Kommunikation überwacht (Trevor Paglen, Julian Oliver) und Inhalte zensuriert (Betty Tompkins).

Die Kontrolle von Information ist heute ein zentrales Mittel der Macht. Wer weiß, welche Informationen für welche Öffentlichkeiten relevant sind und über welche Kanäle man deren Ansichten beeinflussen kann, kann auch gezielt Mehrheitsmeinungen herstellen, um politische Ziele durchzusetzen. So steht das statistische Wissen der Betreiber von Suchmaschinen und sozialen Plattformen heute einer inhaltlichen Orientierungslosigkeit der Benutzer gegenüber, die aus einer teilweisen Entfremdung von etablierten Medien resultiert (Karin Ferrari, John Gerrard, Anna Meyer). Daneben lobbyieren Think Tanks im Verborgenen für ihre Ideen und Interessen (Andreas Siekmann), was zusätzlich zu einem kollektiven Gefühl asymmetrischer Verteilung von Information rund um politische Entscheidungsfindungen führt. Das Gefühl des Ausgeschlossenseins aus politischen Prozessen erzeugt gleichzeitig Aktivismen, die öffentliche Darstellungen hinterfragen und kritische Öffentlichkeiten erzeugen (Forensic Oceanography, Zentrum für Politische Schönheit, Igor Grubić, Hiwa K, Laibach).

Dass die Freiheit ein fragiles Gut ist, führt eine Reihe weiterer Arbeiten vor. Die Verunsicherung durch steigende Komplexität, Widersprüchlichkeiten und beschleunigten Wandel (The Centre for Postnormal Policy & Future Studies) führt zu Rufen nach einem stärkeren Staat, ebenso Angst als gesellschaftliches Leitmotiv (Christoph Schlingensief). Korruption führt dagegen zu einer langsamen Zersetzung der Demokratie (Superflex). Mit der Auflösung des gesetzlichen Regelwerks ist man dann mit dem Recht des Stärkeren konfrontiert (Lola Gonzàlez) oder mit der absoluten Freiheit (Hannes Zebedin), je nach Sichtweise. Dem stehen utopische Entwürfe (Jordi Colomer, Eva Stefani, Anna Witt), die Flucht ins Innere bzw. in eine traumhafte Realität (Johannes Gierlinger) oder in Gegenwelten gegenüber (Tobias Zielony).

Um Freiheit geht es auch bei Subjektivierungsprozessen, also Vorgängen, durch die ein Individuum eine Position in einer sozialen Struktur zugewiesen bekommt und dadurch zum Subjekt wird. Über diesen Prozess wird nicht nur die Selbstwahrnehmung verändert, sondern auch der Handlungsspielraum des Subjekts definiert (Stephen Willats). Das Individuum möchte aber als das Subjekt wahrgenommen werden, als das es sich auch selbst sieht (Zbyněk Baladrán, Kostis Velonis), um auch in der Gesellschaft angemessen repräsentiert zu werden und den vom Individuum auf das Selbst projizierten Handlungsspielraum realisieren zu können. Während heteronormative Geschlechterrollen dekonstruiert und Identitäten individuell konstruiert werden (Matthias Noggler, Josip Novosel, Ashley Hans Scheirl, Philipp Timischl), kommt es zur Bildung von Gruppen nach kulturellen, ethischen, sexuellen und sozialen Merkmalen (Leon Kahane), die im Kampf um gesellschaftliche Anerkennung und Rechte (Isabella Celeste Maund, Marlene Haring) teilweise Menschen sowohl aus ihren Communitys ausschließen (wenn sie die Merkmale nicht erfüllen) als auch das Recht absprechen, sich zu ihren Anliegen zu äußern (Lili Reynaud-Dewar).

Abseits von geschlechtlicher, ethnischer und sozialer Zugehörigkeit ist auch Arbeit ein identitätsstiftender Faktor. Im Unterschied zur christlichen Selbstkontrolle des Körpers durch Arbeit in Opposition zu einer Freiheit im Glauben wird der Körper heute im Fitnessstudio optimiert, um langfristig Lebenszeit zu generieren, während Arbeitszeit geopfert wird, um über den Tausch gegen Geld Freiheiten kurzfristig umsetzbar zu machen. Es scheint vernünftig zu sein, eine ausgewogene Work-Life-Balance zu haben, während die Rationalisierung von Arbeitsprozessen und die Organisation von Humankapital (Harun Farocki) als Maßstab auf das Privatleben umgelegt werden (Amalia Ulman). Wie die täglichen Schritte ins Büro vom Smartphone gezählt werden, wird das Selbst in all seinen Facetten vermessen, vergleichbar gemacht und in Wettbewerb gestellt. Aber was gibt es zu gewinnen? Einen Preis für individuelle Effizienz? Oder muss die Gesellschaft den bezahlen? Die Produktivitätsmaxime (Pilvi Takala) scheint jedenfalls nicht verhandelbar zu sein.

Die Ausstellung umkreist also ein Geflecht aus gegenseitigen Abhängigkeiten und Wechselwirkungen: zwischen Mensch und Gesellschaft, Demokratie und Ökonomie, Arbeit und Freizeit, Körper und Geist, Natur und Kultur. Die Freiheit erweist sich in ihrem Wesen als relational, und sie muss auch ständig neu verhandelt werden. Wer mehr Geld hat als die anderen, hat auch mehr Macht und damit auch mehr Freiheit. Aber gibt es Freiheit überhaupt ohne die Differenz zum anderen?

Die Freiheit des Individuums beginnt jedenfalls mit seiner Subjektwerdung, der Befreiung von der Naturgetriebenheit. Dies ist ein Prozess der elterlichen Erziehung, „in dem aus der emotionalen Einheit von Freiheit und Kontrolle in der symbiotischen Beziehung Schritt für Schritt das Bewusstsein von Freiheit und Kontrolle wird“[11]. An diese Verbindung von Freiheit und Kontrolle, die man als Liebe erfährt, versucht man sich ein Leben lang wieder anzunähern. Um ihr nahezukommen, benötigt man allerdings beide Pole. Die Bewegung zwischen den Polen, der Vorgang des Sichbefreiens, ist, was wir als Freiheit empfinden – ein Prozess also, kein Zustand.

Der Vollzug der Bewegung zwischen den Polen von Natur und Kultur begleitet unser Menschsein.[12] Und nur das Dazwischensein ermöglicht uns das Erkennen der Differenz und führt uns zum Begreifen dessen, was wir als Freiheit an den Weggabelungen unserer Leben festmachen.

1 Das Wort „Demokratie“ geht sprachlich auf die Verbindung des altgriechischen „dēmos“ – Volk – mit „kratós“ – Herrschaft – zurück.

2 Platon, *Politeia*, 557a.

3 Pseudo-Platon, *Definitionen*, 412 d 1.

4 Markus Metz / Georg Seeßlen, *Freiheit und Kontrolle*, Berlin 2017 (EBook), Kap. *Der Christenmensch und seine Freiheit*.

5 Immanuel Kant, *Beantwortung der Frage: Was ist Aufklärung?*, Kap. 1, 1. Satz.

6 Charles Montesquieu, *Der Geist der Gesetze*, Genf 1748.

7 Das Subsidiaritätsprinzip sieht vor, Probleme auf möglichst kleiner Ebene, also z. B. durch das Individuum, zu lösen. Nur wenn Probleme auf einer Ebene nicht durch eigene Kraft gelöst werden können, soll die nächsthöhere Ebene unterstützend eingreifen und der darunterliegenden Ebene Hilfe zur Selbsthilfe geben.

8 Wendy Brown, *Die schleichende Revolution. Wie der Neoliberalismus die Demokratie zerstört*, Berlin 2015, S. 8.

9 Colin Crouch, *Postdemokratie*, Frankfurt a. M. 2008.

10 Defensive Architektur verhindert bestimmte Nutzungen von zumeist öffentlichem Raum. Z. B. werden Parkbänke so gestaltet, dass darauf nicht geschlafen werden kann, Flächen vor Ladenfronten so, dass Menschen dort nicht länger verweilen. Unerwünschte Bevölkerungsgruppen wie Obdachlose oder Drogenabhängige werden dadurch aus dem Bild des öffentlichen Raums verdrängt.

11 Metz/Seeßlen 2017 (wie Anm. 4, Kap. *Ach, die Gefühle, oder Wie Freiheit zur Produktivkraft wird*).

12 „Es beginnt damit, dass wir mithilfe anderer die Fähigkeit erwerben, uns von der einfachen Naturgetriebenheit zu befreien. […] Die Welt, die uns einen Abstand von den natürlichen Antrieben verschafft hat, versklavt uns sofort wieder. […] Durch Verweilen auf der Schwelle zwischen erster und zweiter Natur kann man eine Analyse davon machen […]. Befreiung glückt immer erst beim zweiten Mal.“ Christoph Menke im Gespräch mit Alexander Kluge, „Freiheit glückt beim zweiten Mal“, in: *10 vor 11*, dctp.tv, Sendung vom 21.11.2016.

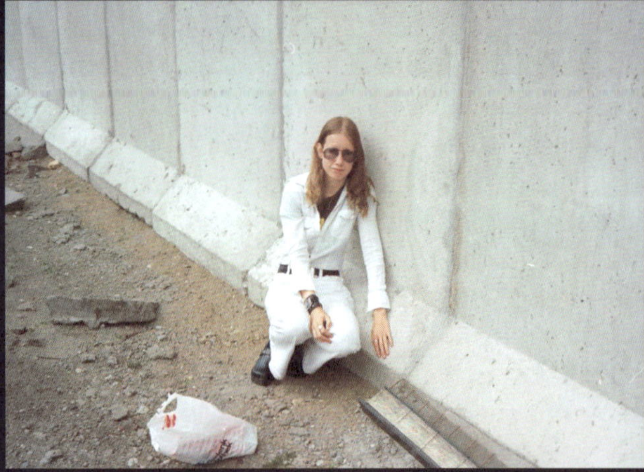

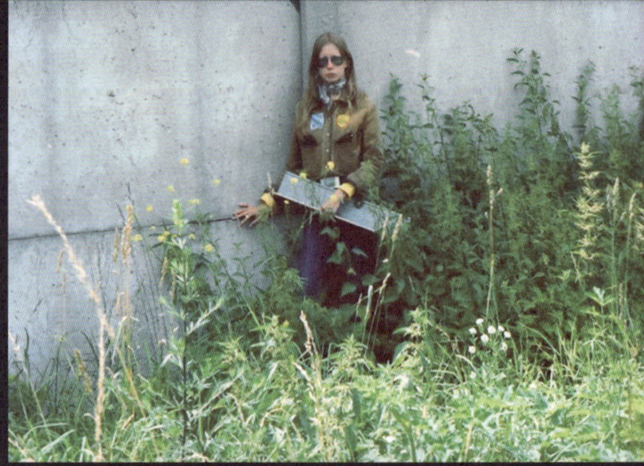

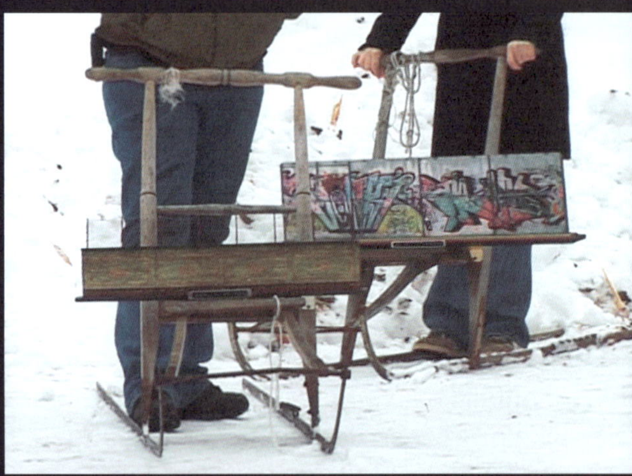

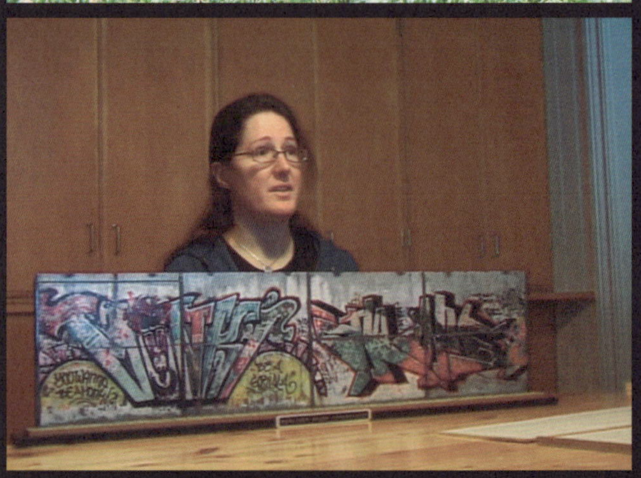

Berlinmuren
2008, Video (Farbe, Ton), 23′ 56″, Courtesy Lars Laumann und Maureen Paley, London

In *Berlinmuren* von Lars Laumann geht es um die Berliner Mauer. Allerdings wird sie in dem dokumentarisch angelegten Video nicht auf politischer oder symbolischer Ebene thematisiert, sondern auf sexueller. Eija-Riitta Eklöf-Berliner-Mauer erzählt darin von ihrer Liebe zu dem Objekt, das sie 1979 über die Vermittlung eines Animisten auch „heiratete". Erika Eiffel verliebte sich erst später in die Berliner Mauer, sie fühlt sich im Gegensatz zu Eklöf-Berliner-Mauer nicht von der Strenge und der Breite, sondern von der Farbigkeit und der Fragilität angezogen. Die Manifestation der Trennung, das Hindernis der individuellen Freiheit wird in Laumanns Dokumentation zum Objekt der Begierde.

Berlinmuren
2008, video (color, sound), 23′ 56″, courtesy Lars Laumann and Maureen Paley, London

Berlinmuren by Lars Laumann addresses the Berlin Wall. Yet this documentary-style video does not explore the Wall on a political or symbolic level, but on a sexual one. In it Eija-Riitta Eklöf-Berliner-Mauer tells of her love for the object, which in 1979 she also "married," with the help of an animist. It wasn't until later that Erika Eiffel fell in love with the Berlin Wall, and in contrast to Eklöf-Berliner-Mauer does not feel attracted by its austerity and width, but rather by its coloring and fragility. In Laumann's documentary this manifestation of separation and obstacle to individual liberty becomes an object of desire.

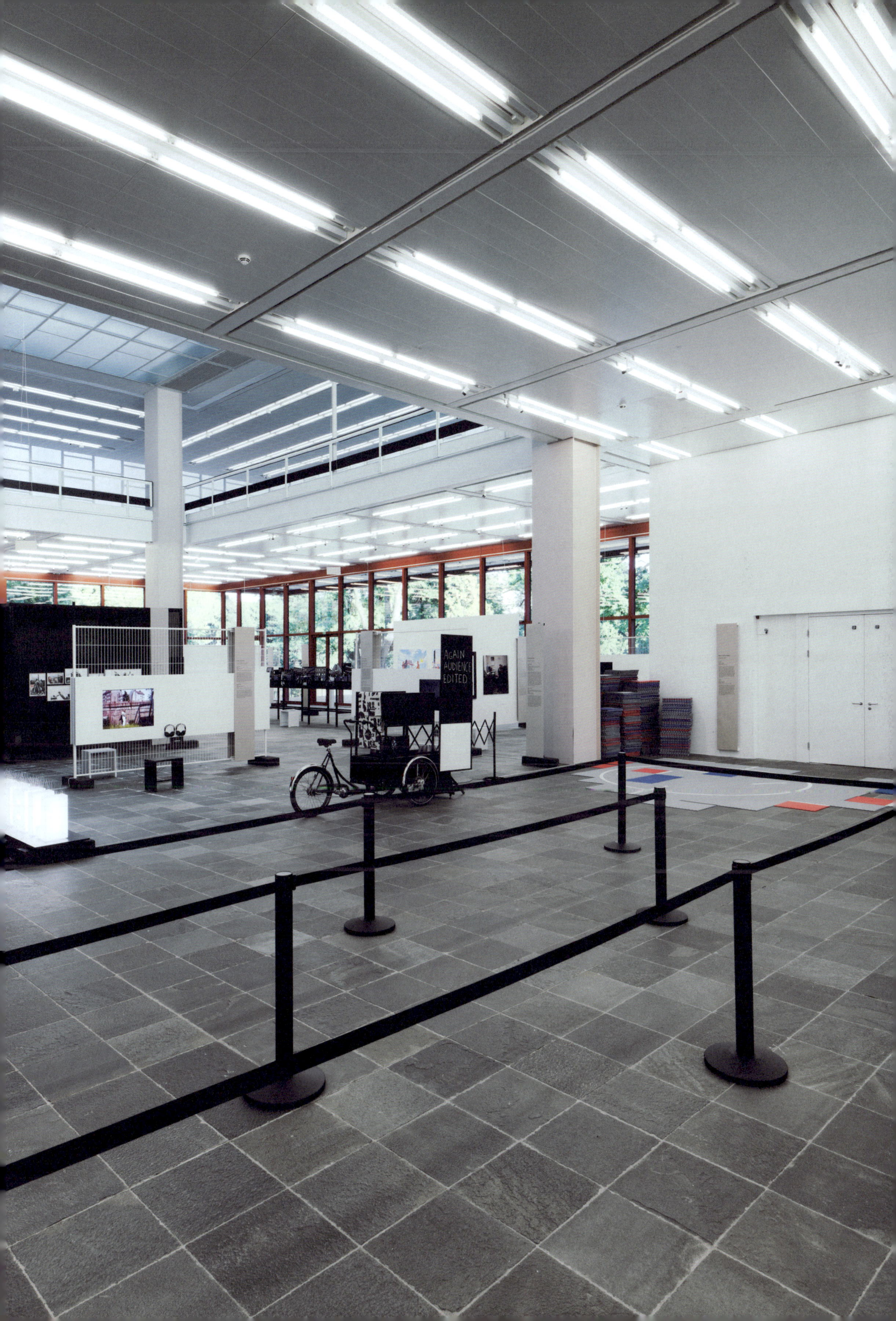
AGAIN
AUDIENCE
EDITED

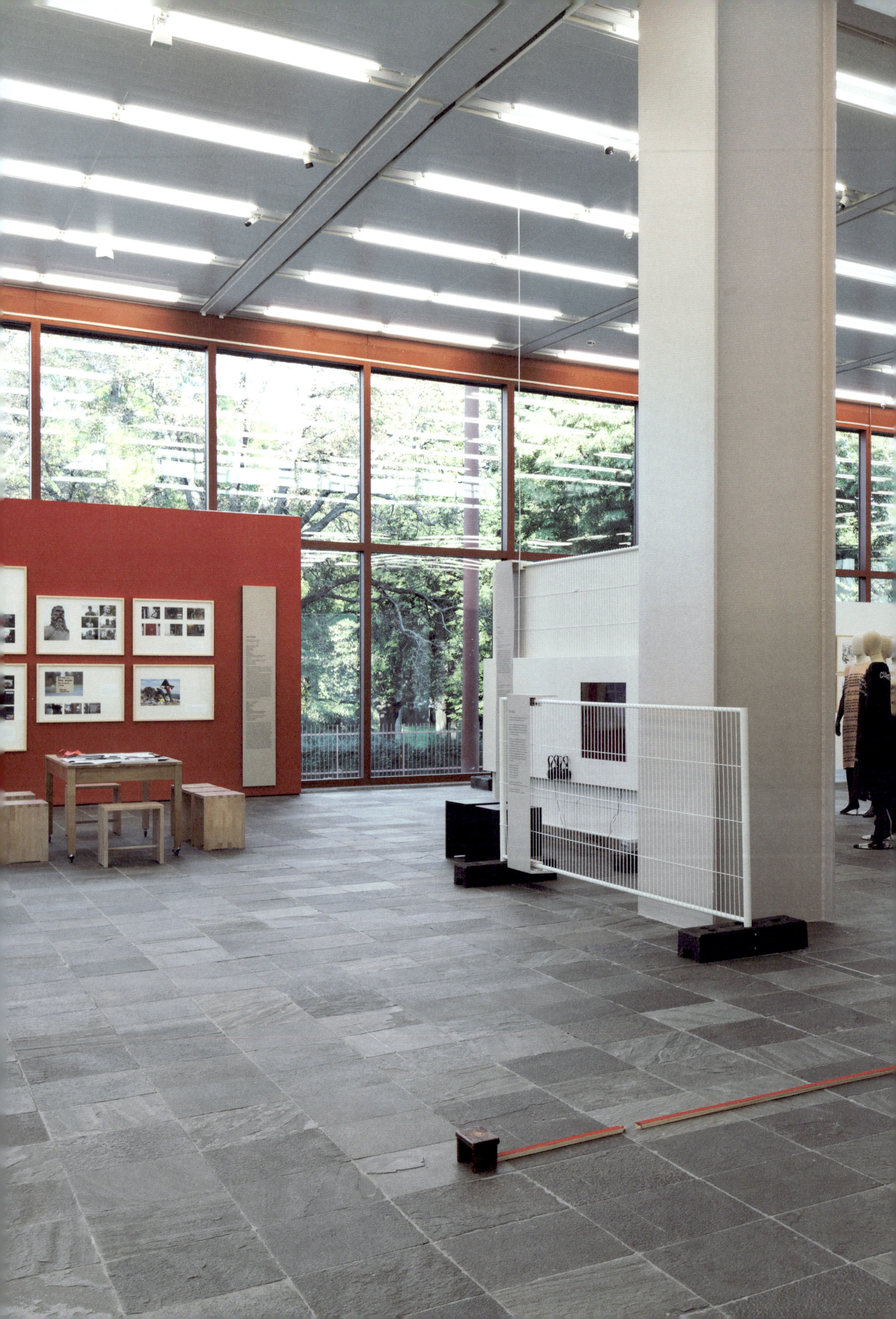

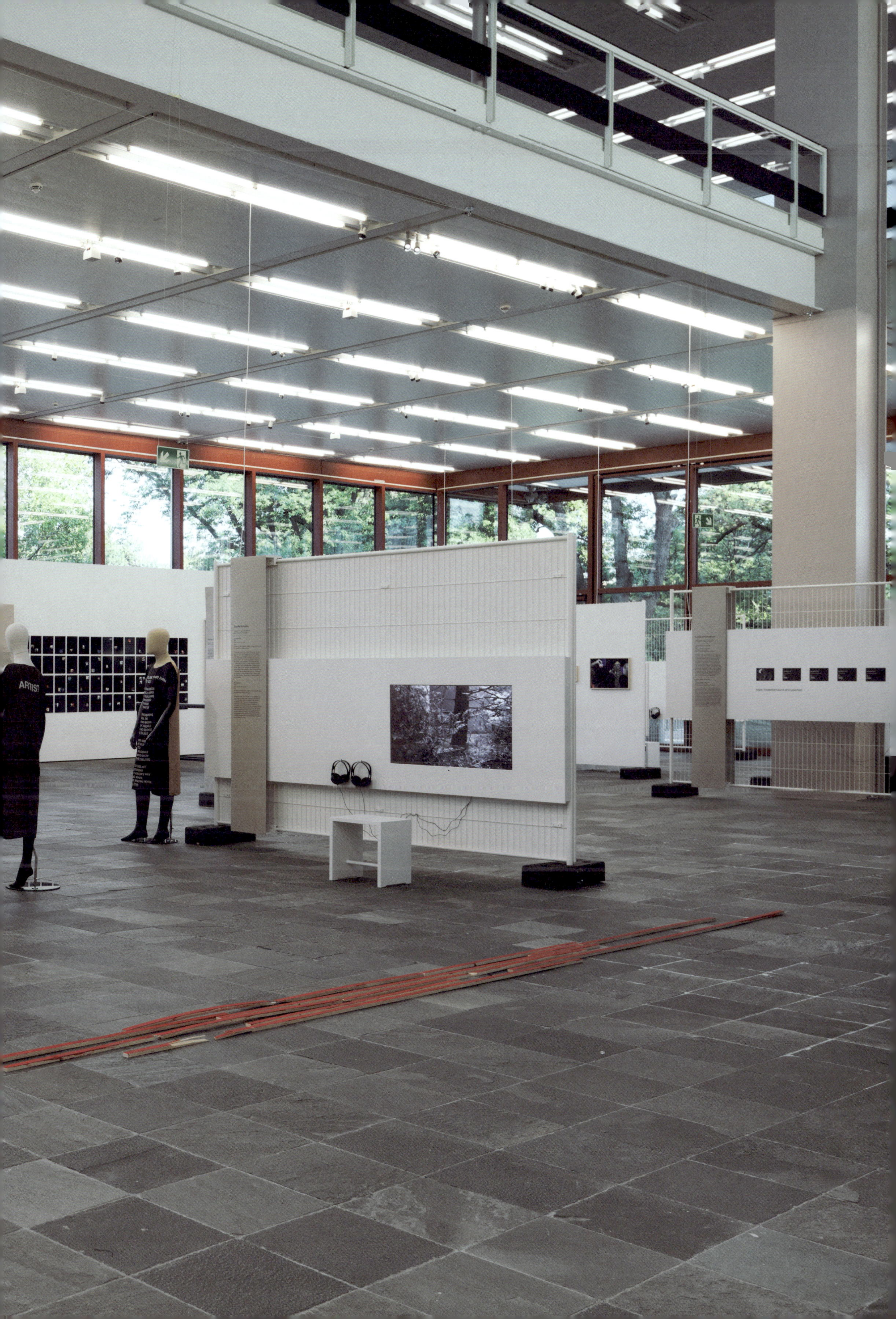
ARTIST

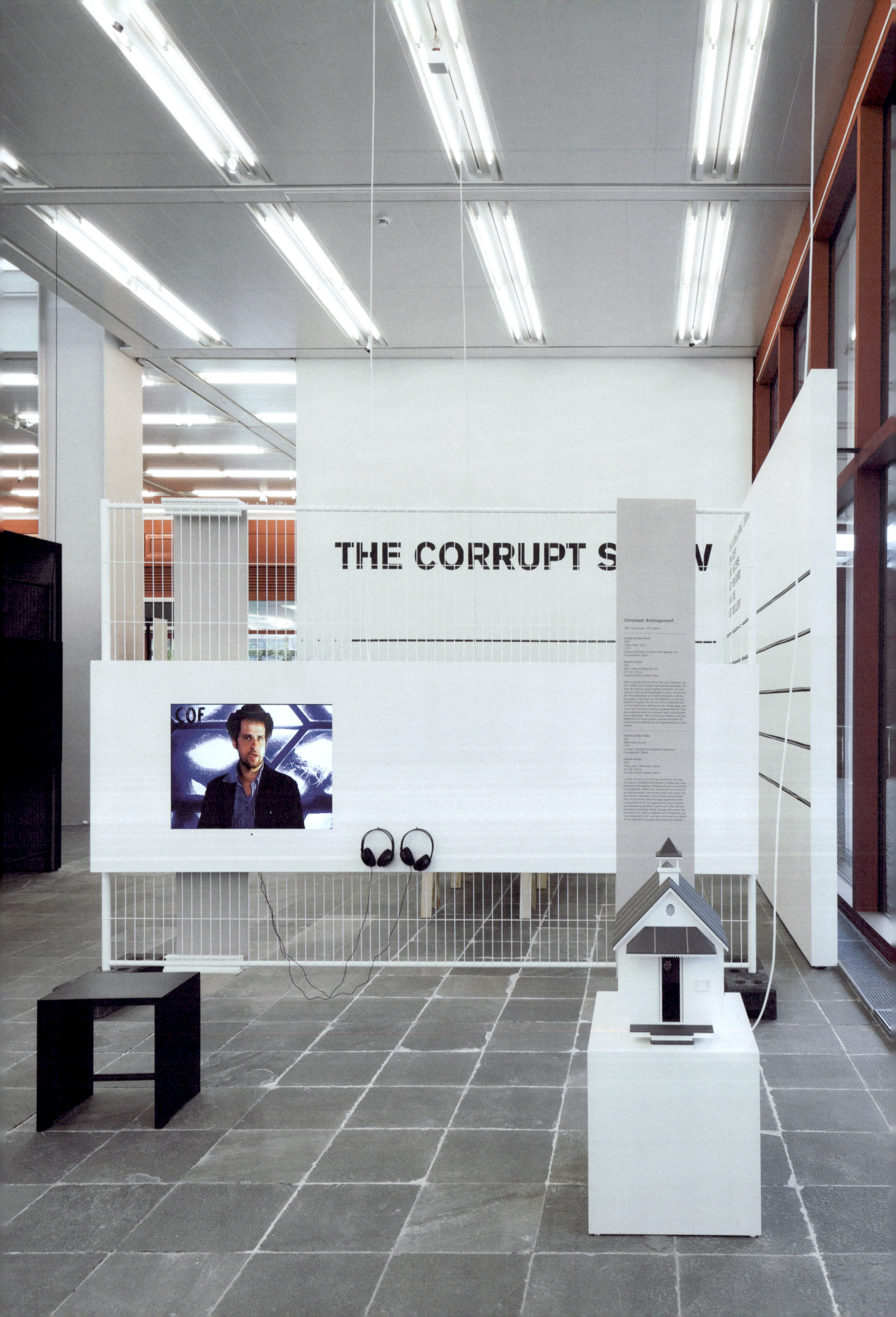
THE CORRUPT
Christoph Schlingensief

29 THE VALUE OF FREEDOM

SEVERIN DÜNSER

30 Kara Walker

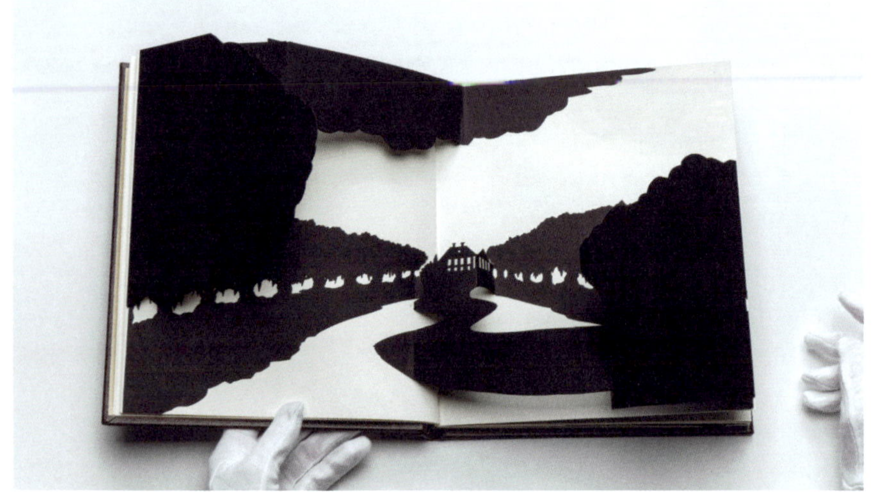

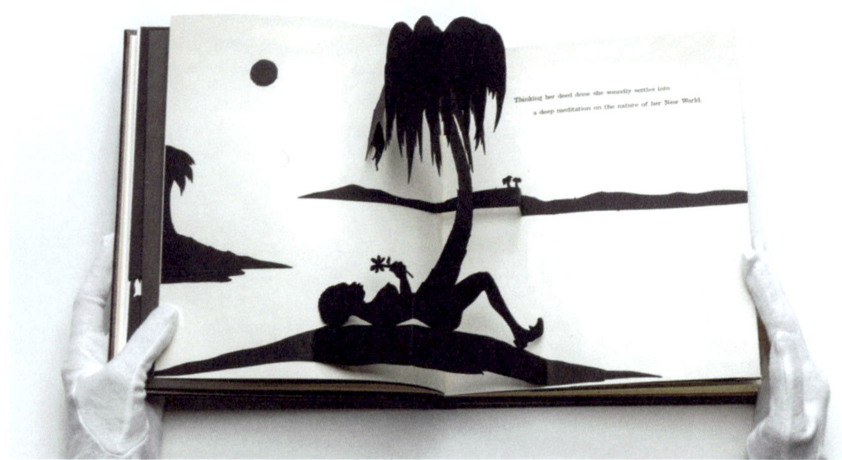

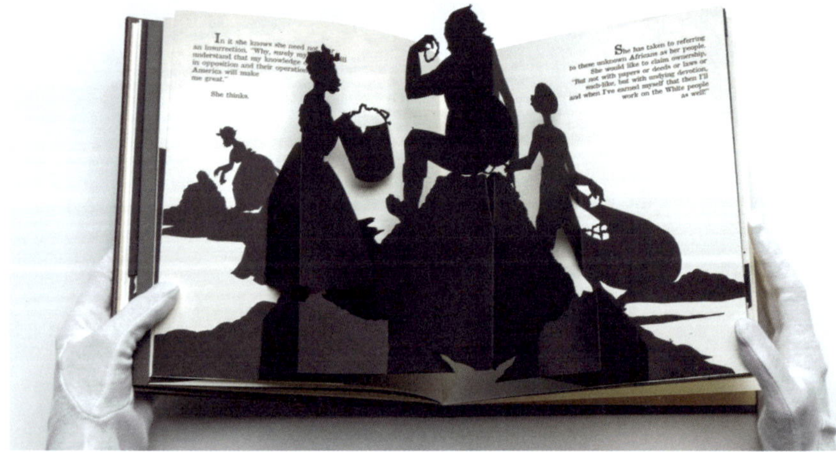

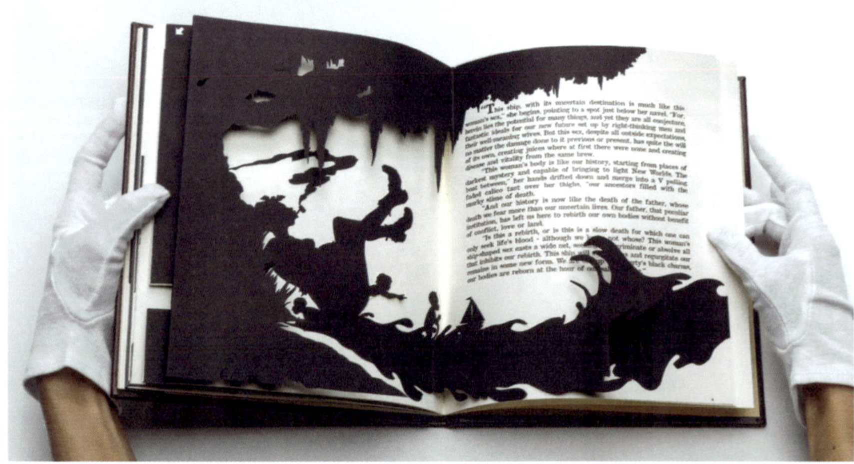

Freedom – A fable
1997, Aufklapp-Bilderbuch (Druckfarbe auf Papier, gebunden), 23 × 21 × 2 cm, Courtesy Sammlung Dieter und Gertraud Bogner im mumok, Wien

Kara Walker ist bekannt für ihre schwarzen Scherenschnitte, in denen sie Aspekte der afroamerikanischen Geschichte wiedergibt. Ihre Silhouetten überzeichnen dabei die negativen Stereotype in der Darstellung von Afroamerikanerinnen und Afroamerikanern im 18. und 19. Jahrhundert. Auch in dem Aufklapp-Bilderbuch *Freedom* ist die Protagonistin eine junge schwarze Frau. Nach ihrer Befreiung aus der Sklaverei will N— zurück nach Afrika und findet sich auf einem Schiff wieder. Nach einer Nacht voller Träume ist das Boot führungslos und treibt ohne Proviant umher, während die anderen Passagiere N— für verrückt halten und sich nicht sicher sind, ob sie sie über Bord werfen oder für magere Zeiten aufsparen sollen. Der Akt der Befreiung entpuppt sich in Walkers Buch als Auftakt zu einer neuen Unfreiheit, nur unter geänderten Vorzeichen.

Freedom – A fable
1997, pop-up picture book (printing ink on paper, bound), 23 × 21 × 2 cm, courtesy Collection Gertraud & Dieter Bogner at mumok, Vienna

Kara Walker is known for her black cutouts in which she reproduces aspects of African-American history. Her silhouettes exaggerate the negative stereotypes in the portrayal of African-Americans during the 18th and 19th centuries. Similarly, in the illustrated pop-up book *Freedom* the protagonist is a young black woman. After her liberation from slavery, N— wants to return to Africa and boards a ship. After a night full of dreams her ship is left drifting without provisions, while the other passengers decide N— is crazy and are not sure whether to throw her overboard or set her aside for leaner times. In Walker's book the act of liberation turns out to be the start of a new lack of freedom, only under different conditions.

The title of this exhibition portends to answer the question: what is the value of freedom? While suggesting that freedom is, fundamentally, of value, this rhetorical figure also unleashes a chain of further questions. After all, value is implicitly relational—but freedom in relation to what, exactly? And, quite apart from the evident difficulties involved in putting a value on freedom in the first place, there is no indication as to who is being addressed here. Is the question aimed at the individual, or at society as a whole? And what kind of "freedom" are we even talking about?

The very first questions to arise already provide us with some initial points of reference. For instance, it may be surmised that freedom is not a quantifiable entity, but a relational concept subject to constant change. It is thus an uncertain variable that takes on different meanings in different contexts, describing aspects of our existence at a psychological, social, cultural, religious, political or legislative level. So, in order to come anywhere close to reaching a contemporary understanding of the concept of freedom, it would seem fitting to shed a little light first of all on the historical background of its interrelations and intercontextualities.

The history of freedom can be traced back to the *polis* of Ancient Greece, where, from around the 8th century B.C., the body of citizens began to organise autonomously within city states. Until the 2nd century A.D., these self-governing communities continued to prevail as democracies, with the power held directly by the people.[1] Plato held a critical view of this form of governance, maintaining that "A democracy is a state in which the poor, gaining the upper hand, kill some and banish others, and then divide the offices among the remaining citizens equally, usually by lot."[2] What we can discern here is that, even back then, there was already a sense of dichotomy between rich and poor, freedom and equality, poltical freedom and economic servitude. Moreover, in the philosophy of classical antiquity, the concept of freedom was debated against a backdrop in which participation in the political process was not accessible to all. Certain troublesome groups were excluded from the body politic right from the start: women had no vote, nor had slaves. Based on these circumstances and issues, ancient Greek philosophy developed a concept of freedom that transferred such characteristics as autonomy and autarchy from the democratic body politic to the individual, irrespective of status or gender. The sovereignty of the individual was acknowledged, and freedom defined as having "control in life over things that concern oneself"[3]—albeit invariably within the framework of its interrelationship with the *polis*, which requires laws in order to assert and maintain its autonomy and, with that, the freedom of its citizens as well.

The Stoic philosophers ultimately distanced themselves from the notions of external and political freedom, shifting the focus instead to an inner freedom that could enable a meaningful way of life in spite of adverse external circumstances (even in the case of slaves, for instance) by using reason to counter one's own desires and external temptations.

Even the Christian doctrine of salvation draws a clear line between the inner and the outer life. While the body is bound to a world full of temptation, the spirit and mind can experience freedom through faith in God. The individual's own actions in the world are subject to self-discipline, though actions count for less than the true faith that underpins them. Freedom, in the era before the Enlightenment, was seen as something that could not be achieved through effort, but only through faith.[4] Nevertheless, the tenet of *ora et labora* (pray and work) held sway, for the aim was not only freedom of mind and spirit, but also of physical self-discipline, whether in a working environment or in interactions with others.

The Enlightenment brought yet another sea change, namely "man's emergence from his self-incurred immaturity" as Kant put it.[5] Individuals, he urged, should think and judge for themselves, relying on their own powers of reason rather than on directions from others. Rationality became the order of the day, making knowledge and the control of knowledge the instrument of power that now replaced faith and enabled freedom. Body and mind could come closer together again, but now with external control taking the place of self-discipline.

From the 17th century onwards, democratic structures were able to take hold more firmly once again in Europe. In England, from 1689, parliamentary privilege granted

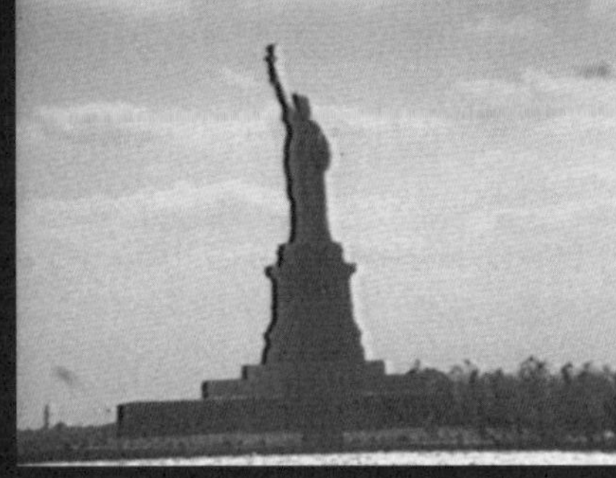
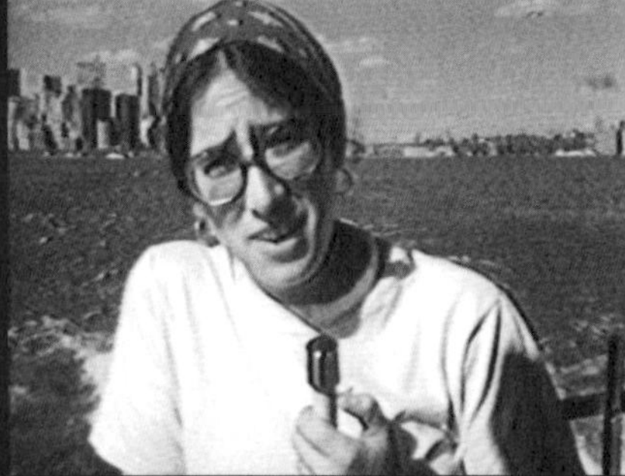
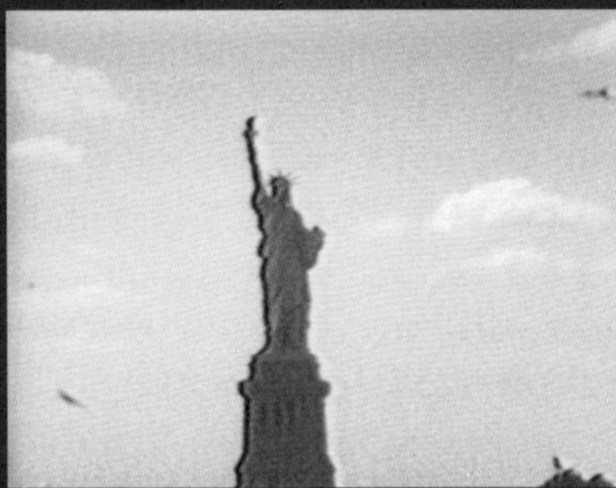
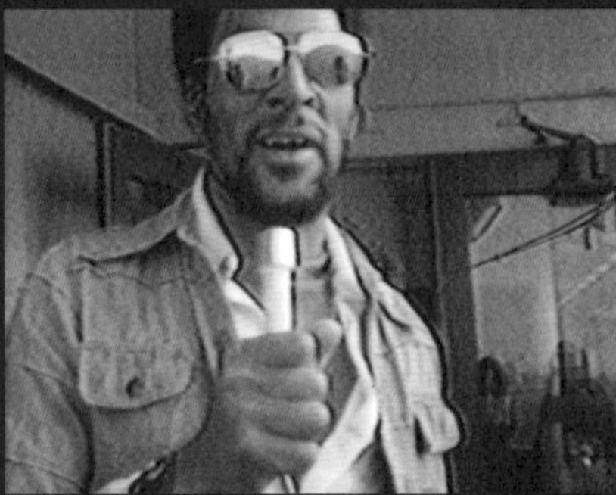
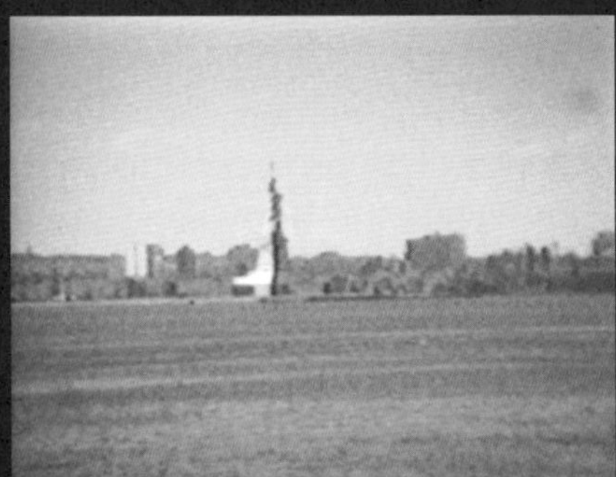
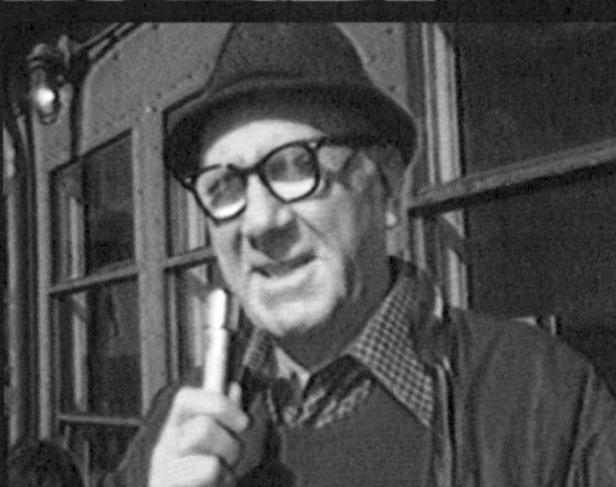

Liberty: A Dozen or So Views
1976, video (b/w, sound, digitized), 11′ 30″, courtesy Dara Birnbaum and Electronic Arts Intermix (EAI), New York

In the short video *Liberty: A Dozen or So Views* Dara Birnbaum interviews about a dozen passengers on the Staten Island Ferry in New York. Although the title might suggest otherwise, the artist does not ask any questions about liberty, but asks for personal information about weight, size, age, eye color, hair color, and origins. Afterwards, she gives the camera to the interviewee, who films his or her view of the Statue of Liberty as the ferry sails past it. The series of questions refers to the information immigrants were asked for on Ellis Island after passing the Statue of Liberty. In Birnbaum's video the recording of the Statue of Liberty becomes a kind of staging of national affiliation by the tourists, and as an expression of subjectification is placed in a fraught relationship to the subjective views of liberty suggested in the title.

Liberty: A Dozen or So Views
1976, Video (s/w, Ton, digitalisiert), 11′ 30″, Courtesy Dara Birnbaum und Electronic Arts Intermix (EAI), New York

In dem kurzen Video *Liberty: A Dozen or So Views* interviewt Dara Birnbaum auf der Staten-Island-Fähre in New York etwa ein Dutzend Passagierinnen und Passagiere. Anders, als der Titel vermuten lässt, stellt die Künstlerin keine Fragen zur Freiheit, sondern bittet um personenbezogene Informationen wie Gewicht, Größe, Alter, Augenfarbe, Haarfarbe und Herkunft. Im Anschluss übergibt sie die Kamera an die Befragten, die ihre Sicht auf die Freiheitsstatue aufzeichnen, an der die Fähre vorbeifährt. Der Fragenkatalog bezieht sich auf Informationen, die nach der Passage der Freiheitsstatue auf Ellis Island von Einwanderinnen und Einwanderern aufgenommen wurden. In Birnbaums Video wird das Aufnehmen der Freiheitsstatue zu einer Form der Inszenierung der staatlichen Zugehörigkeit durch die Touristen und so als Ausdruck der Subjektivierung in ein Spannungsverhältnis zu den im Titel angedeuteten subjektiven Ansichten zur Freiheit gesetzt.

immunity, financial sovereignty and the right of assembly, independently of the monarch. By this time, however, the political movement known as the Levellers had already long been agitating for all (male) citizens to be accorded equal rights and religious freedoms. The freedom they were demanding was one they perceived as the innate property of every individual—which the ruling elite of the time took as unsubstantiated egalitarianism, or "levelling."

In 1748, building on the ideas of John Locke, Charles Montesquieu published his ideas on the separation of powers.[6] Legislative, executive and judicial powers should, in his view, be separated from one another in order to prevent despotism and to facilitate lasting freedom. It was from a combination of these ideas, including English parliamentarianism and the model of the Iroquois Confederacy, that, in 1787, the first modern democratic state was born: the United States of America.

33 Luiza Margan

Eye to Eye With Freedom
2014, 7-teilige Fotoserie nach einer Aktion im öffentlichen Raum, 50 × 76 cm / 43,5 × 30 cm / 21,5 × 30,5 cm, Courtesy Luiza Margan

Der Freiheit in die Augen sehen konnte man bei einer Aktion von Luiza Margan in Rijeka. Im Hafen der kroatischen Stadt steht das Monument der Befreiung, das dort 1955 zur Erinnerung an die Rückeroberung durch die Partisanen am Ende des Zweiten Weltkriegs aufgestellt wurde. Mittels eines Krans konnten die Einwohnerinnen und Einwohner von Rijeka sich 22 Meter in die Höhe heben lassen, um der zentralen weiblichen Figur, einer Allegorie der Freiheit, die von männlichen Soldaten umgeben ist, von Angesicht zu Angesicht gegenüberzustehen. Margan versuchte, mit der Aktion die Wahrnehmung des öffentlichen Raums aus der Gewohnheit zurück in ein bewusstes Erfahren zu überführen und dabei sowohl das die Straßen zierende symbolische Kapital zu aktualisieren als auch die Nostalgie gegenüber ideologischen Versprechen der Vergangenheit zu hinterfragen.

Eye to Eye With Freedom
2014, 7-part photo series based on an action in public space, 50 × 76 cm / 43.5 × 30 cm / 21.5 × 30.5 cm, courtesy Luiza Margan

An action by Luiza Margan in Rijeka constituted an opportunity to be eye to eye with freedom. The Liberation Monument stands in the harbor of this Croatian city, installed there in 1955 to commemorate the city's liberation by partisans at the end of World War II. Local residents could opt to literally be face-to-face with the central female figure, an allegory of freedom surrounded by male soldiers, by being lifted up 22 meters in a crane. Margan's intention was to remove people from their customary perception of public space and enable a more conscious experience of it. In so doing the artist not only sought to update the symbolic capital embellishing the streets, but also to question nostalgia for the ideological promises of the past.

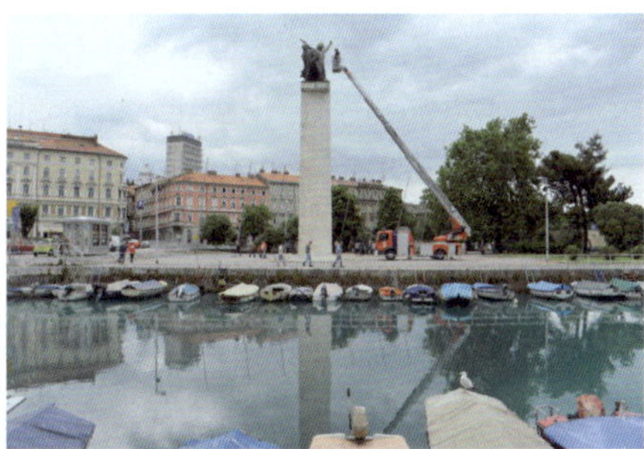
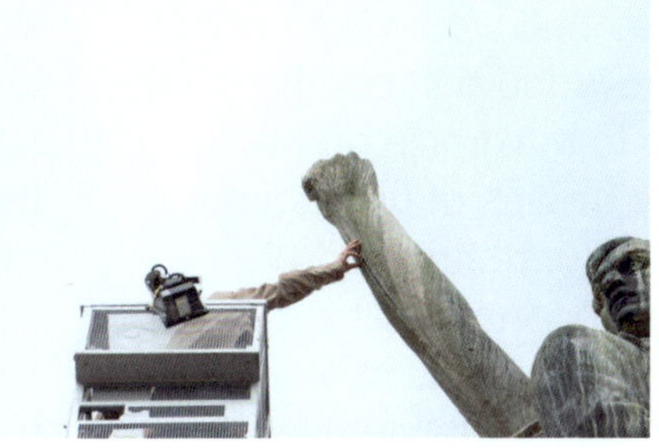
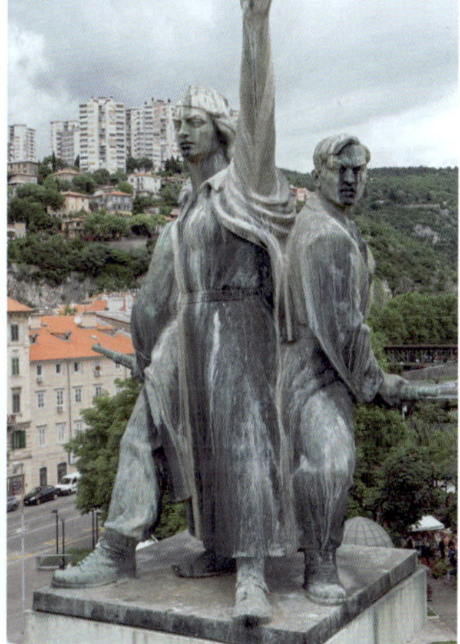
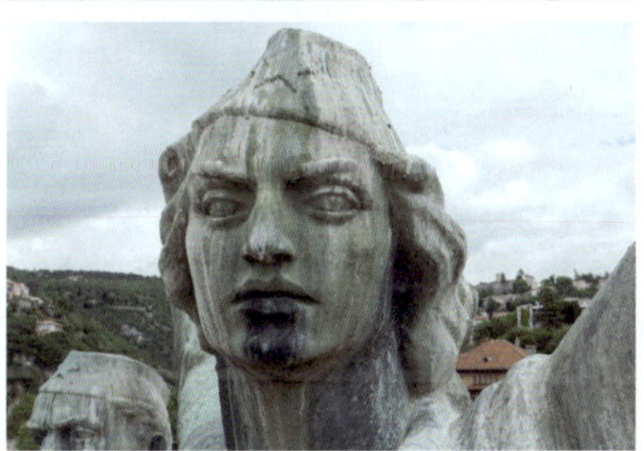
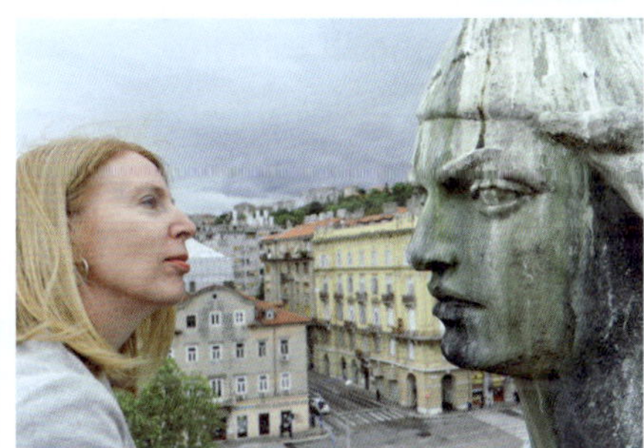
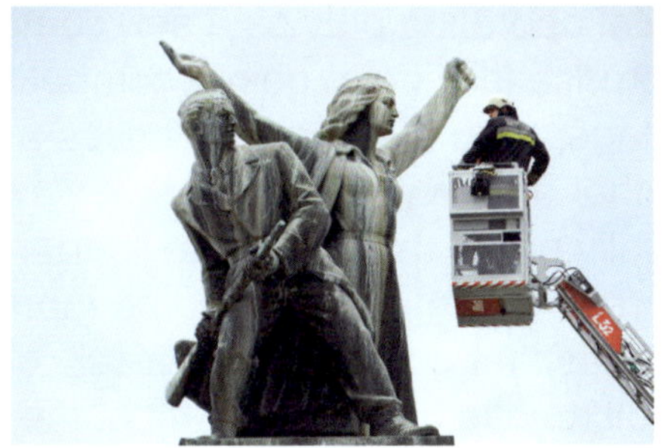
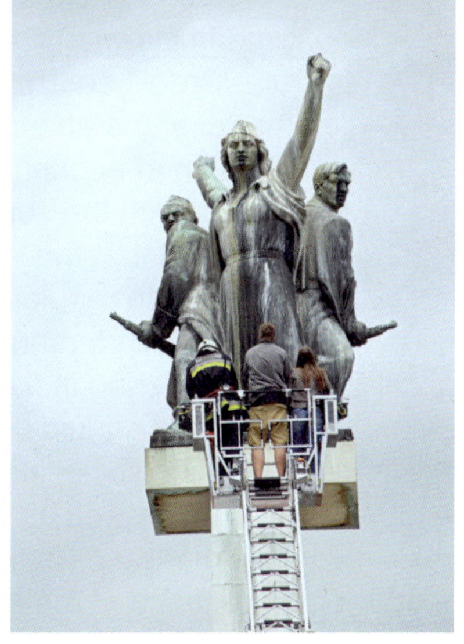

From the end of the early modern period, a number of upheavals occurred that further weakened absolutist rule, and so underpinned the rise of the bourgeoisie in the nineteenth century.

At the same time, the transition from an agricultural society to an industrial society brought new social problems, at the core of which lay the status of the worker. With the end of serfdom and the demise of slavery, labour took on a new and different symbolic value from the nineteenth century onwards. Now, workers received money in exchange for selling their physical abilities or intellectual skills to an employer. And that money, in turn, could be used—insofar as it sufficed to cover everyday expenses—to pursue opportunities and, with that, freedoms. As the reins of both state and religious power loosened, the potential broadened for the introduction of a new power structure: the market economy.

With the rise of industrial capitalism, a model was launched that would both rationalize and optimize the world of labor. Its underlying tenet was to maximize profits for those who owned the means of production, and its nirvana was the unrestricted free market. The degree of economic abstraction increased apace as the financial market and the trade in stocks and shares flourished, until ever more frequent dissonances eventually culminated in the global economic crisis of 1929. In reaction to an unfettered market economy on the one hand and interventionist state policies on the other, Walter Eucken and the Freiburg School developed the concept of Ordoliberalism, which was intended to unite political and economic freedoms. Based on the experience of both the Nazi regime in Germany and Soviet communist rule, Ordoliberalism rejected complete state control of the economy, arguing that the suppression of economic freedom went hand in hand with the suppression of political freedom; and that the state should therefore provide certain regulatory frameworks, for instance to curb monopolization, without actually interfering in the economic process itself. A balance should therefore be struck between upholding social justice and supporting competition, as well as between state order and subsidiarity.[7] Ordoliberalism influenced the emergence of the social market economy as a concept which, by contrast, envisaged rather more robust forms of state-imposed control mechanisms. The social market economy that was rolled out in the Federal Republic of Germany and Austria in the 1950s aimed at cementing social security and justice, while limiting unfettered capitalism yet lending it stability at the same time. In 2009, the aim of promoting social progress through economic achievement was formalised by the European Union in the Treaty of Lisbon.

When the so-called Eastern Bloc evolved into a group of states with democratic structures from the late 1980s onwards, it seemed as though democracy and capitalism had prevailed worldwide as parallel and mutually beneficient systems. However, against the background of globalization and the new social tensions this fomented, the relationship between market economy and democracy began to be perceived as problematic.

Yet a new undercurrent seemed to be gaining momentum in the wake of democracy: neoliberalism. If it is viewed, as Wendy L. Brown puts it, as "much more than a set of economic policies, an ideology, or the resetting of the relations between the state and the economy" but rather as a process that "transmogrifies every human domain and endeavor according to a specific image of the economic"[8] and consequently as a restructuring of our very way of thinking, then it can indeed be regarded as a serious challenge to democracy.

When we, as individuals, subject ourselves to the logic of the market economy, measuring ourselves solely in relation to our efficiency in optimising productivity, and thus defining the individual in terms of human capital operating only as a self-contained enterprise looking to gain a competitive advantage, then the question arises as to whether and to what extent that view might actually prove detrimental to libertarian democracy. Will our lives become more free if the rules that govern our political cohabitation are dismantled for the benefit of the market economy? Colin Crouch, for one, subsumes, under the epithet "post-democracy,"[9] the phenomena that he believes indicate a trend towards "deliberate democracy": whereas nation states may be relatively slow-moving entities, the market economy can respond flexibly to external influences and thus put pressure on governments. This increases the influence of the (business) elite on state

Oliver Ressler

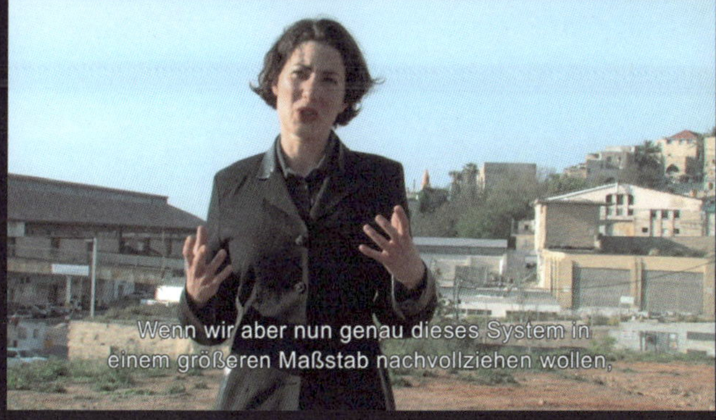

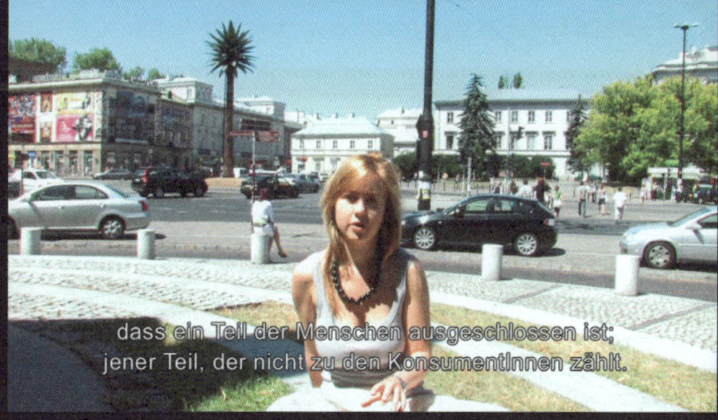

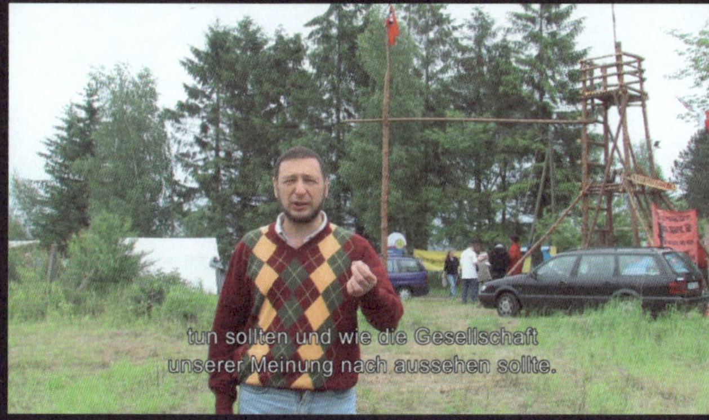

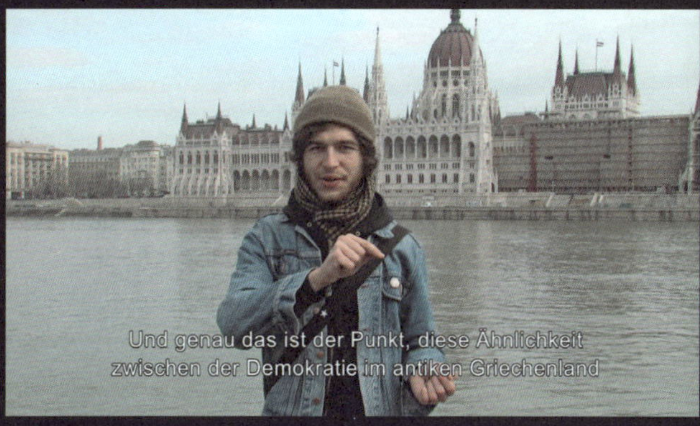

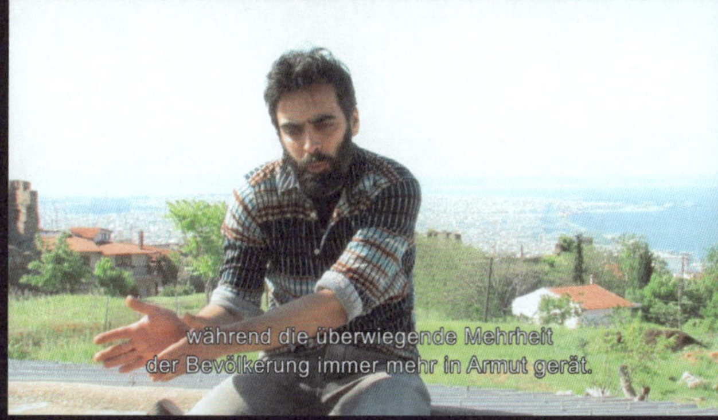

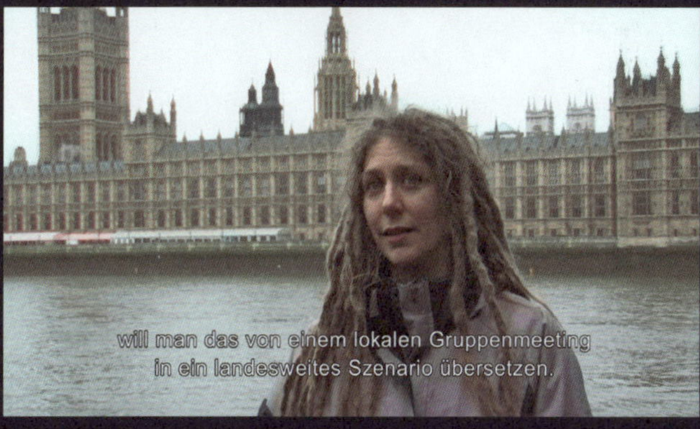

What Is Democracy?
2007–2009, Tisch, 7 Stühle, schwarze Wandfarbe, Klebebuchstaben, 7 Monitore, 1 Beamer, 8 Videos (Farbe, Ton): *Repräsentation überdenken,* 16′ 23″, *Ausschließungspolitiken,* 23′ 14″, *Geheimhaltung anstelle von demokratischer Transparenz,* 12′ 52″, *Neue Demokratien?,* 23′ 33″, *Ist die repräsentative Demokratie überhaupt eine Demokratie?,* 22′ 05″, *Direkte Demokratie,* 21′ 43″, *Indigene Politiken wiedergewinnen,* 17′ 32″, *Sollten wir das westliche Demokratiemodell dem Müllhaufen der Geschichte überantworten?,* 13′ 25″, Courtesy Oliver Ressler

Im Zentrum der Videoinstallation von Oliver Ressler steht die Frage „Was ist Demokratie?". Der Künstler hat sie in den Jahren von 2007 bis 2009 Aktivistinnen und Aktivisten, politischen Analystinnen und Analysten in 18 Städten mit demokratischem Kontext gestellt. Die Antworten sind nicht nur eine Bestandsaufnahme der parlamentarischen, repräsentativen Demokratie zur Zeit der Interviews, sondern auch eine kritische Auseinandersetzung mit ihr, die deren Krise im Westen genauso beschreibt wie auch Ideen für demokratischere Systeme und Formen der Organisation zur Diskussion stellt. Das Videomaterial hat Ressler in der Folge auf acht Themenschwerpunkte aufgeteilt, die Mängel und Potenziale der Demokratie beleuchten, welche heute, also ungefähr ein Jahrzehnt später, relevanter denn je zu sein scheinen.

What Is Democracy?
2007–2009, table, 7 chairs, black wall paint, adhesive letters, 7 monitors, 1 projector, 8 videos (color, sound): *Rethinking representation*, 16′ 23″, *Politics of exclusions*, 23′ 14″, *Secrecy instead of democratic transparency*, 12′ 52″, *New democracies?*, 23′ 33″, *Is representative democracy a democracy?*, 22′ 05″, *Direct democracy*, 21′ 43″, *Reclaiming Indigenous politics*, 17′ 32″, *Should we consign the Western democracy model to the ash heap of history?*, 13′ 25″, courtesy Oliver Ressler

Oliver Ressler's video installation centers on the question "What is democracy?" Between 2007 and 2009, the artist put this question to numerous activists and political analysts in 18 cities that are normally described as democratic. Their answers represent not only a stock-take of parliamentary, representative democracy at the time of the interviews, but also a critical examination of it, which both describes its crises in the West and puts up for discussion ideas for more democratic systems and forms of organization. Subsequently, Ressler divided the video material into eight topical areas that highlight the deficiencies and the potential of democracy, which today, roughly a decade later, seem more relevant than ever.

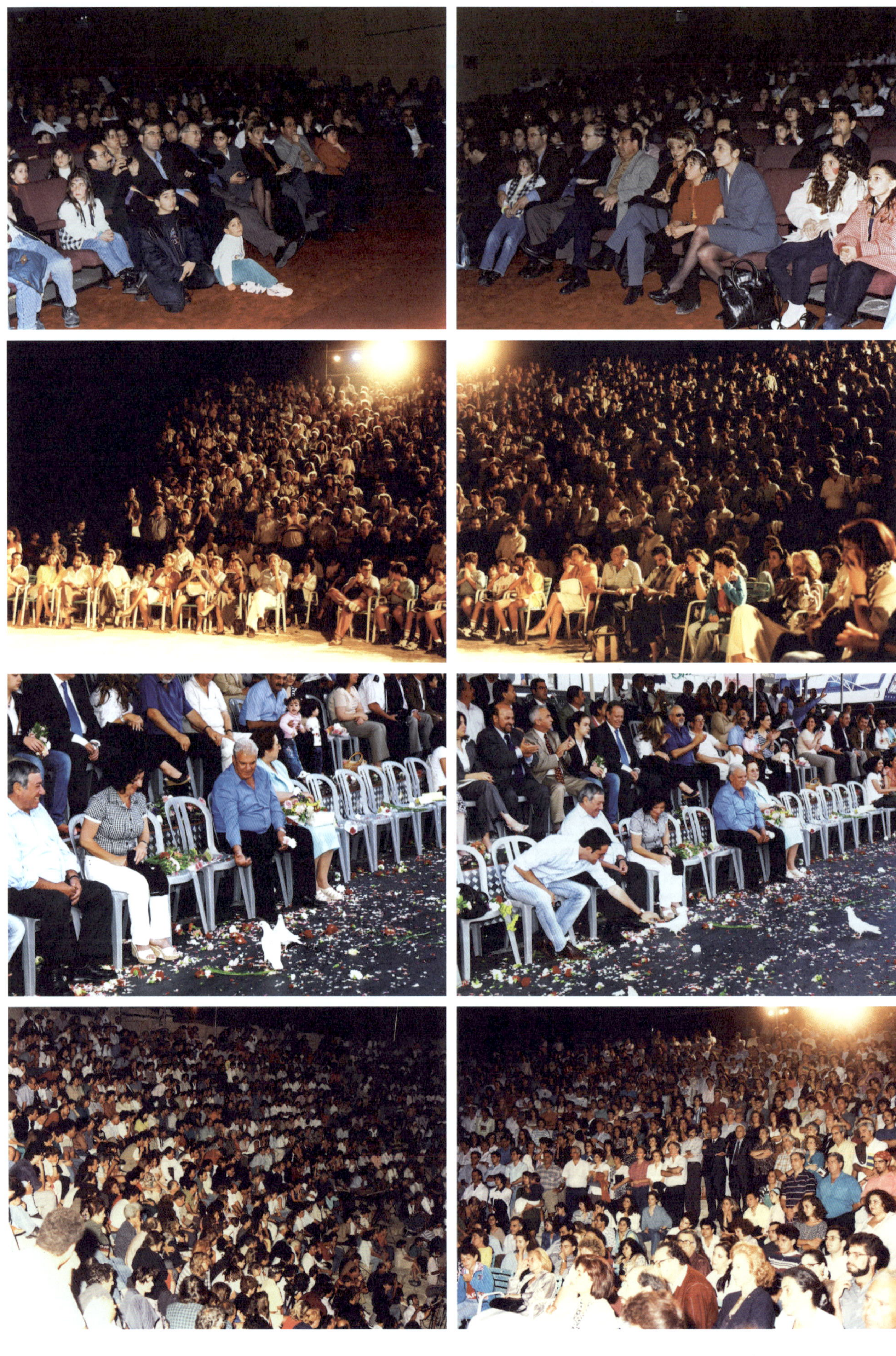

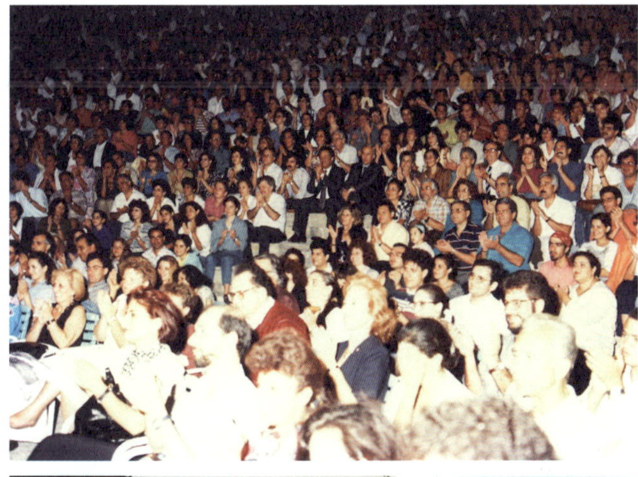

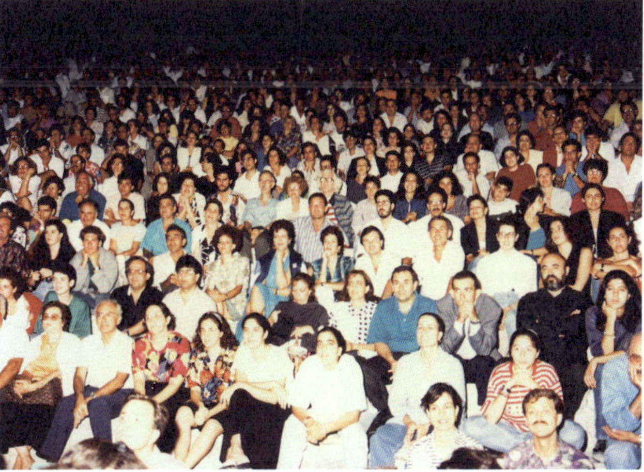

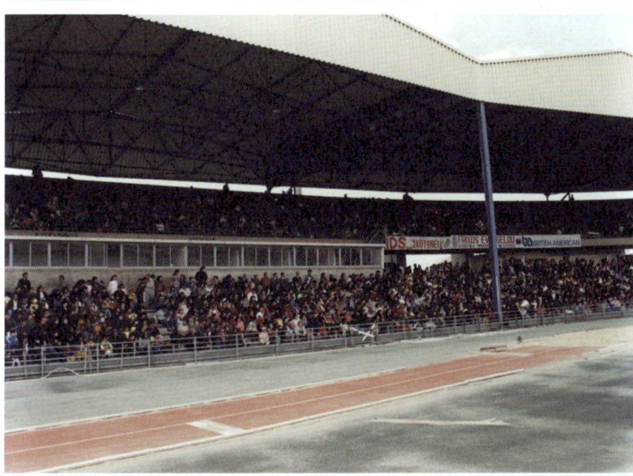

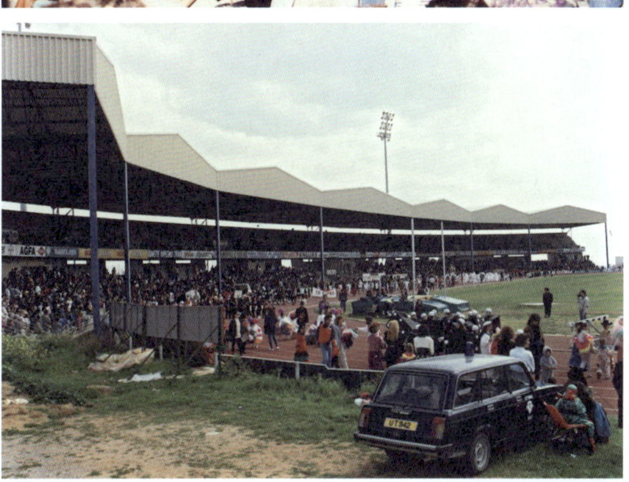

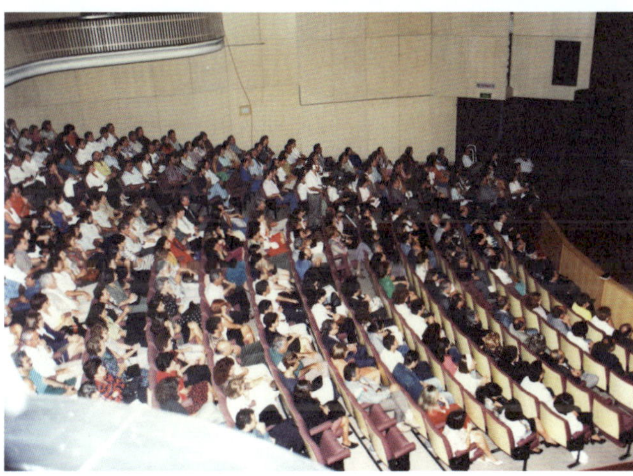

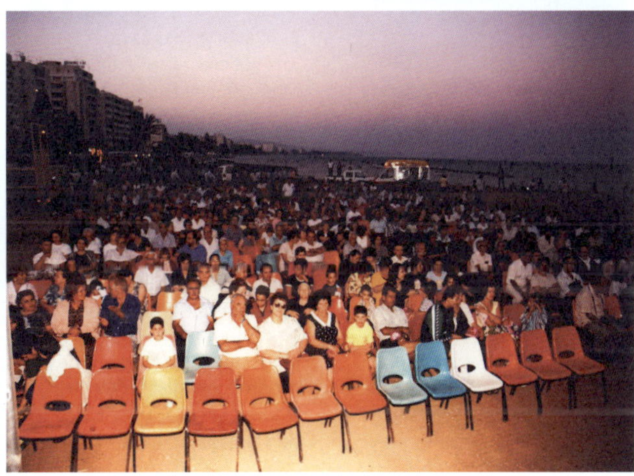

The Public
2011, 14 C-Prints,
je 30,9 × 45,9 × 3 cm,
Courtesy Christodoulos Panayiotou und Rodeo, London und Piräus

Die Farbfotografien aus der Serie *The Public* von Christodoulos Panayiotou stammen aus dem städtischen Archiv von Limassol (Panayiotous Geburtsort in Zypern). Sie wurden in der Zeit nach 1977 aufgenommen und zeigen Zuschauergruppen bei verschiedenen Anlässen. Der Ausschnitt der Bilder gibt nur die schauenden Menschen wieder, das Zentrum ihrer Aufmerksamkeit bleibt verborgen. Panayiotou untersucht mit seiner Werkserie die Strukturen, die Öffentlichkeit konstruieren, und versucht, sich den Fragen anzunähern, wie Choreografien der Öffentlichkeit Gefühle der Gemeinschaftlichkeit herstellen und wie wir uns selbst als Teil einer Öffentlichkeit verstehen können.

The Public
2011, 14 C-prints,
30.9 × 45.9 × 3 cm each,
courtesy Christodoulos Panayiotou and Rodeo, London and Piraeus

The color photos from the series *The Public* by Christodoulos Panayiotou originate from the city archives of Limassol (Panayiotou's birthplace in Cyprus). They were taken after 1977 and depict groups of onlookers at various events. The images are cropped to show only the people observing, while the object of their attention remains hidden from us. With his work series, Panayiotou examines the structures that constitute public life and attempts to address the questions of how choreographies of public life generate feelings of commonality and how we can see ourselves as part of a general public.

Carola Dertnig

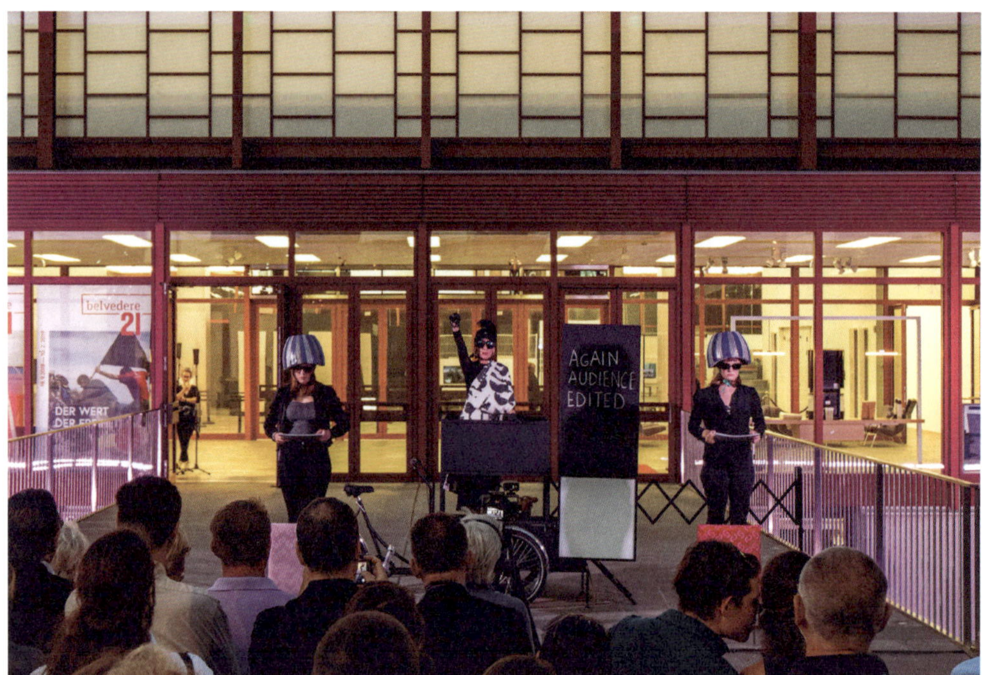

Again Audience
2012, Rednerbühne (Metall, Holz), Performance (Videodokumentation vom 18.9.2018 im Belvedere 21 von Katharina Cibulka), Dimension variabel, Courtesy Carola Dertnig

Zentrales Element der Arbeit *Again Audience* ist eine mobile Rednerbühne. Sie kann per Fahrrad transportiert und am Ort der angestrebten Öffentlichkeit aufgestellt werden. Eine Tafel und ein ausziehbares Scherengitter konterkarieren die Potenzialität der freien Äußerung durch eine Trennung von Rednerin und Publikum wie auch die inhärente einseitige Kontrolle über Inhalte. Die Bühne hat Carola Dertnig in Anlehnung an einen Entwurf von Alexander Rodtschenko aus den 1920er-Jahren konzipiert, der ursprünglich die öffentliche Teilhabe an künstlerischen, sozialen und politischen Diskussionen ermöglichen sollte. Dertnig bespielt ihre Rednerbühne mit einer Performance, in der sie Begriffe und Sätze in alphabetischer Reihenfolge vorträgt, die so etwas wie eine subjektive Performancegeschichte eröffnen. Sie führt so performative und aktivistische Praktiken zu einem potenziellen Handlungsraum zusammen, der für eine gesellschaftliche Partizipation auf der Ebene des Alltags plädiert.

Again Audience
2012, rostrum (metal, wood), performance (video documentation of Sep. 18, 2018 at Belvedere 21 by Katharina Cibulka), dimensions variable, courtesy Carola Dertnig

The key element of the work *Again Audience* is a mobile rostrum. It can be transported by bicycle and set up at the location of the target audience. A board and a pull-out concertina barrier counteract the potential for free expression by both separating the speaker from the audience, and inherently and one-sidedly controlling the content. In designing the stage, Carola Dertnig was inspired by Alexander Rodchenko's concept from the 1920s, which was originally intended to enable public participation in artistic, social, and political discussions. Dertnig stages a performance on the rostrum in which she delivers terms and sentences in alphabetical order, which creates something approaching a subjective performance history. In this manner she combines performative and activist practices into a potential place of action, which calls for social participation on an everyday level.

decisions, while the participatory possibilities for citizens are increasingly restricted to the ballot box, with debates being staged only for a few select topics.

This brief historical outline of freedom highlights a concept shaped by alternating counterpoints. Even in classical antiquity, the *polis* was founded on a notion of freedom in relation to equality, and economic equality in relation to political equality. In religion, there was a split between body and mind/spirit, with physical self-discipline being the prerequisite for the only possible attainable form of freedom, namely spiritual freedom. The Enlightenment, in turn, placed logical thinking above spiritual faith, promoting knowledge as the prime instrument of emancipation from tutelage. Hand in hand with this evolution came the democratic tendencies that countered the freedom of the individual citizen by means of new state control mechanisms. The serf became the employee, and liberty became a commodity to be bartered: labour

Johan Grimonprez

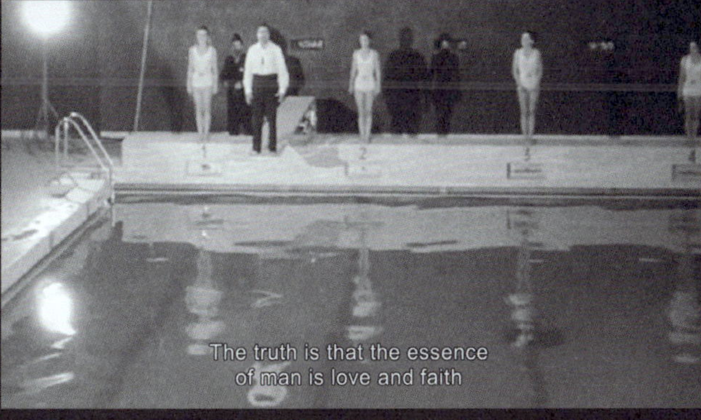

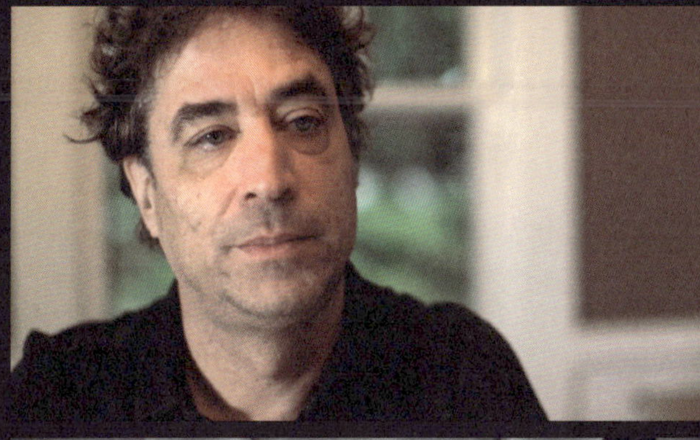

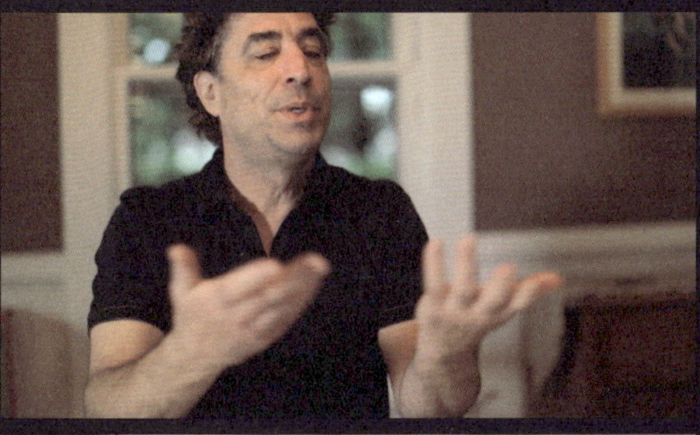

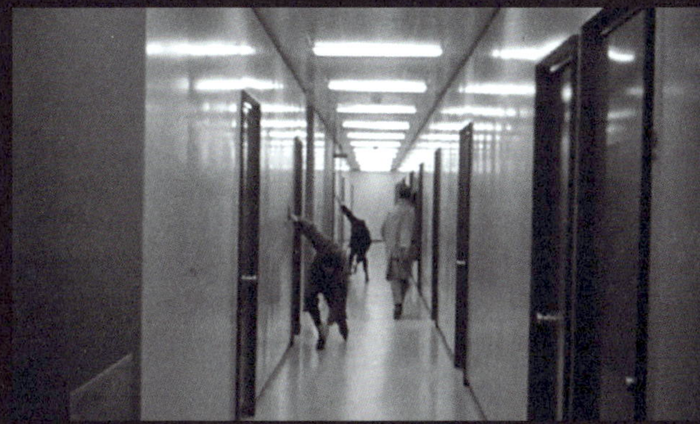

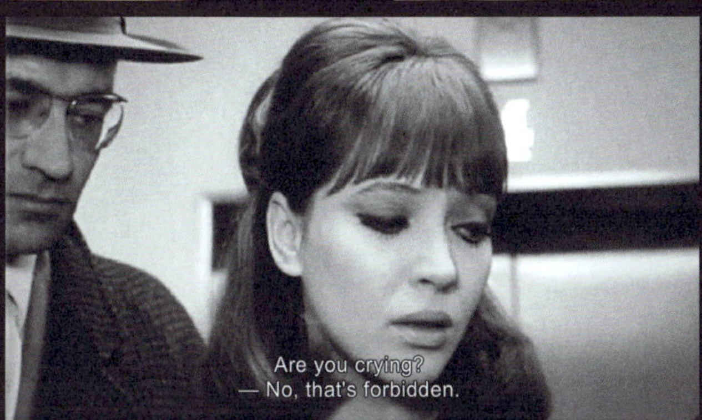

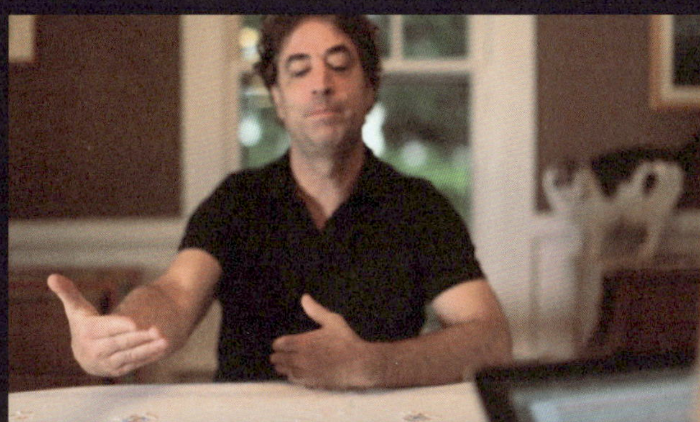

Every Day Words Disappear
2016, Video (HD, Farbe, Ton)
15′ 29″, Courtesy Johan Grimonprez

Der Titel *Every Day Words Disappear* ist ein Zitat aus Jean-Luc Godards Film *Alphaville*. Szenen aus dem Film verwebt Johan Grimonprez in seiner Videoarbeit mit einem Interview mit Michael Hardt. In der dystopischen Stadt Alphaville sind Liebe und Gefühle verboten, ebenso die Wörter, die sie beschreiben. Was man nicht in Worte fassen kann, kann man auch nicht denken: Sprache ist ein Mittel der Kontrolle. Analog dazu sieht uns Michael Hardt, politischer Philosoph und Literaturtheoretiker, unter einem Regime der Angst. Hardt schlägt vor, die Art und Weise, wie wir politisch miteinander verkehren, zu erneuern und anstelle der Angst die Liebe zum Leitmotiv in der Kommunikation miteinander, aber auch in den Beziehungen zueinander zu machen.

Every Day Words Disappear
2016, video (HD, color, sound), 15′ 29″,
courtesy Johan Grimonprez

The title *Every Day Words Disappear* is a quote from Jean-Luc Godard's film *Alphaville*. In his video, Johan Grimonprez merges scenes from the film with an interview with Michael Hardt. In the dystopic town Alphaville, not only are love and feelings forbidden but also the words that describe them. And if you cannot capture something in words, you cannot think about it either: language is a means of control. Similarly, political philosopher and literary theorist Michael Hardt sees us as living in a regime of fear. Hardt suggests that we change how we deal with one another politically and says we should replace fear with love as our guiding principle, not only in communication with one another but also in our relationships.

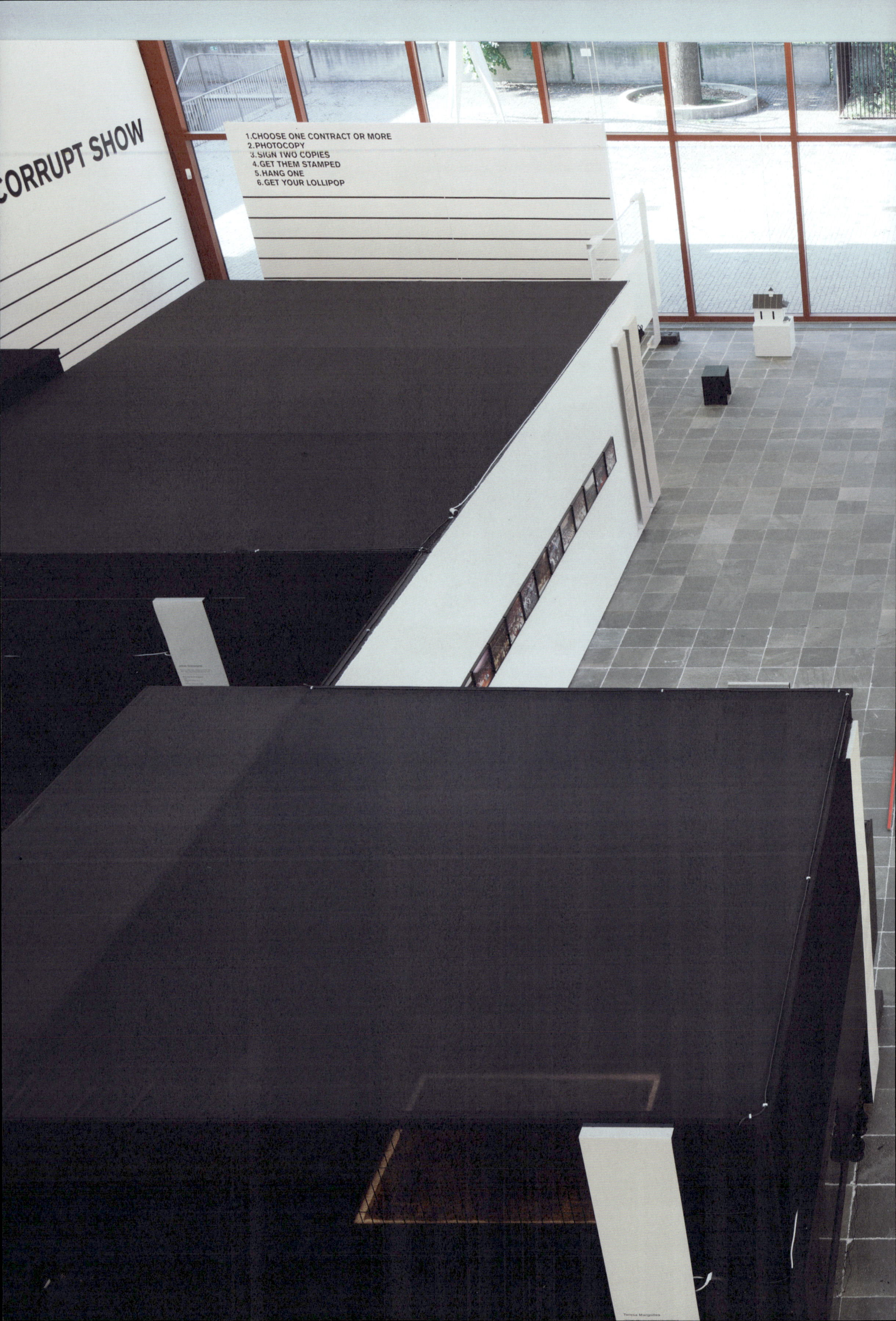
CORRUPT SHOW
1.CHOOSE ONE CONTRACT OR MORE
2.PHOTOCOPY
3.SIGN TWO COPIES
4.GET THEM STAMPED
5.HANG ONE
6.GET YOUR LOLLIPOP

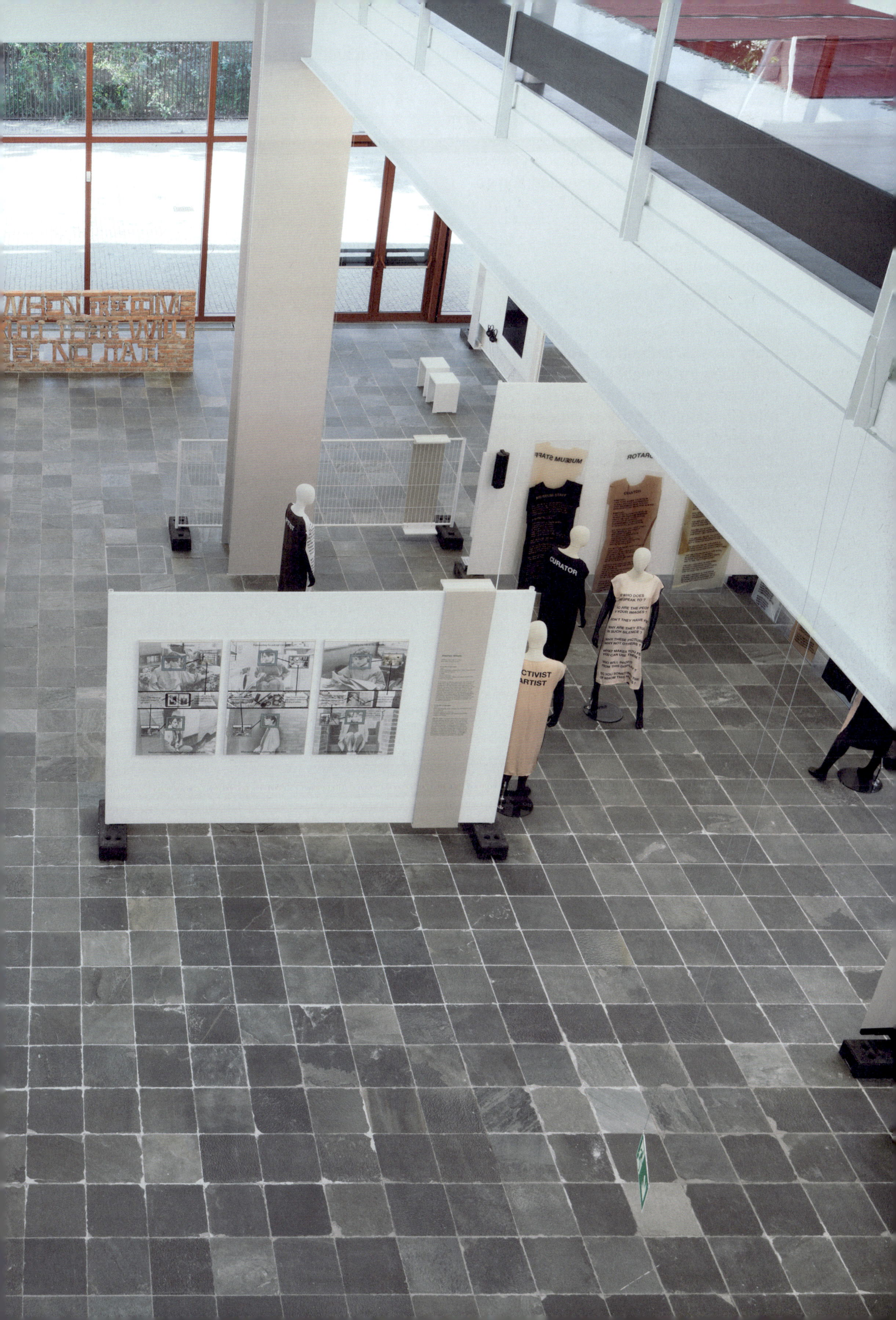
CURATOR
ARTIST

unquestioningly accepted freedoms, and thus gradually undermining democracy.

It is against this backdrop that the exhibition addresses *The Value of Freedom*. Like the topic itself, the exhibition involves a complex field of interconnected and co-dependent relationships. By way of multiple overlapping areas and cross-referencing narratives, it seeks to approach the topic from a number of different angles.

One central part of the exhibition is devoted to the question of what freedom actually means. Is freedom a question of liberty straddling the threshold between nature and culture (Alexander Kluge in conversation with Christoph Menke), or is freedom merely a game that is made interesting due to the regulations and resistances it encounters (Simon Dybbroe Møller)? Can individuals cope with freedom by themselves or do they need rules to guide them (Artur Żmijewski)? Can constraints also be objects of desire (Lars Laumann)? Is the slave ever ultimately freed at all (Kara Walker)? What do monuments to liberty symbolize, how do we perceive them, and what effect do they have on us (Dara Birnbaum, Luiza Margan)?

Another part of the exhibition explores democracy and forms of state governance that determine the structures of our co-existence. It asks what democracy actually is and what it could be (Oliver Ressler), analyzes the choreography and construction of public life (Christodoulos Panayiotou), encourages public speech (Carola Dertnig) and calls for love to replace fear at the heart of politics (Johan Grimonprez). The public space, which is as much a mirror image of politics as it is of often disparate individual needs, is addressed in another series of works. By means of "defensive architecture"[10] and prohibitions, not only is unwanted usage impeded, but specific actions, and the groups associated with them, are also banned from the public eye (Šejla Kamerić, Nina Könnemann). At the same time, the public space is the arena of potential (Milica Tomić) and actual violence (Teresa Margolles) that allows subjective feelings of safety to become a determining factor in politics. In order to ensure public safety and order and maintain its monopoly on the legitimate use of physical force ("monopoly on violence"), the state has at its disposal a control system with a quality and quantity of tools that can be deployed as an expression of the relationship between state interests and individual needs. Crowds are controlled (Eva Grubinger), the individual is checked (Aernout Mik), communications are surveilled (Trevor Paglen, Julian Oliver) and content is censored (Betty Tompkins).

Today, control of information is a key factor in wielding power. Whoever knows what information is relevant to which publics and what channels are most pertinent to the distribution of information that can influence people's views is also able to target and massage majority opinion in order to push a specific political agenda. So the statistical knowledge held by those who operate online search engines and social media platforms is now pitted against the confusion and lack of orientation experienced by their users, resulting in part through their alienation from established media (Karin Ferrari, John Gerrard, Anna Meyer). All the while, think-tanks lobby in the shadows for their own ideas and interests (Andreas Siekmann), leading to an increased collective sense of the asymmetrical distribution of information in the field of political decision-making. This feeling of exclusion from the political process, in turn, generates activism that questions public portrayals and produces public expressions of criticism (Forensic Oceanography, Zentrum für Politische Schönheit, Igor Grubić, Hiwa K, Laibach).

A wide range of other works further underlines the fact that freedom is a fragile commodity. Insecurity is fuelled by increasing complexity, contradictions, and ever more rapid change (The Centre for Postnormal Policy & Future Studies), prompting calls for a stronger state, with fear as a social *leitmotif* (Christoph Schlingensief). Corruption, on the other hand, leads to a gradual disintegration of democracy (Superflex). With the dissolution of the strength of the law, we find ourselves confronted by the law of the strongest (Lola Gonzàlez) or the prospect of absolute freedom (Hannes Zebedin), depending on viewpoint. That is contrasted by utopian drafts (Jordi Colomer, Eva Stefani, Anna Witt), an escape into the self, into a dreamlike reality (Johannes Gierlinger) or the quest for counterworlds (Tobias Zielony).

Freedom is also an issue in processes of subjectification, in which the individual is

43 Šejla Kamerić

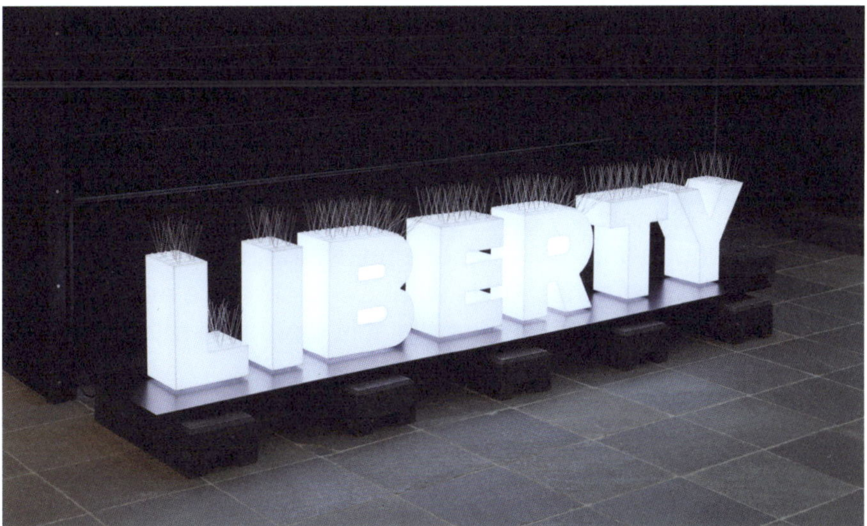

Liberty
2015, Plexiglas, Leuchtdioden, Metallstachel, 51 × 193 × 20 cm, Courtesy Galerie Tanja Wagner, Berlin

Die Skulptur *Liberty* von Šejla Kamerić besteht aus Leuchtbuchstaben, wie sie normalerweise an Ladenfronten montiert sind und die dahinterliegenden Firmen bewerben. Auf dem Schriftzug sind Stacheln angebracht, die Vögel davon abhalten, sich auf ihm niederzulassen – die Stacheln schützen also die Freiheit (auf Kosten der Vögel). Ähnliche Adaptionen von Objekten werden mittlerweile als „defensive Architektur" im öffentlichen Raum eingesetzt, um prophylaktisch unerwünschte Handlungen und Nutzungen zu verhindern und oft auch mit ihnen verbundene Bevölkerungsgruppen aus der öffentlichen Wahrnehmung zu verdrängen.

Liberty
2015, Plexiglas, LEDs, metal spikes, 51 × 193 × 20 cm, courtesy Galerie Tanja Wagner, Berlin

The installation *Liberty* by Šejla Kamerić consists of neon letters like those normally seen on stores, and which are used to advertise the firms whose names they sport. Spikes are mounted on the lettering to stop birds from landing on them—in other words the spikes protect liberty (at the birds' expense). Meanwhile, similar adaptions of objects are used as "defensive architecture" in public space to ward off undesired actions and use, and often with the intention of ousting from the public perception those groups of people associated with such behavior.

allocated a position within a social structure and thereby becomes a subject. Such a process not only changes the perception of the self, but also defines the sphere of action available to the subject (Stephen Willats). Yet the individual also wants to be perceived as the subject with which he or she identifies (Zbyněk Baladrán, Kostis Velonis) not only in order to be represented appropriately within society, but also in order to be able to appropriate the sphere of action they wish to pursue for themselves. While heteronormative gender roles and identities are individually constructed (Matthias Noggler, Josip Novosel, Ashley Hans Scheirl, Philipp Timischl), there are also groups that are formed according to cultural, ethical, social and sexual denominators (Leon Kahane), which, in the struggle for social recognition and rights (Isabella Celeste Maund, Marlene Haring) sometimes not only exclude people to varying degrees from their own communities (if they do not fulfil certain characteristic expectations) but even deny them the right to speak up for the communities' interests (Lili Reynaud-Dewar).

Aside from any sense of belonging in terms of gender, ethnicity and social demography, work is also a factor that bestows identity. In contrast to the Christian notion of physical self-discipline as opposed to freedom of spirit through faith, the body today is honed in the gym in a bid to enhance longevity while working time is sacrificed in order to acquire short-term freedoms in exchange for money. It seems reasonable to pursue a work/life balance when the rationalization of labor processes and the organization of human capital (Harun Farocki) are regarded as the benchmark by which our private lives are measured (Amalia Ulman). Just as our smartphones can calibrate each step of our daily walk to the office, so too is every facet of selfhood measured and compared in a competitive way.

But what is to be gained from such competition? Is there a prize for individual efficiency? Or does society have to pay the price? At any rate, the maxim of productivity (Pilvi Takala) does not appear to be negotiable.

And so the exhibition weaves a tapestry of contrasting dependencies and interactions between individuals and society, democracy and economy, work and leisure, body and mind, nature and culture. Freedom, in essence, turns out to be a relational concept. Those who have more money than others also have more power and, with that, more freedom. But does freedom even exist at all without a distinction from the "other"?

The freedom of the individual begins, in any case, with the individual becoming a subject emancipated from natural drives and instincts. This is a process of parental upbringing "in which the emotional unity of freedom and control within the symbiotic relationship gradually evolves into an awareness of freedom and control."[11] We spend our lives trying to regain this combination of freedom and control that we once experienced as an expression of love. But in order to regain it, we need opposite poles. The movement between these poles, the process of self-emancipation, is what we experience as freedom—in other words, it is a process rather than a state.

Our entire human existence is accompanied by the experience of shifting between the two poles of nature and culture.[12] It is only in the space between these two that we recognize the difference that leads us to grasp what it is that we determine as freedom at certain junctures in our lives.

Nina Könnemann

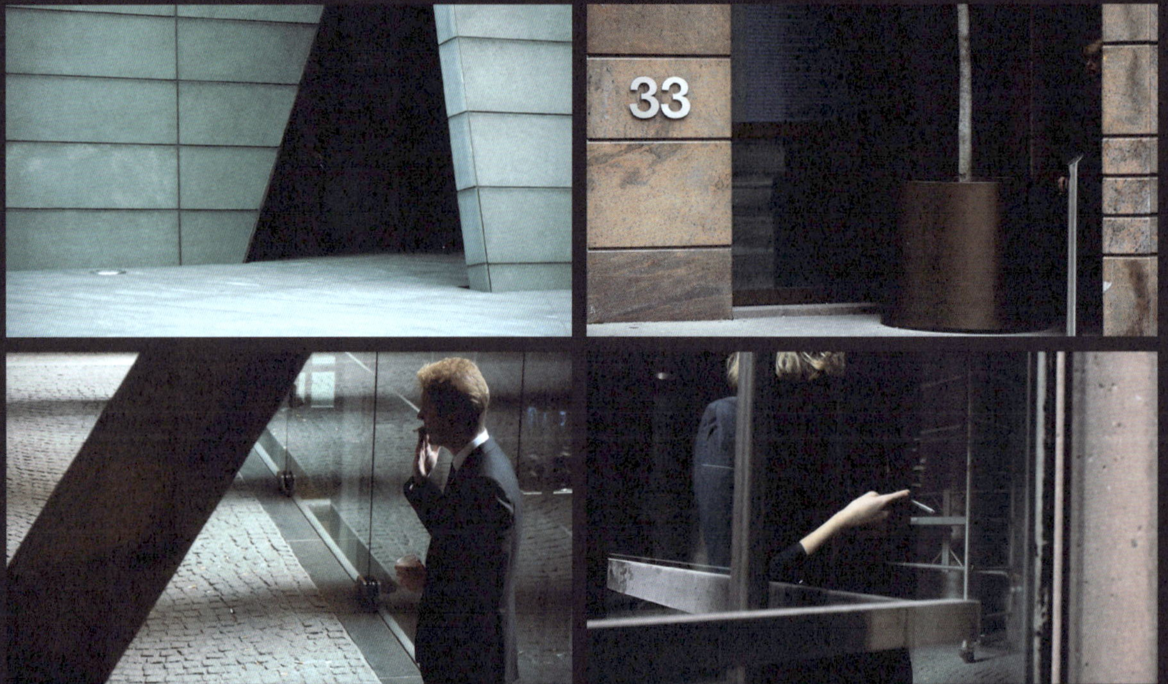

Bann
2012, Video (HD, Farbe)
7' 23", Courtesy Nina Könnemann

Nina Könnemanns Video *Bann* wurde in Londons Bankenviertel gefilmt. Dementsprechend gut gekleidet sind die Protagonistinnen und Protagonisten, wenn sie in den Ecken und Nischen kauern und im Schatten der Marmorpaläste ihrem Laster nachgehen: dem Rauchen. Denn das Rauchen ist in der Umgebung von Arbeitsplätzen nicht mehr gestattet, die Raucherinnen und Raucher müssen ihre Sucht im Verborgenen befriedigen. Mit durchkomponierten Einstellungen und kühler Nüchternheit porträtiert Könnemann die Tristesse der Marginalisierung

Ban
2012, video (HD, color), 7' 23", courtesy Nina Könnemann

Nina Könnemann's video *Ban* was filmed in London's banking district. Which explains why the protagonists seen cowering in the corners and niches of the immense buildings or in the shadows indulge in their vice, namely smoking, are well dressed. Smoking is of course no longer allowed in the surrounding areas of workplaces, meaning smokers are compelled to satisfy their addiction in secret. With well-composed shots and a cool sobriety, Könnemann portrays the sad marginalization of tobacco consumers.

1 The word “democracy” derives from the Ancient Greek “dēmos” (people) combined with “kratós” (rule).

2 Plato, *The Republic [Politeia]*, Book VIII (557a)

3 Pseudo-Plato, *Definitions*, 412 d 1.

4 Markus Metz / Georg Seeßlen, Freiheit und Kontrolle, Berlin 2017 (e-book), chapter *Der Christenmensch und seine Freiheit.*

5 Immanuel Kant, *Answering the Question: What is Enlightenment?*, [German original: *Beantwortung der Frage: Was ist Aufklärung?*], chapter 1, opening sentence.

6 Charles Montesquieu, *The Spirit of the Laws*, [French original: *De l'esprit des lois*], Geneva 1748.

7 The principle of subsidiarity is based on the premise that a central authority should have only a subsidiary function and that tasks should therefore be performed at the most local level, for instance by the individual. Only when problems cannot be solved at one level should there be any intervention from the next level above, which should provide support to the lower level in order that it might assist itself.

8 Wendy Brown, *Undoing the Demos: Neoliberalism's Stealth Revolution*, New York 2015, pp. 9–10.

9 Colin Crouch, *Post-democracy*, Cambridge (UK) and Malden/MA (USA), 2004..

10 Defensive architecture discourages certain uses of mostly public space, such as designing park benches so that they cannot be used to sleep on, or designing shop fronts to discourage loitering. This reduces the public visibility of unwanted groups such as the homeless or drug addicts.

11 Metz/Seeßlen 2017 (see note 4, chapter *Ach, die Gefühle, oder Wie Freiheit zur Produktivkraft wird*).

12 “It starts with us acquiring the ability, with the help of others, to free ourselves from base natural drives … . The world that has accorded us distance from these natural drives immediately enslaves us again … . By loitering on the threshold between first and second nature, we can form an analysis of this … . Emancipation only brings happiness the second time around.” Christoph Menke in conversation with Alexander Kluge, “Freiheit glückt beim zweiten Mal” [Freedom succeeds the second time around], in 10 vor 11, dctp.tv, broadcast on 21.11.2016 (translated here from the German).

Milica Tomić

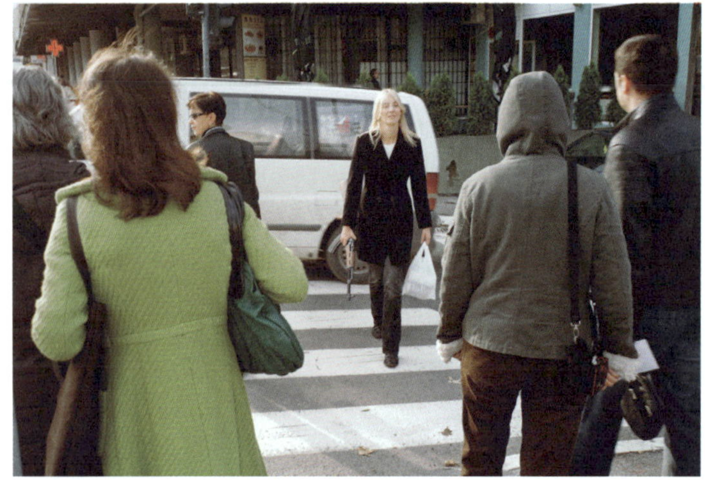

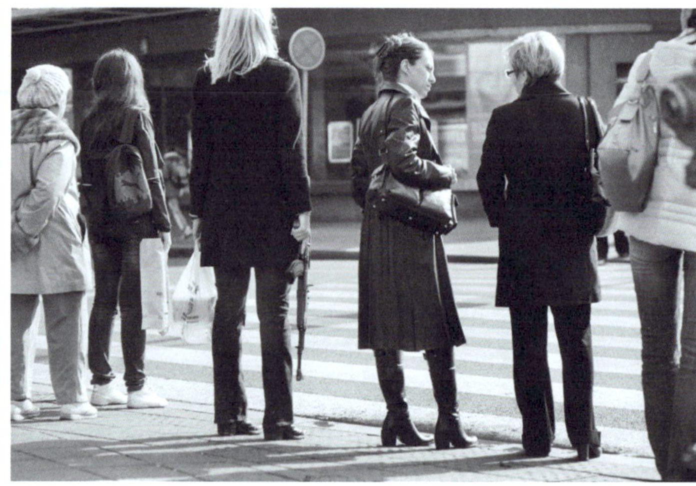

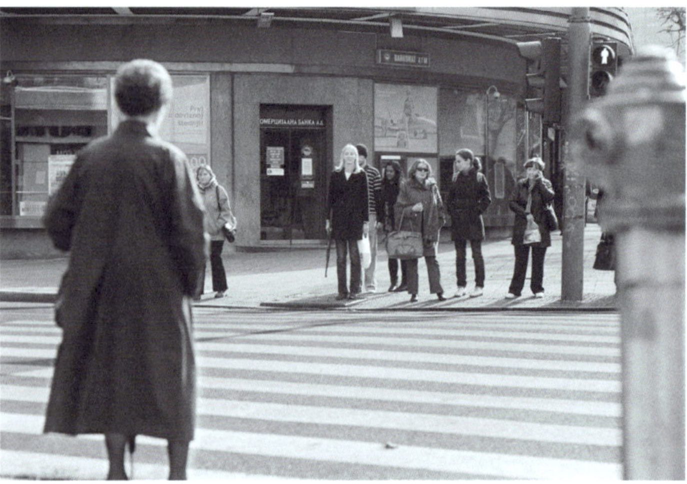

One day, instead of one night, a burst of machine-gun fire will flash, if light cannot come otherwise
2009, Dokumentation einer Intervention im öffentlichen Raum (Belgrad, Sept. – Nov. 2009), 3 Fotografien, je 43 × 67 cm, Courtesy Charim Galerie, Wien

Belgrad im Herbst 2009: Eine Frau geht durch die Straßen und trägt unbehelligt ein Sturmgewehr mit sich herum, als wäre es eine alltägliche Handlung. Die Frau ist Milica Tomić, und sie läuft nicht ziellos durch die Stadt. Sie besucht symbolträchtige Orte des Kampfes von Partisanen und Antifaschisten gegen die Wehrmacht. Damit setzt sie zwei Zeitebenen in Verbindung zueinander: eine des Kampfes gegen den Faschismus und eine des Kriegs gegen den Terrorismus. Tomić kommentiert so damalige Entwicklungen, nach ethnischen, religiösen und politischen Gesichtspunkten spezifizierte Personengruppen nach Kriegsgesetzen zu behandeln, und stellt die Frage, wer die Terrorisierten seien und wer die Terroristen. Wo beginnt der legitime Kampf für Freiheit und wo endet das Gewaltmonopol des Staates?

One day, instead of one night, a burst of machine-gun fire will flash, if light cannot come otherwise
2009, documentation of an intervention in public space (Belgrade, Sep. – Nov. 2009), 3 photographs, 43 × 67 cm each, courtesy Charim Galerie, Vienna

Belgrade in Fall 2009: A woman walks unhindered through the streets carrying an assault rifle as if it were the most natural thing in the world. The woman is Milica Tomić, and she does not roam aimlessly through the city. Rather, she visits highly symbolic places marking the struggle of the partisans and antifascists against the Wehrmacht. In doing so she connects two different eras: one involving the fight against fascism, and the other the war against terrorism. Tomić uses her action to comment on past developments, on the subjection of specific groups of people to martial law owing to ethnic, religious or political categorization, and asks who are those being terrorized and who the terrorists. Where does the legitimate battle for freedom begin and where does the state monopoly on violence end?

47 POSTNORMALE F-WÖRTER

C SCOTT JORDAN

48 Teresa Margolles

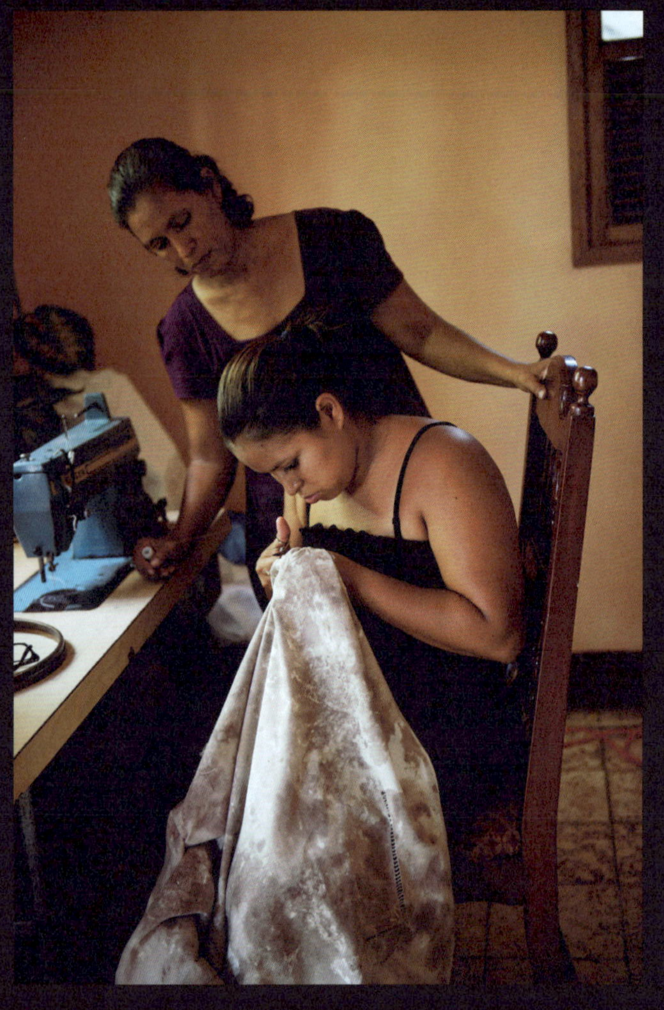

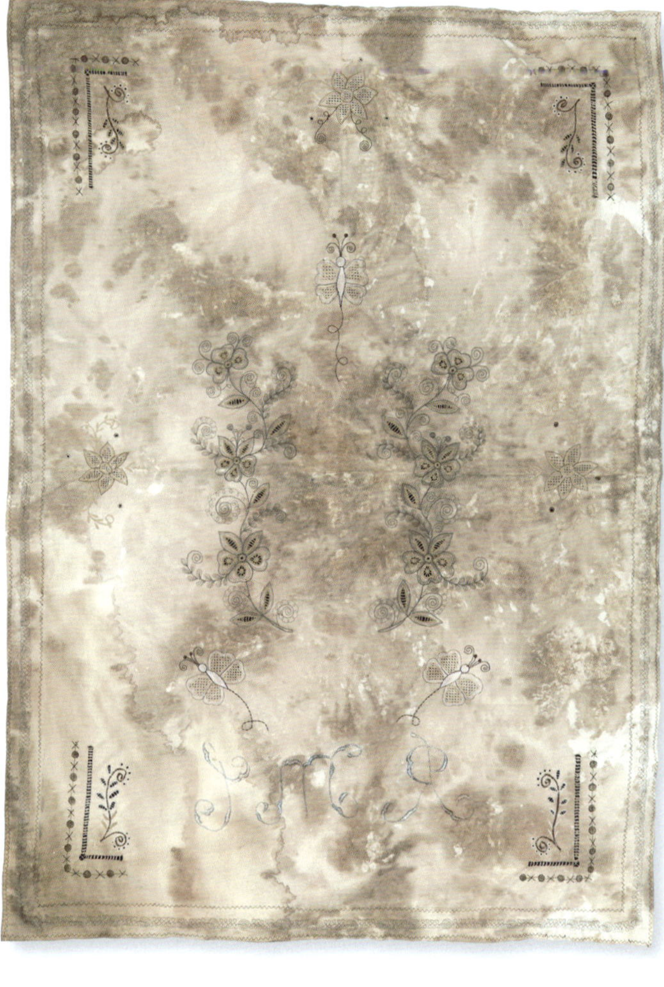

Cuando la mayoría éramos Sandinistas (Als die meisten von uns Sandinisten waren) 2014, Stickerei auf einem Stoff, der mit dem Blut einer in Managua, Nicaragua, ermordeten Frau getränkt ist; angefertigt von den Frauen des Studio Atlántida: Atlántida Espinoza, Conny Gutiérrez, Xiomara Gutiérrez und Susana Pérez, in Masaya, Nicaragua, 105 × 150 cm

Cuando la mayoría éramos Sandinistas (Als die meisten von uns Sandinisten waren) 2014, Prozess des Stickens auf einem Stoff, der mit dem Blut einer in Managua, Nicaragua, ermordeten Frau getränkt ist Video (Farbe, Ton), 8′ 51″

Courtesy Teresa Margolles und Galerie Peter Kilchmann, Zürich

Mit einem Video dokumentiert Teresa Margolles die Entstehung der Arbeit *Cuando la mayoría éramos Sandinistas (Als die meisten von uns Sandinisten waren)*. Darin sind nicaraguanische Kunsthandwerkerinnen zu sehen, die auf traditionelle Weise ein Tuch besticken. Es ist kein gewöhnliches Tuch: Es ist ein Krankenhausleintuch, das unter dem toten Körper einer ermordeten Frau lag, als er nach einer Autopsie gewaschen wurde. Das Laken ist voller Blutflecken, und während die Frauen es verzieren, sprechen sie über die Spirale der Gewalt gegen Frauen, eine Generation, die sich zwischen Alkohol und Drogen verliert, und ihren historischen und biografischen Hintergrund der frühen 1980er-Jahre, „als die meisten von uns Sandinisten waren".

Cuando la mayoría éramos Sandinistas (When Most of Us Were Sandinistas) 2014, embroidery on fabric permeated with blood from the body of a woman assassinated in Managua, Nicaragua; created by the women of the studio Atlántida: Atlántida Espinoza, Conny Gutiérrez, Xiomara Gutiérrez, and Susana Pérez in Masaya, Nicaragua, 105 × 150 cm

Cuando la mayoría éramos Sandinistas (When Most of Us Were Sandinistas) 2014, process of embroidery on fabric permeated with blood from the body of a woman assassinated in Managua, Nicaragua, video (color, sound), 8′ 51″

Courtesy Teresa Margolles and Galerie Peter Kilchmann, Zurich

Teresa Margolles uses a video to document the production of the work *Cuando la mayoría éramos Sandinistas (When Most of Us Were Sandinistas)*. It shows Nicaraguan artisans doing traditional embroidery on a cloth. But it is no ordinary cloth—it is a hospital sheet that lay under the body of a woman who had been murdered, when the body was washed after the autopsy. The sheet is covered in bloodstains, and as the women embroider it they talk about the spiral of violence against women, a generation lost to alcohol and drugs, and their historic and biographical background in the early 1980s, "when most of us were Sandinistas."

Ich bin ein Fußgänger. Ich bin verliebt in diese ach so archaische Fortbewegungsart. Sei es ein einfacher Spaziergang oder die intensive Herausforderung für Herz und Kreislauf des Joggens. Es ist eine ironische Art von Entkommen. Denn wenn ich so eine Reise absolviert habe, befinde ich mich meistens genau wieder dort, wo ich losgelaufen bin. Was hat sich verändert, abgesehen von einem Ausflug der biologischen Prozesse? Mein Bewusstsein, dessen natürlicher Zustand ungefähr dem unordentlichen Schreibtisch eines durchschnittlichen Akademikers gleicht, ist jetzt fein und klar organisiert. Diese Methode hilft mir auch, mit Veränderung zurechtzukommen. Im Gegensatz zu meinen Landsleuten in den USA der Gegenwart reise ich, und zwar so oft ich kann. Ich liebe es, bei der Ankunft meine Taschen abzustellen und die Fußwege anzupeilen. Den Zwischen-Raum zu erkunden. Mein eigenes globales Positionierungssystem zu konstruieren. Die notwendigen Dinge zu entdecken. Ein Kaffeehaus. Einen Buchladen. Die wesentlichen Sehenswürdigkeiten und den schnellsten Weg zum nächsten ernstzunehmenden Gewässer der jeweiligen Stadt. Vielleicht sogar ein passendes Speiselokal für einen schnellen Imbiss.

Mit jedem Spaziergang oder morgendlichen Joggen wird das System ausdifferenzierter, komplexer, vertrauter. Die Herausforderung entwickelt sich fort: Bin ich zunächst damit beschäftigt, zu begreifen, wo ich mich gerade verirrt habe, suche ich bald danach, inwiefern die Stadt selbst die Orientierung verloren hat. Das ist der Fall in der Stadt, in der ich geboren wurde, Omaha, Nebraska. Für die, die sie nicht kennen: Wenn man einen Dartpfeil in die Mitte einer Karte der kontinentalen USA werfen würde, würde er wahrscheinlich nicht weit daneben landen. Die Stadt weist dieses prototypische amerikanische (Anm. d. Übers.: koloniale) Gittermuster auf. Straßen in der Tradition der USA von Ost nach West durchnummeriert, alphabetisch von der alten zentralen Straße (Dodge Street) sich in den Süden erstreckend bis zum apokalyptischen ländlichen Abgrund der „Z-Straße". Fußgänger, der ich bin, habe ich fast jeden Inch davon schon einmal betreten.

Eine meiner liebsten Morgenlaufrouten führt mich durch den Memorial Park (Denkmalpark), berühmt für seinen komplett unoriginellen Namen. Er ist eine der wenigen Grünflächen, die zum überteuerten Apartmentkomplex oder unlogischen Shopping-Blickschmerz zu entwickeln den fleißigen Hirnen der Elite Omahas noch nicht eingefallen ist. Frag die Eingeweihten, und sie werden dir von einem herrlichen Hügel erzählen, einer erstklassigen Location fürs Rodeln an verschneiten Tagen der Kindheit (was das Wetter heutzutage mit seinen neuartigen Mustern selten hergibt). Auf diesem Hügel eine beeindruckende Kolonnade, die dich einen Augenblick lang träumen lässt, die Römer hätten hier einen fernen Satelliten aufgestellt. Der Park selbst wurde kreiert, um die Männer zu ehren, und irgendwann, als die Gesellschaft sie schließlich dessen für würdig hielt, auch die Frauen von Douglas County, die im bewaffneten Dienst am Vaterland umkamen. Über der Stadt, vor der Kolonnade, von einem vergessenen Maelstrom baumelnd, Old Glory selbst, die amerikanische Flagge. Sie mag dich daran erinnern, in welchem Land du dich gerade befindest, denn vielleicht hast du es ja vergessen. Das Memorial selbst ist eine Collage, zu der bei jedem abgeschlossenen amerikanischen Krieg (oder, in der Terminologie unserer politisch korrekten Welt, bewaffneten Konflikt) die zusätzlichen Ziffern hinzugefügt werden. Auf Kupferplatten geschrieben, jetzt im Oxidgrün der Vernachlässigung, sind die Namen aller Männer und Frauen aus Douglas County, die im Ersten Weltkrieg, im Koreakrieg und im Vietnamkrieg gestorben sind.

Was dier unbeflissene Passantni[1] vielleicht nicht bemerken wird, ist der kleine Stein, der hinter der Kolonnade mitten in einen Rosenbusch gesetzt ist. Ich habe selbst diesen Stein übersehen, da seine Position aus der Ferne nur durch zwei Fahnen markiert wird: noch eine US-Flagge und eine schwarze Fahne mit dem Umriss eines weißen Gesichts. Diese Fahne wird von den Familien derer gehisst, deren Mitglieder vermisst sind, ihre Schicksale unbekannt. Es sind die MIA genannten Soldatenni – *missing in action*. Oh, wie lieben wir Amis unsere bekannten Unbekannten.

Ein entfernter Verwandter des Grabs des unbekannten Soldaten in Washington D.C., zollt dieser Stein denjenigen aus allen Abteilungen der bewaffneten Truppen Respekt, die im Nebel des Krieges verschwunden sind. Diese Denkmäler beunruhigen mich immer, denn diese Männer und Frauen, denen wir unsere Gedanken widmen, starben mit hoher Wahrscheinlichkeit allein, gehasst und ohne direkte Verbindung zu den Konflikten, in denen sie ihre Karrieren gemacht haben. Der Morgenlauf, an dem ich diesen Stein entdeckte, wurde sofort verwandelt in einen gedankentiefen Spaziergang, als ich die Botschaft las, die auf die Fläche des Steins geritzt war.

Es war nichts anderes als ein amerikanisches Klischee, wie man sie andauernd an all unseren patriotischen Feiertagen hört oder wenn das Thema der Truppen in Gesprächen aufkommt: Freiheit ist nicht gratis. Wenn man laufen geht, ist der Körper so sehr damit beschäftigt, das Atmen, die Bewegung und die Sinneswahrnehmung der Umgebung aufrechtzuerhalten, dass das Gehirn, unbeaufsichtigt, recht unkultivierte Gedanken verarbeitet, aber diese eigentümliche Wahl des Epitaphs rief nach größeren physiologischen Bedürfnissen, als mein bloßes Gehirn bereitstellen konnte. Zunächst einmal gedenkt der Stein, vor dem ich stehe, einer unbekannten Menge von Menschen, daher ist der genaue Kostenpunkt des erwähnten Preises nicht definiert. Aber bevor ich überhaupt beginne, die Rechnung zu überschlagen, verwirrt mich eine Definitionsfrage, von der mir übel wird. Wenn Freiheit, dieser mächtige Rohstoff, nicht gratis ist, dann ist vielleicht das, wofür wir mit dem Blut von Fremden bezahlt haben, nicht wirklich Freiheit. Nach Beendigung dieses Entwurfs bin ich versucht, an die städtische Verwaltung von Omaha zu schreiben und darum zu bitten, die Inschrift in „Freiheit ist nicht Freiheit“ zu ändern.

Was dieser trübsinnige Lauf, der zum Spaziergang wurde, zeigt, ist der zutiefst beunruhigende Moment, in dem wir uns alle befinden. Wir leben in postnormalen Zeiten. Ich werde jetzt kurz innehalten. Ich verstehe diese gehobene skeptische Augenbraue. Genug Arabica-Infusion im Blut oder Credits für Masterstudiengänge könnten solchen Gedankengängen den Treibstoff liefern. Aber was ich hier vorschlage, ist nicht irgendein Duell von Witz und Semantik. Nein, ich möchte die Fragilität der Semantik selbst herausheben, mit der wir unsere Logik und die grundlegende Fehlbarkeit unseres Witzes strukturieren. Der Schaden, der bereits geschehen ist, lässt uns mit Worten zurück, denen die Definitionen entzogen wurden, die wir als selbstverständlich hinnehmen. Willkürlich am Nektar der Ahnungslosigkeit nippend wandeln wir durch Zeit und Raum mit besinnungslosen Ansichten und sprechen Phänomene wie unpatriotischen Nationalismus, kontingente Unabhängigkeit oder die Unterwerfung der Freiheit an. Eine genüssliche Ignoranz als Nebenfigur einer unerbittlichen Unsicherheit perpetuiert den postnormalen Zustand. Die es wissen oder wenigstens merken, dass sie nicht wissen, sind in einem lähmenden Grad verwirrt. Das Problem kommt daher, nicht die korrekten Werkzeuge zu haben. Dier Physikerni stellt fest, dass seihrne Theorien die Reichweite seihnrer Experimente hinter sich lassen. Seihrne Praxis ist eine Herausforderung der Wissenschaft mehr mit den Mitteln der Philosophie als der Fakten. Dier Postmodernistni versucht, große Narrative auszumerzen, und erzeugt so ein großes Narrativ gegen große Narrative. Dier Posthumanistni köpfelt in die Roboterrevolution, unbeeindruckt vom Multiversum möglicher ironischer Konsequenzen, die aus so nachlässiger Untersuchung erwachsen. Jedre Meisterni versucht, die Zukunft in seihrnem eigenen Abbild einzufangen und es in Richtung des eigenen utopischen Ideals zu lenken.

An diesem Punkt stehen wir vor zwei Problemen. Erstens ist die Zukunft nicht singulär, sie ist eine Mehrzahl von Zukünften. Zweitens kann die Zukunft nicht kontrolliert, gemanagt oder auf ein Regal gestellt werden. Die Theorie der postnormalen Zeiten erlaubt uns, die potenziellen Zukünfte zu navigieren. Die Gegenwart ist nicht seltsam, sie wird ständig seltsamer. Unsere Systeme und Routinen werden obsolet. Die Joggerpfade, die unsere Muskeln über die Jahre schon kennen, führen uns nicht an die begehrten Ziele. Also endet hier der Gehsteig? Stecken wir unsere

Köpfe zwischen unsere Beine und küssen unsere Ärsche auf Wiedersehen? In Unendlichkeit oder Auslöschung, wer uns am ehesten nimmt?

Lasst uns postnormale Zeiten erwägen.

3 „C"s machen das Rückgrat postnormaler Zeiten aus: *Complexity*, *Chaos and Contradiction*. Komplexität, Chaos und Widerspruch. Die Systeme unserer gegenwärtigen Welt werden immer komplexer. Das unterscheidet sich von einfacher Kompliziertheit. Komplexität ist nicht die Addition einfacher Funktionen, um kompliziertere Strukturen zu erhalten. Komplexität ist die Kreuzung, Verwebung und Transaktion einfacher und komplexer Variablen, die zu einer nicht ausbalancierten und immer leichter entflammbaren Atmosphäre führen. In der extrem hohen Komplexität regiert das Chaos. Chaos ist hier die Macht, die kleine und scheinbar bedeutungslose Faktoren auf das größere Ganze ausüben. Wenn chaotische Ereignisse zunehmen, gibt es einen radikalen Tempowechsel bei stark vermehrten möglichen Zukünften. Die Theorien und Systeme, mit denen wir Tag für Tag arbeiten, oft unterentwickelt, werden von unwahrscheinlichen Resultaten und zerstörerischen Widersprüchen durchlöchert. Das Anschwellen der Widersprüche drückt die Ordnung der Dinge an den Rand. Entweder bricht die Ordnung, und etwas Neues füllt den leeren Raum, oder die

Eva Grubinger

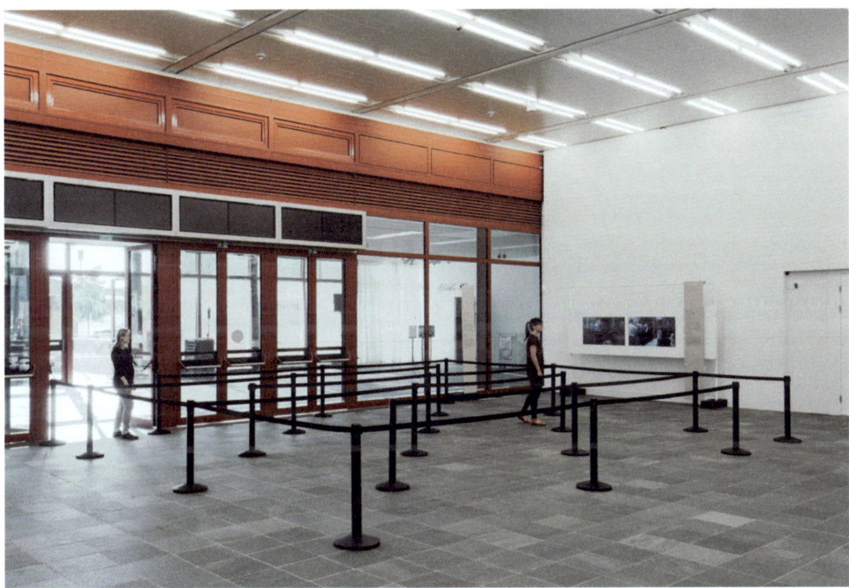

Crowd
2007, Tensatoren,
Dimension variabel,
Courtesy Eva Grubinger und Galerie Tobias Naehring, Leipzig

Mit *Crowd*, also Gedränge oder Gewühl, betitelt Eva Grubinger ihre Installation. Dabei bewirkt die Arbeit genau das Gegenteil – sie sorgt dafür, dass niemand aus der Reihe tanzt. Sie besteht nämlich aus Absperrpfosten, sogenannten Tensatoren, die im Raster aufgestellt und über Bänder miteinander verbunden sind. Und so gibt die Installation die Richtung vor, in der wir langsam zu Sicherheitskontrollen, Ticketschaltern oder Nachtclubs vordringen dürfen.
In der Ausstellung scheint das Personenleitsystem keine Funktion mehr zu verfolgen außer der, die Besucherinnen und Besucher zu bevormunden. Aber erst durch die Ziellosigkeit macht es die strukturelle Macht sichtbar, die es in anderen Räumen auf das Individuum ausübt.

Crowd
2007, Tensabarriers,
dimensions variable,
courtesy Eva Grubinger and Galerie Tobias Naehring, Leipzig

Eva Grubinger chose the English word *Crowd* as the title for her installation.
Yet her work does not suggest a crush or throng at all, but the very opposite—and indeed ensures that nobody oversteps the mark. After all, it consists of bollards known as tensabarriers, which are installed in a set pattern and joined to one another by tapes. As such the installation dictates the direction in which we may slowly move forward to security checks, ticket counters or night clubs. In the exhibition the personal guidance system no longer seems to have any function other than to patronize visitors. However, it is precisely owing to its lack of purpose that it visualizes the structural power that it exerts on individuals in other spaces.

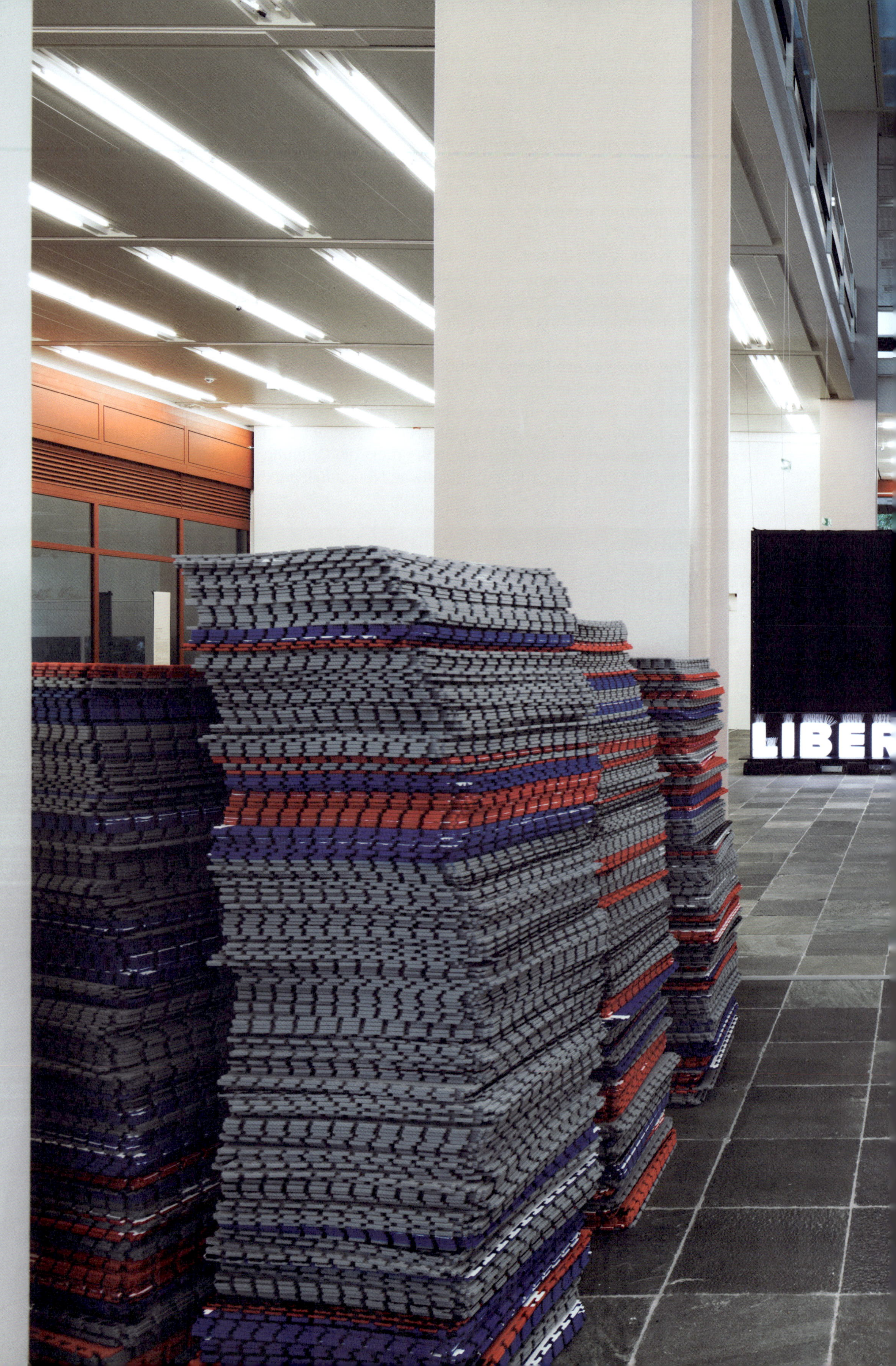
LIBER

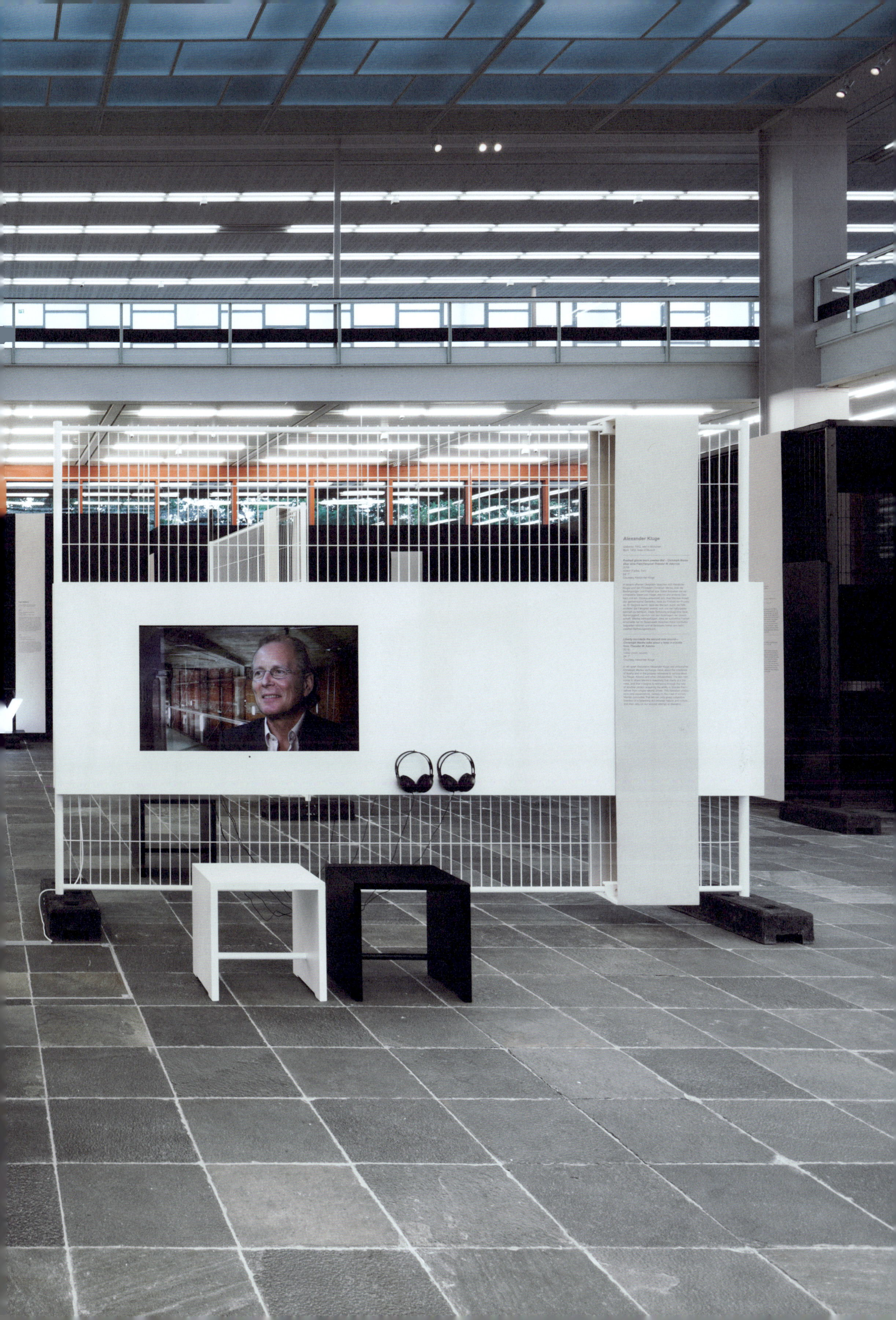
Alexander Kluge

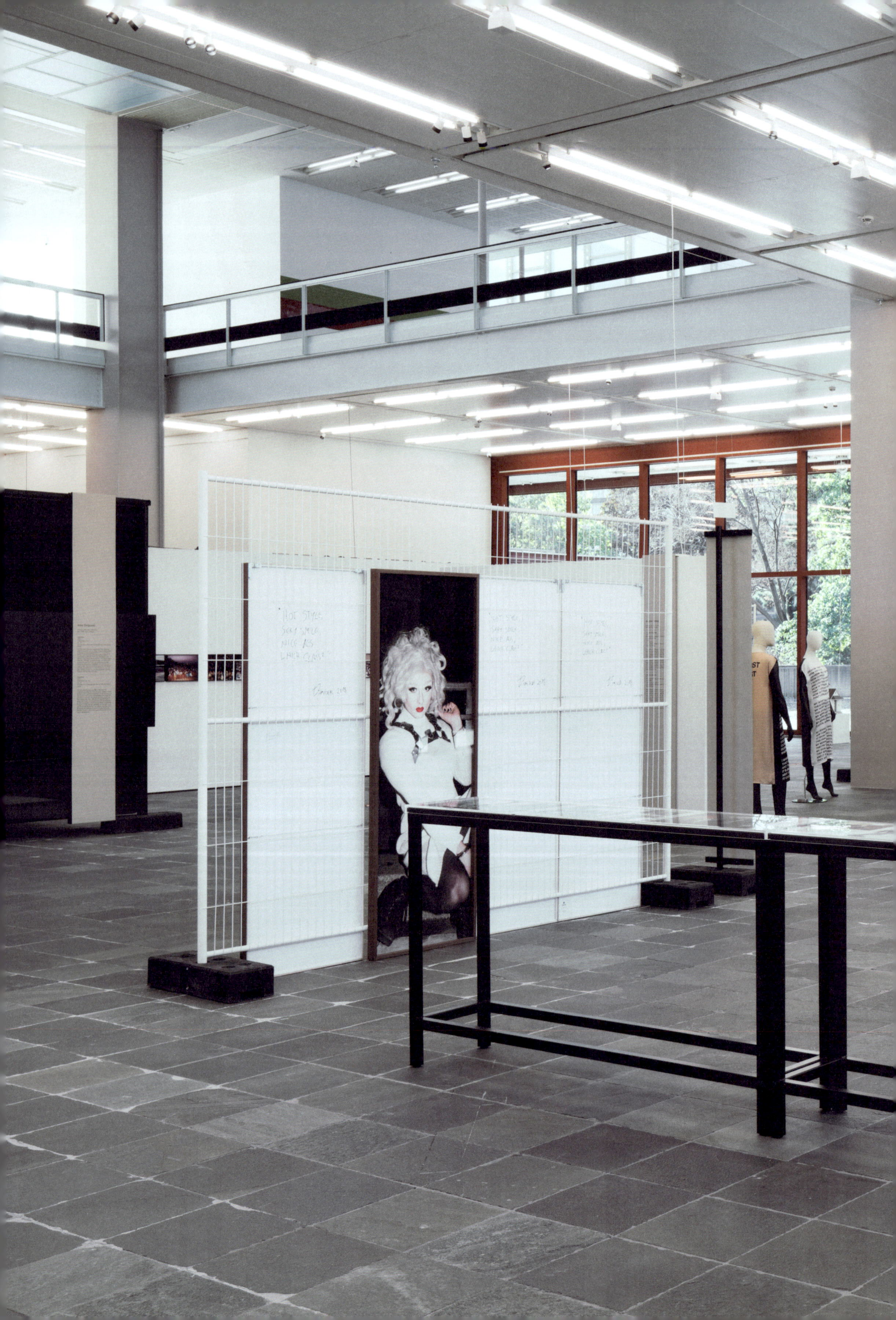
"HOT STYLE,
SEXY SMILE
NICE ASS
WHICH CLASS?"

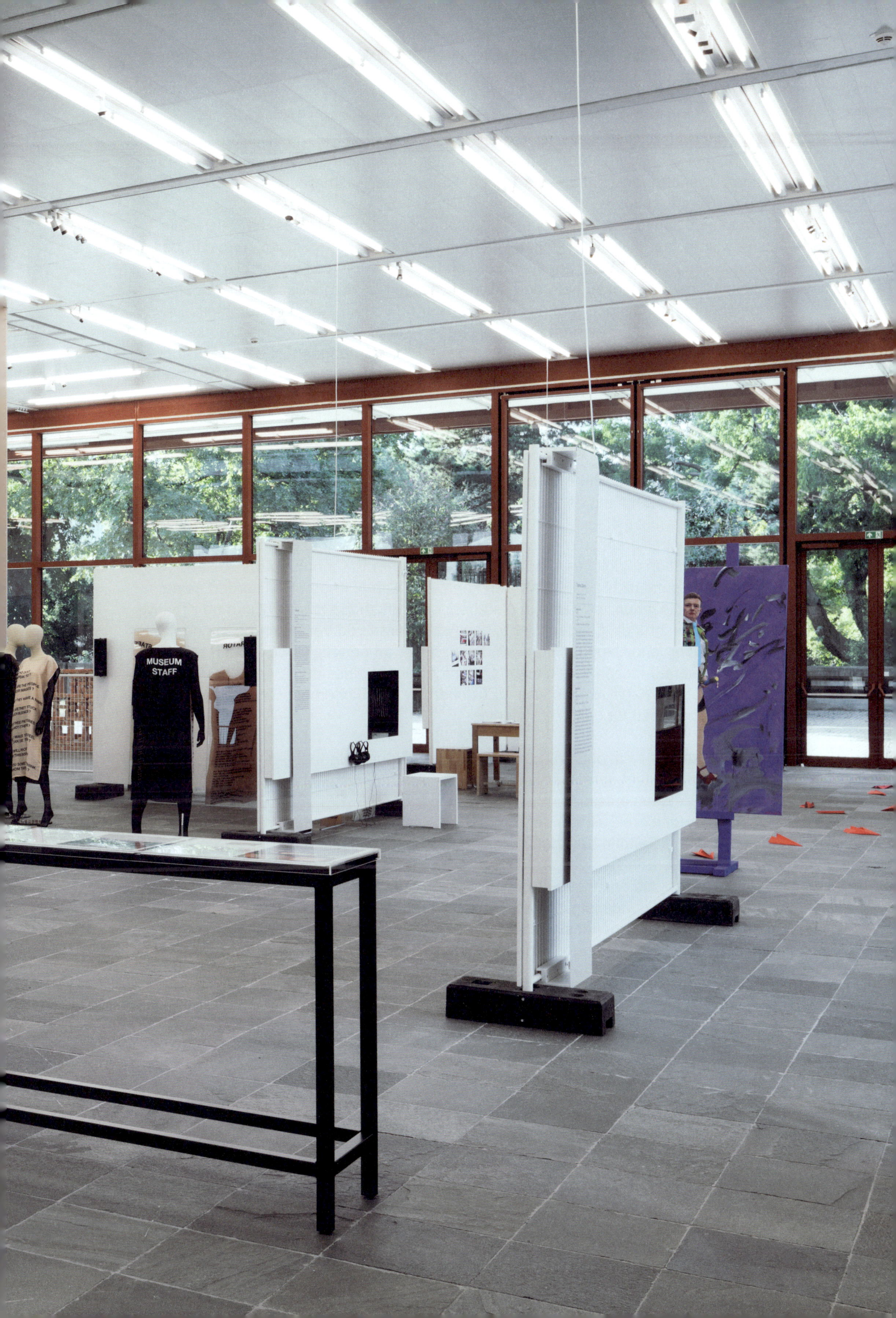
MUSEUM
STAFF

Ordnung wird kreativ, fängt an zu improvisieren, um zu überleben.[2] Der wirbelnde Kollisionskurs der 3 „C"s erzeugt, wie die Elektronenwolke um den Nukleus, den Zustand von postnormalen Zeiten.

Eine weitere Untersuchung enthüllt eine Gruppe von Eigentümlichkeiten, die das ohnehin schon turbulente Bild postnormaler Zeiten nehmen und ins Schleudern bringen. Diese Eigenschaften sind Tempo, Reichweite, Ausmaß und Gleichzeitigkeit (*Speed, Scope, Scale aund Simultaneity*). Diese 4 „S"e verstärken die 3„C"s, machen sie in einem sich rasant beschleunigenden Tempo vorkommen, das die Reichweite vom Zwischenmenschlichen weg erweitert in die globale Mehrfaltigkeit und darüber hinaus, was mengenmäßig auf allen Ebenen Probleme mit sich bringt. Die Gleichzeitigkeit dieser Instanzen befördert nur die Collage der zeitgenössischen globalen Angelegenheiten. Einfach wird aus dem Fenster geworfen. Ignoranz sammelt sich in seiner Vielzahl von Formen und Unsicherheiten wie ein Hurrikan ohne die Akkomodation eines beruhigenden Auges oder die subtilen Warnungen, die anderen Stürmen vorausgehen.

Wer sich in postnormalen Zeiten befindet, ist mit einem Heer von Fragen konfrontiert, u. a. wohin sier als Nächstes gehen soll. Das ist ein interessantes Dilemma. Eins, das sogar diejenigen unter uns verwirrt, die am meisten in die Gedanken über PNT vertieft sind. Die Akademischeren bevorzugen es, mit diesem Problem zu ringen, den Kampf mit dem Engel zu suchen, es zu zerlegen und Experimente anzustellen. Vielleicht gibt es Methoden, die „C"s und „S"e und alle anderen Ignoranzsachen zu kontrollieren, zu managen, zu manipulieren oder zu zügeln. Festgefahren in den Frustrationen solcher Alleen wird man in seiner Erschöpfung feststellen, dass dieser Teufel nicht besiegt werden kann. Der Kampf gegen PNT fordert seine Helden über die ihnen zur Verfügung stehenden Werkzeuge hinaus. Extreme Kreativität, Destillation grundbildenden Werts, das Akzeptieren von Veränderungen und das Denken von bislang Ungedachtem werden von hier an benötigt. Sogar die Beherrschung dieser einfachen Werkzeuge stellt nicht sicher, dass das Meer eine reibungslose Navigation erlaubt. Es gibt keine Zusicherung von Sicherheit, Geistesgesundheit oder Überleben für unserne Heldnie.

PNT kommt nicht ohne Anzeichen. Eine der Hauptaufgaben von uns, die wir in PNT spielen, besteht darin, andauernd unsere Aufmerksamkeit für und Kenntnis von diesen Zeichen aufzubauen und zu verfeinern. Die 3 „C"s und 4 „S"e stellen sicherlich unfehlbare Zeichen der Zeit dar, aber gibt es nicht vielleicht Warnsignale, bevor wir uns mittendrin befinden? Diese Indikatoren sind die Menagerie von PNT. Schwarze Elefanten sind das erste Exponat in der Menagerie. Schwarze Elefanten sind Ereignisse, die ansonsten leicht identifizierbare Möglichkeiten sind, aber aufgrund von Bestätigungsneigung oder einfacher Ignoranz ausgeschlossen worden waren. Das zweite Exponat sind schwarze Schwäne. Schwarze Schwäne sind das Undenkbare, wenigstens in gegebenen Weltbildern und Systemen, was unmöglich zu sein scheint. Diese *game changers* verändern die Fähigkeit unserer Gehirne, zu bestimmen, was möglich ist, sie rufen einen Wirbel positiver und negativer Potenzialitäten hervor. Das dritte Exponat sind schwarze Quallen. Diese Tiere sind die wahren Elefanten in den Porzellanläden der postnormalen Zeiten. Sie werden zum Symbol dieser klimatisch herausfordernden Zeiten. Schwarze Quallen sind jene Ereignisse, die, obwohl sie manchmal als kleine Begebenheiten beginnen, durch positives Feedback zu riesigen Mengen von 3 „C"s wuchern, die die strukturelle Intaktheit globaler Systeme auf die Probe stellen. Sie haben eine große Kapazität, die postnormalen Angelegenheiten anzuschieben.[3]

Es ist wichtig, hier anzumerken, dass die Menagerie sehr von der Perspektive abhängt. Der schwarze Schwan des einen könnte dem anderen am anderen Ende der Welt, in einer anderen soziopolitischen Umgebung, leicht ein schwarzer Elefant sein. Das soll nicht in Abrede stellen, wie wichtig es ist, die Elemente der Menagerie

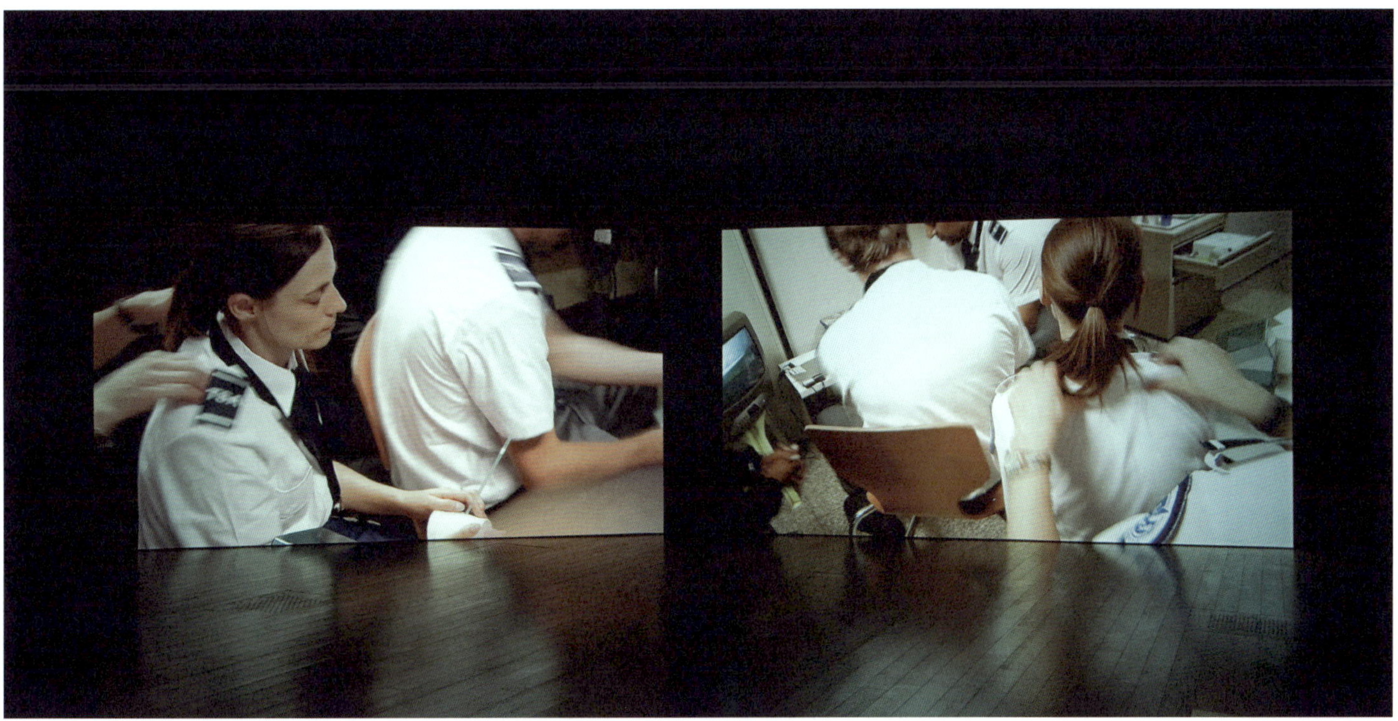

Touch, Rise and Fall
2008, 2-Kanal-Video (Farbe, ohne Ton), 53′, Courtesy carlier | gebauer, Berlin

Der Schauplatz von Aernout Miks *Touch, Rise and Fall* ist ein Flughafen. Dort passiert, was jedem Passagier und jeder Passagierin passieren muss: die Sicherheitskontrolle. Das Gepäck wird durchleuchtet, Koffer geöffnet und durchsucht, während Fluggäste abgetastet und befragt werden. Den Kontrollabläufen wohnt durch ihren Eingriff in Persönlichkeitsrechte ohnehin schon ein gewisses Maß an Übergriffigkeit inne, das sich in Miks Videoarbeit langsam, aber stetig ins Absurde steigert: Das Sicherheitspersonal beginnt, Stofftiere aufzuschneiden und auszuweiden, sich selbst zu kontrollieren und den Müll zu untersuchen. Umso bunter das Treiben wird, umso hektischer geht es zu. Durch die Übersteigerung eines an sich schon unangenehmen formalisierten Moments des Ausgeliefertseins macht Mik die Spannung zwischen individuellem Freiheitsdrang und kollektivem Sicherheitsbedürfnis sichtbar.

Touch, Rise and Fall
2008, 2-channel video (color, no sound), 53′, courtesy carlier | gebauer, Berlin

The setting for Aernout Mik's *Touch, Rise and Fall* is an airport. And what happens is what every passenger has to pass through, namely the security checks. Luggage is X-rayed, suitcases opened and searched, while passengers are patted down and questioned. There is something intrinsically intrusive about such security checks, as they represent an encroachment of people's personal rights; in Mik's video piece this aspect is slowly but continually taken to the absurd: security staff begin to cut up and disembowel cuddly toys, inspect the trash, and check themselves. The greater the hustle and bustle, the more frantic things become. By heightening a formalized aspect of an unpleasant situation, namely being at someone else's mercy, Mik succeeds in visualizing the tension between our individual urge for freedom and our collective need for security.

zu identifizieren, die eine Situation in die Postnormalität führen. Man kann seinen Glauben daran setzen, dass darüber gesprochen werden muss, entweder über die Fortentwicklung der Menagerie oder über das Erwägen der Möglichkeit von Hybriden und ähnlichen Feinheiten. Für unsere Zwecke hier ist es wichtig, die Einschränkungen unseres eigenen Weltbilds, unserer eigenen Situation zu erkennen. Aus unserer Perspektive müssen wir unsere Menagerie identifizieren und ein Urteil fällen, entweder die Zukunft einer gegebenen Struktur betreffend oder unsere eigene Stellung in der Welt. Durch diese Übung können wir nicht nur geschickter die Zukünfte vor uns navigieren, sondern auch wachsen und uns selbst in einer progressiven Weise entwickeln.

Jetzt kehre ich zum Memorial Park zurück, wo mein Körper irgendetwas zwischen Gehen und Joggen durchführt und mein Gehirn von diesem Wort gerädert wird:

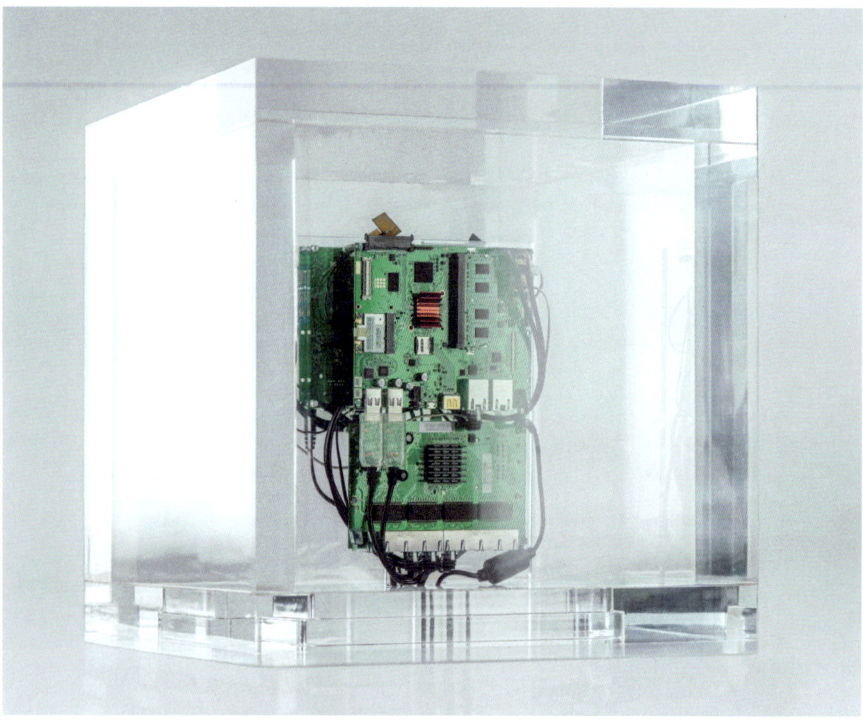

Autonomy Cube
2015, Novena-Motherboards in Plexiglaswürfel, 40 × 40 × 40 cm, Courtesy Shane Akeroyd Collection, London

Der *Autonomy Cube* besteht aus einem Plexiglaskubus, in dem zwei auf Open-Source-Hardware basierende Novena-Motherboards miteinander verbunden sind. Angeschlossen an eine schnelle Internetanbindung erzeugen sie ein WLAN-Netzwerk. Der gesamte Datenverkehr wird über das TOR-Netzwerk geleitet, das die Übertragung verschlüsselt und anonymisiert und eine Nachverfolgung verhindert. Der *Autonomy Cube* im Museum bietet einerseits allen Besucherinnen und Besuchern Internetzugang über TOR, andererseits fungiert er auch als Knotenpunkt im globalen Verschlüsselungsnetzwerk. Das TOR-Netzwerk wird weltweit verwendet, um die eigene Privatsphäre zu schützen – insbesondere von Personen, die in Diktaturen oder anderen repressiven Regimen leben, aber auch von einfachen Kriminellen, die ihre Aktivitäten vor dem Staat verbergen wollen.

Autonomy Cube
2015, Novena motherboards in Plexiglas cube, 40 × 40 × 40 cm, courtesy Shane Akeroyd Collection, London

The *Autonomy Cube* consists of a Plexiglas cube containing two connected Novena motherboards based on open-source hardware. Hooked up to a fast Internet connection, they produce a WLAN network. All data traffic is transmitted via the TOR network, which encrypts the transfer and anonymizes it so that the sender cannot be traced. Having the *Autonomy Cube* in the museum not only offers all visitors Internet access via TOR, but also functions as a hub in the global encryption network. The TOR network is used worldwide to protect people's privacy, especially the privacy of people who live under dictatorships or other repressive regimes, but it is also used by ordinary criminals who want to conceal their activities from the state.

Freiheit. Es ist ein ganz verwunderlicher Widerspruch. Noch schlimmer, es ist ein verführerischer Widerspruch. Wie das Kapital ist es nie mit bloß einer oder zwei Einheiten seiner selbst zufrieden, es muss immer mehr sein. Unersättlich kämpft Freiheit für sich selbst, auch wenn sie dazu die Freiheit anderer verspeisen muss. So wie Adam Smith die westliche Welt davon überzeugte, dass eigennützige Tätigkeit magischerweise im Interesse des Gemeinsamen arbeite, ist meine Freiheit deine Freiheit, und wir müssen bereit sein, zu jeder angegebenen Zeit dafür zu sterben!

Das könnte nicht besser illustriert werden als durch die Verfassung der Vereinigten Staaten von Amerika. Während ich Bände über die Widersprüche schreiben könnte, auf die dieses Dokument verweist, werde ich versuchen, mich auf diesen

59 Julian Oliver

Stealth Cell Tower
2016, modifizierter Drucker Hewlett Packard Laserjet 1320, in den das Software Defined Radio System BladeRF x40, der Einplatinencomputer Raspberry Pi 3, zwei kurze omnidirektionale GSM-Antennen und mehrere Kabelverbindungen eingebaut wurden, 25,6 × 35 × 35,2 cm, Courtesy Julian Oliver

2013 stellt sich heraus, dass der deutsche Bundestag von der NSA abgehört wird. Von den verwendeten Methoden ausgehend entwickelt Julian Oliver neben anderen Anwendungen den *Stealth Cell Tower*. Dafür versteckt er in einem handelsüblichen Drucker eine Mobilfunkstation. Die verhält sich wie normale Mobilfunknetze: Ist ein Handy in der Nähe, verbindet es sich mit ihr, woraufhin der *Stealth Cell Tower* damit beginnt, SMS an das Mobiltelefon zu senden. Die Empfängerin bzw. der Empfänger wird durch die Textnachrichten zum Drucker gelockt, wo eine Abschrift der Nachrichten, die einzigartige IMSI-Nummer des Opfers und andere vorher ausgelesene identifizierende Informationen schon ausgedruckt wurden. Hin und wieder tätigt der *Stealth Cell Tower* auch Anrufe, bei denen er dann Stevie Wonders *I Just Called to Say I Love You* abspielt. Mit einem Augenzwinkern führt uns Oliver vor, wie brüchig die Strukturen sind, die zwischen Privatsphäre und Überwachung stehen.

Stealth Cell Tower
2016, a modified Hewlett Packard Laserjet 1320 printer into which the software-defined radio system BladeRF x40, the single-board computer Raspberry Pi 3, two short omnidirectional GSM antennas and several cable connections were installed, 25.6 × 35 × 35.2 cm, courtesy Julian Oliver

In 2013 the news broke that the German parliament (Bundestag) had been bugged by the NSA (National Security Agency). Based on the methods it employed, Julian Oliver developed, amongst other things, the Stealth Cell Tower. To do so he concealed a cell phone transmitter station in a conventional printer. This station responds like normal mobile phone networks do: If a cell phone is nearby it hooks up to it and then the *Stealth Cell Tower* begins to send it text messages. The recipient is lured by the text messages to the printer, where a transcript of the texts, the victim's unique IMSI number, and other identifying information previously extracted has already been printed. Now and then the *Stealth Cell Tower* also activates calls in which Stevie Wonder's song "I Just Called to Say I Love You" is played. Somewhat tongue in cheek, Oliver demonstrates to us how fragile the structures between our private sphere and surveillance are.

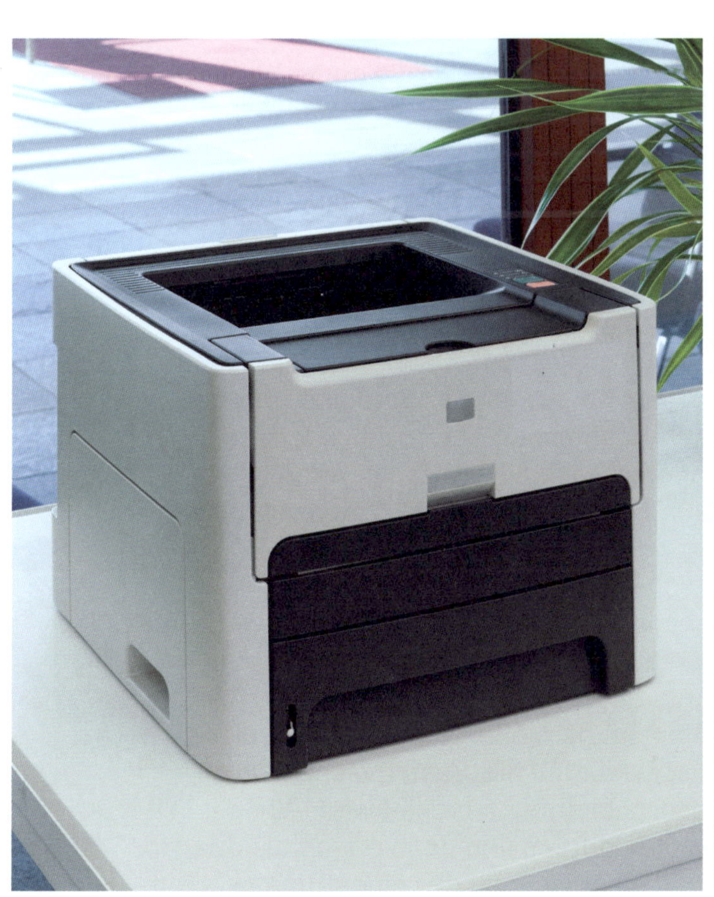

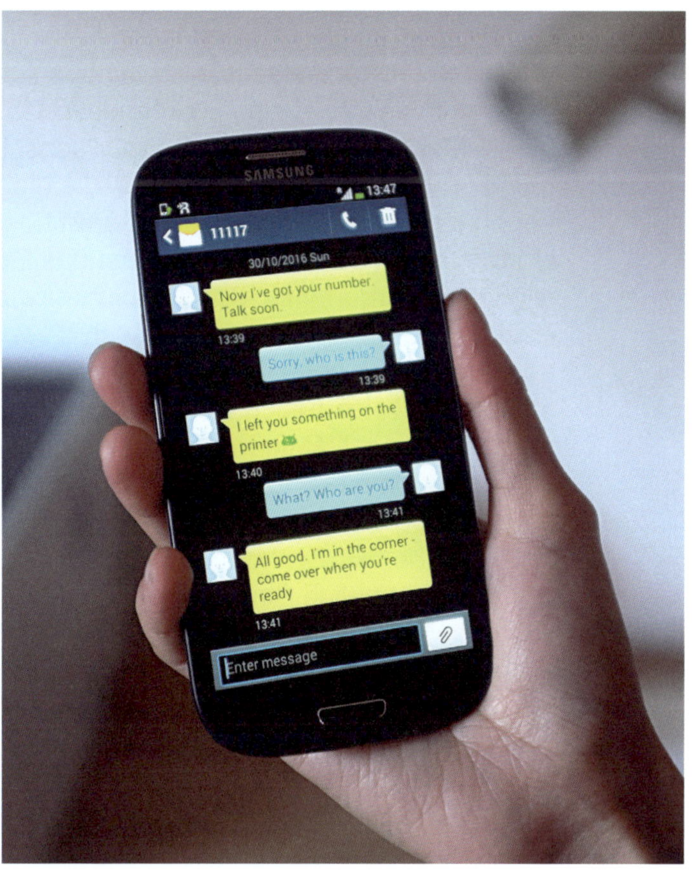

einen einzuschießen. Natürlich, die ersten zwei Zusatzartikel sind die einzigen, die dier gewöhnliche Amerikanerni auswendig wissen wird, ohne sich mit Google beraten zu müssen. Während der zweite Zusatzartikel mehr Sendezeit in den Nachrichten bekommt (für die, die sich nicht auskennen: Das ist der Artikel mit den Waffen), ist es der erste, auf den regelmäßiger angespielt wird. In diesem einen vertrackten Satz liegen mehr als zweihundert Jahre Rechtsphilosophie, grundlegende Bausteine, die für viel Angst und Arroganz der US-Amerikanernnnie verantwortlich sind, und ein gefährlicher Widerspruch. Der Artikel spricht Freiheit des Ausdrucks, der Sprache und der Versammlung an. Er verspricht, dass, wenn dieses große Experiment scheitern sollte, wir das Recht hätten, alles niederzureißen und stattdessen etwas Besseres zu bauen. Er gewährt einem die Freiheit zu sein. Aber er gibt einem auch die Freiheit, anderen die Freiheit zu nehmen. Gesunder Menschenverstand und Rechtssprechung haben in der Geschichte der Menschheit ein bisschen was gebracht. Z. B. ist es illegal, in einem vollen Theater „Feuer" zu schreien, da das eine Massenhysterie hervorrufen würde. Obwohl es sowohl den Unterdrücktennnie als auch den Unterdrückernnnie das Recht verleiht, unter Polizeischutz durch die Straßen zu marschieren, gibt dir diese Freiheit die Freiheit, deinen Mitmenschen in Doppelmoral, Rassismus und Xenophobie an dich zu binden, natürlich unter dem Motto, dass du einstecken können sollst, was du austeilst. Der erste Zusatzartikel der Verfassung gibt einem das Recht zu hassen. Es verwandelt auch die Freiheit in eine Ware, unsere Ware, und eine, die anderen weggenommen werden kann, wenn sie nicht nach unseren Regeln spielen. Kein Tag vergeht in den USA, ohne dass wir das heilige Wort Freiheit verkünden; mit jedem Gebrauch bastardisieren wir weiter seine Bedeutung, vertiefen den Widerspruch. Dieser schwarze Elefant reift seinem postnormalen Fruchtstand entgegen, und bald werden diese Schreie nach Freiheit Antworten ganz anderer Art hervorrufen.

Während die Amerikanernnnie das Wort Freiheit bis in seine eigene Abwicklung hinein benutzt haben, haben sowohl Europa als auch die Vereinigten Staaten ein anderes Wort zu wenig benutzt, was ermöglicht hat, dass eine blasse Erinnerung stolz wiederkehrt und unverschämt ihr hässliches Gesicht zeigt. Faschismus. Auch nur das Wort geschrieben zu sehen (oder selbst als der Schreibende das Wort zu tippen) trägt einen ganzen Kontext mit sich. Aber heute wird uns gesagt, wir sollen dieses Wort nicht verwenden. Nicht um andere nicht zu beleidigen oder weil es nicht mehr aktuell wäre. Wegen der Angst selbst. Wir fürchten uns so sehr vor der Rückkehr des Faschismus an die globale Macht, dass wir den geringsten Gebrauch des Wortes über einen historischen Kontext hinaus scheuen. Man kann sogar einen schwarzen Schwan in der Vorstellung erkennen, dass der Faschismus jemals wieder in Europa an die Macht kommen könnte, oder sonst irgendwo auf der Welt an die Macht kommen könnte. Diejenigen unter uns, die die Erfahrung gemacht haben, dass das eigene Leben teilweise oder ganz ins Internet hochgeladen wurde, mögen vielleicht mit Godwin's Law vertraut sein. Das ist das Gesetz, das besagt, dass früher oder später alle Online-Argumente sich dazu fortentwickeln, dien Rivalnie mit Hitler oder den Nazis zu vergleichen. Der Gebrauch dieses Vergleichs ist zur Standardoption geworden, wenn man nach dem dien Gegnerni maximal beleidigenden Spruch sucht. Verständlicherweise haben viele sich von solchen Vergleichen ganz zurückgehalten, um Professionalität und Würde zu wahren. Aber was ist mit den Ereignissen in der Gegenwart, die tatsächlich faschistisch sind und den Taten der Nazis ziemlich ähneln oder sie sogar übertreffen?

Die vormalige Staatssekretärin der Vereinigten Staaten, Madeleine Albright, wirft uns das Wort zu, in riesigen roten Buchstaben auf schwarzem Hintergrund (dem ultimativen visuellen Warnruf) auf dem Cover ihres letzten Buchs. In *Fascism: A Warning* (*Faschismus. Eine Warnung*), versucht Albright, dem öffentlichen Diskurs dieses Wort wieder einzuimpfen. Richtigerweise weist sie darauf hin, dass Faschismus oft mit der Bedeutung von „Was Hitler oder Mussolini taten" unterrichtet wird. Albright fällt den Faschismus aus den historischen Konzepten heraus und definiert ihn als den Glauben an eine Meinung, die für die Ganzheit einer Nation oder eines Staates steht,

61 Betty Tompkins

Censored Grid #6
2008, Stempel, Tusche und Bleistift auf Papier
35,6 × 43,2 cm

Censored Grid #7
2008, Stempel, Tusche und Bleistift auf Papier
35,6 × 43,2 cm

Betty Tompkins und P·P·O·W, New York

1969 beginnt Betty Tompkins in New York, an einer Serie zu arbeiten, die sie vorerst *Joined Forms* nennt. Dafür vergrößert sie Ausschnitte aus damals verbotenen pornografischen Fotografien mittels Airbrush auf zwei Meter hohe Leinwände. 1973 sollen Werke aus der Serie in Paris gezeigt werden, sie werden aber vom Zoll wegen Obszönität sichergestellt. Ein Jahr pendeln die Arbeiten dann zwischen New York und Paris, weil sie von den jeweiligen Zollämtern wieder zurückgewiesen werden. Frustriert von der Einschränkung ihrer künstlerischen Freiheit durch noch immer nicht überwundene repressive Moralvorstellungen entwickelt Tompkins die Serie der *Censored Grids*. In ihnen nimmt sie die Zensur durch den Staat vorweg und macht sie durch Leerstellen, die sie mit „Censored" überstempelt, oder auch durch komplett aus den Stempelabdrücken komponierte Sujets sichtbar.

Censored Grid #6
2008, stamp, ink and pencil on paper, 35.6 × 43.2 cm

Censored Grid #7
2008, stamp, ink and pencil on paper, 35.6 × 43.2 cm

Courtesy Betty Tompkins and P·P·O·W, New York

In 1969 Betty Tompkins began work in New York on a series that she initially called *Joined Forms*. This involved using an airbrush technique to enlarge sections from pornographic photographs banned at the time to produce photorealistic images on canvases two meters high. In 1973 several works from the series were to be shown in Paris, but were seized by customs officials on the grounds of obscenity. For a year the works were then sent back and forth between New York and Paris, because they were repeatedly rejected by the respective customs authorities. Frustrated by this curtailing of her artistic liberty owing to the ongoing repressive ideas on morality at the time, Tompkins developed a series of *Censored Grids*. In these pieces she essentially preempts state censure by either visualizing it by means of blanks on which she stamps the word "Censored" or creating works consisting entirely of stamp marks.

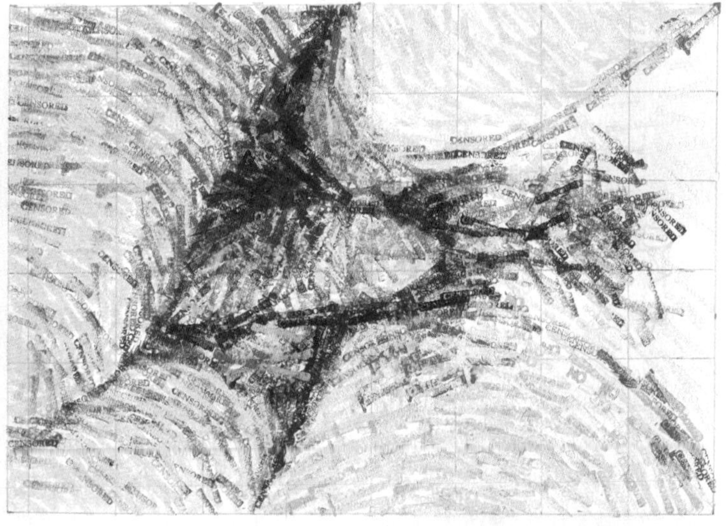

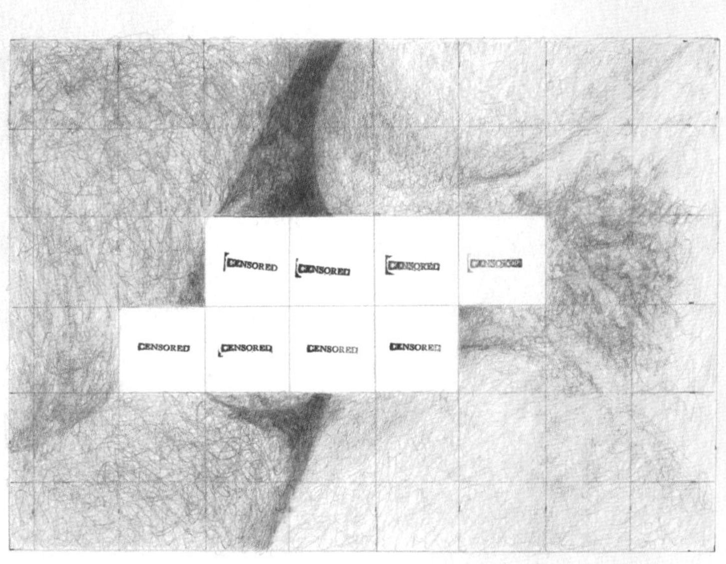

und die Verteidigung dieser Meinung, die als Rechtfertigung für Gewalt hergenommen wird. Sie grundiert den faschistischen Zugang zum 20. und 21. Jahrhundert historisch und hebt hervor, wie sich Faschismus wieder in die Weltpolitik hineinschleicht. Der wichtigste Punkt ist, dass sie ein weiteres Studium des Phänomens fordert, damit es eingeschränkt werden kann, damit verhindert werden kann, dass es die gegenwärtige politische Ordnung weiter zersetzt.[4]

Karin Ferrari

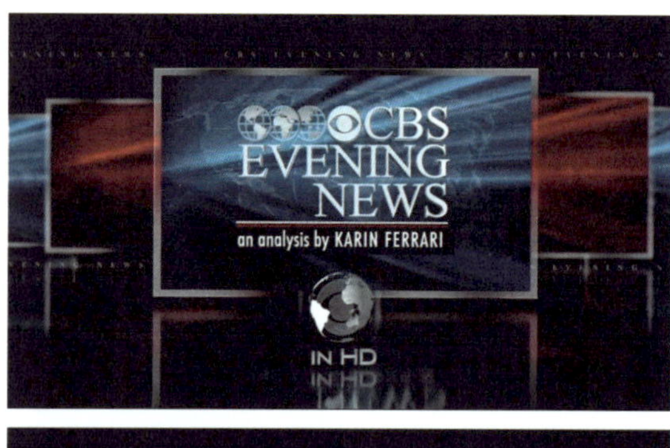

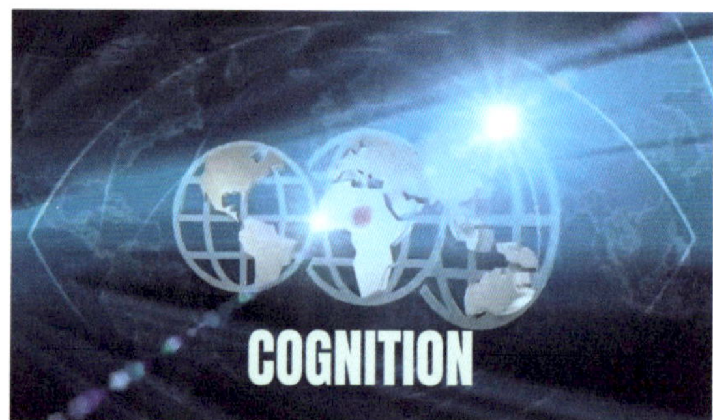

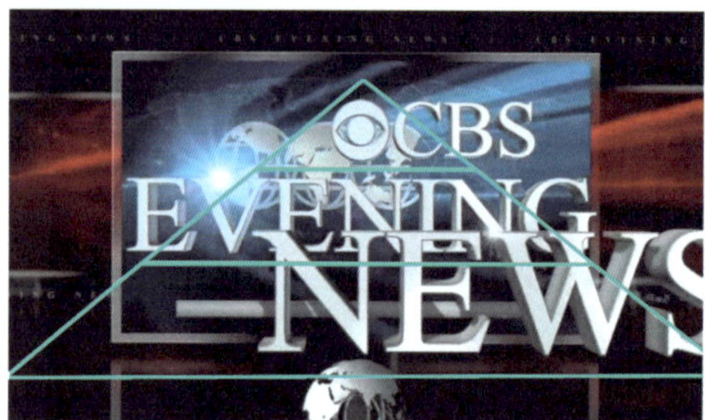

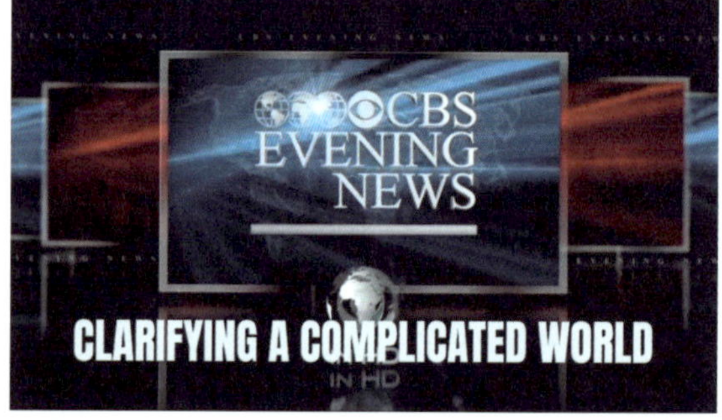

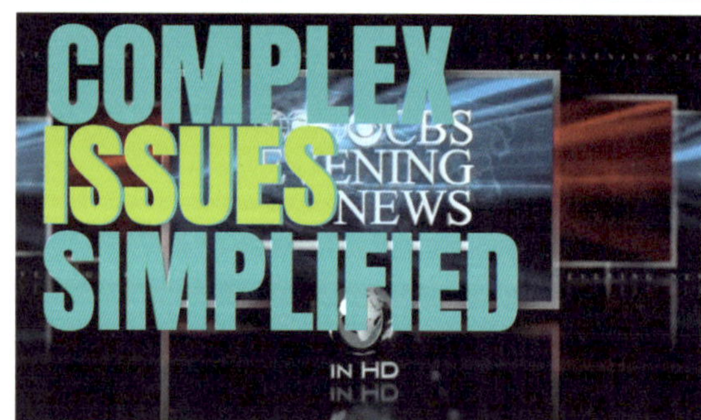

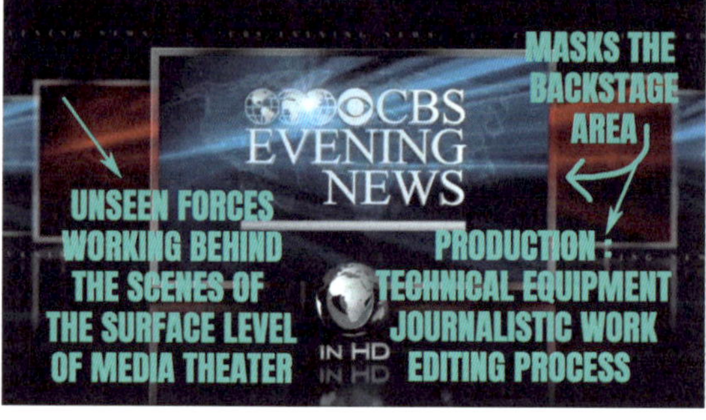

DECODING US TV News Intros (THE WHOLE TRUTH) Pt. 1
2018, Video (Farbe, Ton), 8′, Courtesy Karin Ferrari

Mit der Serie *DECODING (THE WHOLE TRUTH)* betreibt Karin Ferrari eine alternative Semiotik der medialen Pop- und Alltagskultur. In den kurzen Videos werden Bildsprachen analysiert und versteckte Botschaften und Symbole ans Licht gebracht. In *DECODING US TV News Intros (THE WHOLE TRUTH) Pt. 1* untersucht Ferrari die Vorspanne verschiedener US-amerikanischer Nachrichtensendungen, deren Symbolik sie mit Freimaurern, Illuminaten und Mächten, die aus dem Verborgenen arbeiten und die Medien beeinflussen, in Verbindung bringt. Ferrari persifliert die spekulativen Narrative einer Disinfotainment-Industrie, die sich mit Fake News, alternativen Fakten und Verschwörungstheorien in Opposition zu von ihr als solche diffamierten Systemmedien und „Lügenpresse" positioniert und durch emotionalisierte, auf „stichhaltigen Gerüchten" basierende Berichterstattung eine fundierte Meinungsbildung untergräbt.

DECODING US TV News Intros (THE WHOLE TRUTH) Pt. 1
2018, video (color, sound), 8′, courtesy Karin Ferrari

With the series *DECODING (THE WHOLE TRUTH)* Karin Ferrari practices alternative semiotics of the media-related Pop and everyday culture. In these short videos, visual languages are analyzed and hidden messages and symbols revealed. In *DECODING US TV News Intros (THE WHOLE TRUTH) Pt. 1* Ferrari explores the opening credits of various American news programs, whose symbolism she associates with the Freemasons, Illuminati, and powers that operate in the shadows and influence the media. Ferrari satirizes the speculative narrative of a disinfotainment industry that relies on fake news, alternative facts, and conspiracy theories to place itself in opposition to the media system it defames and the "lying press"—and through emotionalized reporting based on "conclusive rumors" undermines people's ability to form a substantiated opinion.

Der Tanz von Freiheit und Faschismus streut sich in den letzten Jahren über eine reiche Ernte an politischer Literatur. Trump, Brexit, Fake News, soziale Medien, Big Data. Wenig davon hat irgendeinen intellektuellen Wert bewahrt. Wie im Werk Albrights gab es eine kleine Renaissance der Reflexion über Faschismus und Freiheit. Denker wie Timothy Snyder fürchten sich nicht davor, mit dem Finger draufzuzeigen, wie Tyrannennni und Faschistennni in einem soften Prozess die gegenwärtigen demokratischen Prozesse kapern. Wie es sich für einen guten Aristotelianer gehört, lässt er in seinem letzten Buch *The Road to Unfreedom* (*Der Weg in die Unfreiheit*) extreme politische Ansichten der Gegenwart gegeneinander antreten, um einen Durchschnitt zu finden, das Prinzip selbst.[5] Letztlich erweist sich diese Übung als nutzlos in postnormalen Zeiten. Die Extreme des Jetzt sind Widersprüche, die unsere Meinungen in Stücke brechen. Snyders Diskussion hat aber einen Wert. Das Ringen von Extremen ist wichtig, um überhaupt zu beginnen, die gegenwärtige Welt zu verstehen. Er weist auch auf wichtige historische Trends hin, die wir im Kopf behalten müssen. Er bittet dien Leserni, Kontrolle über die Vergangenheit zu übernehmen, um eine erwünschtere Zukunft zu bauen. In der Sprache von Sardar und Sweeney könnte man die Vergangenheit, von der er spricht, besser als die verlängerte Gegenwart bezeichnen. Das ist die Zukunft, die uns bevorsteht, wenn der Status quo so, wie er ist, beibehalten wird. Trends nehmen ununterbrochen ihren Lauf, und alles geht seinen üblichen Gang. Während die Dinge immer postnormaler werden, sinkt die Wahrscheinlichkeit, dass diese Zukunft eintritt. Diese Einschränkung zu verstehen ist der Schlüssel dazu, Snyders Bitte an dien Leserni zu erfüllen. Wie in der postnormalen Literatur vielfach wiederholt worden ist: Macht ist nie gegeben. Niemandem werden die Schlüssel zur Geschichte einfach so in die Hand gedrückt.

Postnormale Zeiten ist kein Zuschauerspiel. Es verlangt Teilnahme. Dieses Gespräch muss am Leben erhalten werden. Reflexion und ständige Korrekturkontrolle sind notwendig, um die Sprache, die wir benutzen, zu verfeinern. Es wurde zugelassen, dass Angst, irrationale Annahmen und Hass den Diskurs in einem noch nie da gewesenen Ausmaß determinieren. Wörter müssen ständig auf dem Prüfstand sein. Was meinen wir, wenn wir „Freiheit“ rufen? Was machen wir, wenn wir hirnlos patriotische Tiraden, nationalistische Schwüre und Lieder von uns geben? Was wird wirklich aufs Spiel gesetzt, wenn wir die Freiheit in ihrer Formenvielfalt in einen Handlungsgrund verwandeln? Faschismus ist furchterregend. Aber werden wir ihn ignorieren, während er still im Dunkeln wächst? Die verwirrende Natur der möglichen Gefahr, in der Sprache aufgelöst, kann dazu manipuliert werden, Menschen von ihren eigenen Meinungen zu überzeugen. Das ist Populismus der übeltätigsten Art. Die Rufe nach einer Rückkehr zu den „guten alten Tagen“ oder danach, (Nationalität/Staatsidentität einfügen) wieder groß zu machen, sind eine glatte Romantisierung von etwas Vertrautem, das letzten Endes zerstörerisch wirken wird.

Sprache hat eine einzigartige Macht. Sie kann zeitreisen. Zum jetzigen Zeitpunkt können wir Menschen es nicht. Aufgrund dieser Tatsache müssen wir uns auf das Gedächtnis verlassen. Die Sprache reist durch Zeit und Raum, oft vollkommen unbeschädigt von der Reise. Das Gedächtnis wird andauernd umgegossen und umgeschrieben vor der Macht der Perspektive, des geschickten Erzählens (oft durch dien Siegerni eines bestimmten historischen Augenblicks) und des immer beweglichen Eindrucks der Gefühle. Die eloquenteren in der Gesellschaft können versuchen, die Worte nach ihrem Belieben zu verwenden, und, wenn ihr Lied schön genug ist, Lüge und fragmentierte Realität in Sprache verweben. Wir können davon überzeugt werden, die Geschichte zu missachten und die Sünden der Väter als solche zu belassen. Aber wir dürfen nicht vergessen, wie wichtig Geschichte ist. Die Zukünfte sind wichtig, und sie sind immer vor uns da. Wir können zulassen, dass unsere Worte missbraucht und verwandelt werden. Nach und nach werden sie zu den schwarzen Elefanten und Schwänen, die unsere Wirklichkeit und unsere geschichtliche Bahn umgeistern. Der Himmel sei vor, dass sie zu den schwarzen Quallen werden, die alles, das Gute und das Schlechte, unterbrechen, zum Guten oder zum Schlimmen.

Aber Worte sind Worte. So wie wir in der Bugwelle des Populismus unsere eigene Identität verlieren können, können wir sie auch wiedererlangen. Definitionen müssen zur Rechenschaft gezogen werden. Das ist der erste Schritt dahin, die Zukunft zu besitzen, dass wir gemeinsam beginnen können, eine Bahn in die Richtung unserer bevorzugten Zukünfte zu konstruieren.

Viele Laufenthusiastennni wie ich kultivieren eine merkwürdige Vorliebe. Sie laufen gern im Regen. Ein kühles Setting für eine intensive Tätigkeit, aber eine Gefahr für die situative Aufmerksamkeit. Eine Herausforderung, die sich in das Spiel des Adrenalins mit Gehirn und Körper einspeist. In postnormalen Zeiten laufen wir in einen Hurrikan hinein. Wir werden durch die Regentropfen unserer eigenen Unsicherheiten und Ignoranz geblendet, aber wir können uns damit trösten, die Elemente der Menagerie zu identifizieren, die Aufmerksamkeit unserer beschränkten Perspektive einzuschätzen, und die ersten Schritte machen, die zum vollen Sprint werden, voller Selbstvertrauen. Auch wenn die Route, die wir so gut kennen, uns vielleicht nicht an dieselbe Stelle zurückbringt, von der wir ausgegangen sind.

1 Die Übersetzerin benutzt „polnisches Gendering", d. h. alle für alle Geschlechter nötigen Buchstaben in gefälliger Reihenfolge am Wortende.

2 PNT wird erstmals besprochen in Ziauddin Sardar, „Welcome to Postnormal Times", in: *Futures*, Bd. 42, Heft 5, Juni 2010, S. 435–444. Die Idee der drei Morgen postnormaler Zeiten wird in Ziauddin Sardar / John A. Sweeney, „The Three Tomorrows of Postnormal Times", in: *Futures*, Bd. 75, Jänner 2016, S. 1–13, entwickelt. Beide Artikel sind in *The Postnormal Times Reader* (CPPFS, London) abgedruckt. Für weiteres Material zu PNT ist die Website des Centre for Postnormal Policy and Futures Studies (CPPFS), cppfs.org, eine tolle Ablage. Mehr Gedanken und Schriften über PNT gibt es auch in verschiedenen Ausgaben der Vierteljahresschrift *Critical Muslim* (Hurst, London).

3 Sardar/Sweeney 2016 (wie Anm. 2).

4 Madeleine Albright, *Fascism: A Warning*, New York 2018.

5 Timothy Snyder, *The Road to Unfreedom: Russia, Europe, America,* New York 2018.

65 POSTNORMAL F WORDS

C SCOTT JORDAN

John Gerrard

Farm
(Pryor Creek, Oklahoma)
2015, 3D-Animation auf Flatscreen in Stahlrahmen (64,7 × 109,4 × 28,6 cm)
26′ 20″, Courtesy John Gerrard, Wien, und Thomas Dane Gallery, London

2014 fragt John Gerrard bei Google an, ob er eines der Datenverarbeitungszentren des Unternehmens fotografieren darf. Nach einer Absage mietet er einen Helikopter und schießt 2500 Bilder einer Datenfarm. Mittels Softwaretechnologie, die vom Militär zur Simulation von feindlichen Umgebungen entwickelt wurde und mittlerweile von Game-Designern genutzt wird, rechnet Gerrard mit seinem Team von Programmierern die Schnappschüsse in ein 3D-Modell um. Daraus generiert er dann eine gemächliche Kamerafahrt rund um das Rechenzentrum, die es erlaubt, sich den Komplex in aller Ruhe anzuschauen. Gerrard interessiert sich für die Manifestationen von abstrakten Faktoren wie Macht und Einfluss, Ressourcen und Versorgung. In *Farm* macht er Systeme greifbar, die das Internet strukturieren, während er auf die asymmetrische Verteilung von Information zwischen Benutzern und Betreibern von Algorithmen hinweist.

Farm
(Pryor Creek, Oklahoma)
2015, 3D-animation on flat screen in a steel frame (64.7 × 109.4 × 28.6 cm), 26′ 20″, courtesy John Gerrard, Vienna, and Thomas Dane Gallery, London

In 2014, John Gerrard asked Google for permission to photograph one of the company's data processing centers. When they refused he hired a helicopter and shot 2,500 images of a data farm. Using software technology developed by the military to map out hostile environments, something now used by game designers, Gerrard and his team of programmers created a 3D model from the snapshots. He then generated a very slow camera view of the computer center that allows observers to look at the complex in their own time. Gerrard is interested in the manifestations of abstract factors such as power and influence, resources and supply. In *Farm* he visualizes for us systems that structure the Internet, while pointing out the asymmetric distribution of information between users and the operators of algorithms.

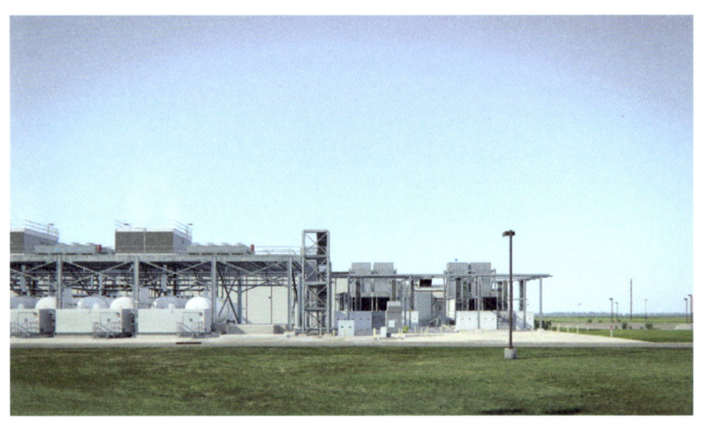
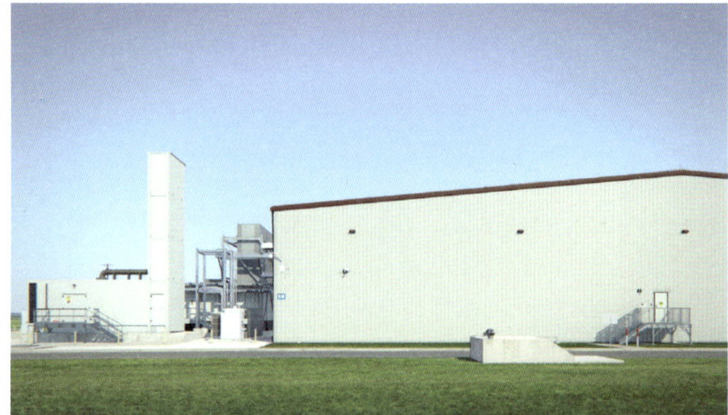
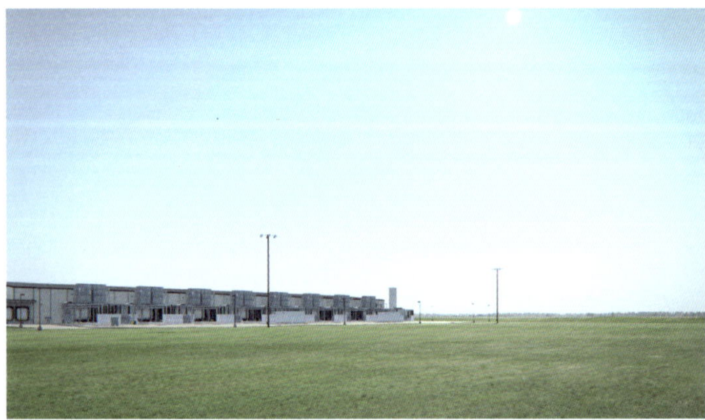
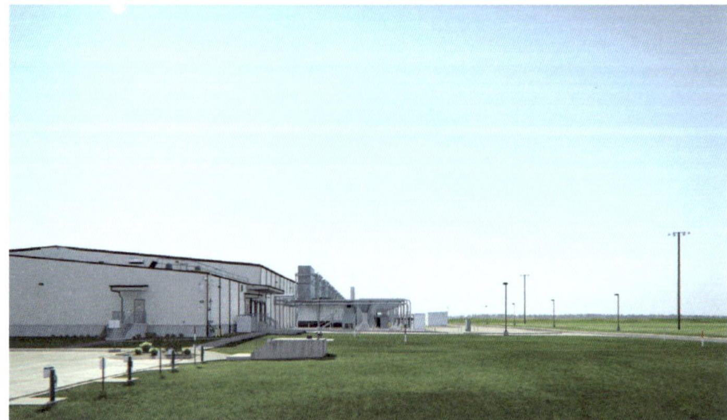
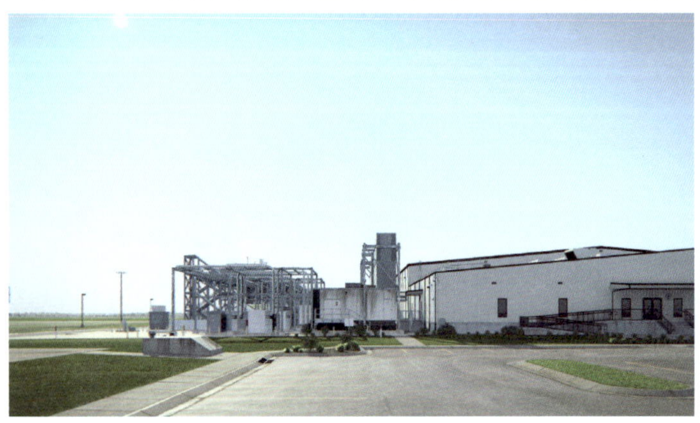
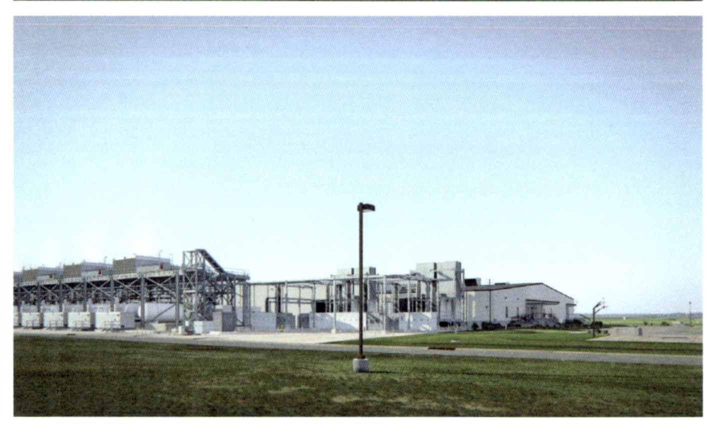

I am a pedestrian. I am enamored with that oh-so-archaic method of transportation. Be it a simple walk or the intense cardiorespiratory challenge of a run. It is an ironic sort of an escape, for when I have completed such a journey I usually find myself right back to the point at which I started. What has changed, aside from a foray of biological processes? My mind, its natural state being the messy desk of your average academic, is now nicely organized, clear. This is also the method by which I come to terms with change. Unlike my contemporary fellow Americans, I travel and I do so as often as I can. The first thing I like to do upon arriving in a new place is to drop off my bags and make for the footpaths. Discover the space between. Construct my own complete global positioning system. Discover the necessities. A coffee shop. A bookstore. The major sites and the quickest way to the city's nearest massive body of water. Perhaps even an appropriate eating establishment for a quick bite.

With each walk or morning run the system becomes more defined, more complex, more familiar. The challenge soon evolves from finding where it is I have lost myself to discovering what the city itself has lost. Such is the case for the city I was born in, Omaha, Nebraska. For those of you unfamiliar, if you were to throw a dart at the center of a map of the continental United States, you would not be far off from it. The city is that prototypical American grid. Streets numbered from east to west, alphabetical from the old central street (Dodge Street) stretching south to the apocalyptic rural abyss of "Z Street." The pedestrian I am, I've stepped foot upon almost every inch of it.

One of my favorite morning running routes takes me through Memorial Park, famed for its wholly unoriginal name. It is one of the few bits of green that the industrious minds of the Omaha elite have not found to use as an overpriced apartment complex or illogical retail eyesore. Ask the initiated and they will tell you of a wonderful hill, a prime location for childhood sledding on snowy days (what few of the current weather patterns permit these days). Atop that hill, an awe-inspiring colonnade that makes one dream for a moment that the Romans had set up a distant satellite on this site. The park itself was created to honor the men, and eventually once society deemed them worthy, women of Douglas County who had died in armed service to their country. Above the city in front of the colonnade stands, strung from a forgotten maelstrom, Old Glory itself: the American flag. It would remind you what country you are currently in, for perhaps you have forgotten. The memorial itself is collage, added to upon the resolution and final death toll tallying of each American war (or in the parlance of our politically correct world, armed conflict). Written upon copper plates, now turned that oxidized green of neglect, are the names of all the men and women from Douglas County who died during World War II. As time went on more plaques and statues were added for World War I, the Korean War, and the Vietnam War.

What the casual passer-by might miss is the small stone planted behind the colonnade within a rose bush. I myself have missed this stone, as from a distance it is only demarked by two flags: yet another American flag and a black flag with a white face's outline upon it. This flag is the flag flown by the families of those whose loved ones' fates are left unknown. They are the MIA, missing in action, soldiers. Oh, how we Americans love our known unknowns. A distant relative of The Tomb of the Unknown Soldier in Washington, D.C., this stone pays its respects to those of all branches of the armed forces who have disappeared into the fog of war. These monuments always leave me unsettled, for these men and women whom we cast our thoughts to most likely died alone, being hated, and with no direct tie to the conflict in which they made their careers. The morning run on which I discovered this stone was instantly transformed into a walk of deep thought as I read the message scrawled upon the stone's face.

It was simply an American cliché heard constantly on any of our patriotic holidays or when the topic of the troops is brought up in conversation: Freedom Isn't Free. When one goes for a run, the body is so preoccupied with maintaining respiration, mechanical motion, and sensorial awareness of one's surroundings, that it leaves the mind to digest uncultivated thoughts, but this particular choice of epitaph required greater physiological need than what my mere mind could provide. First, the stone in question I find myself before commemorates the memory of an unknown number of individuals, therefore

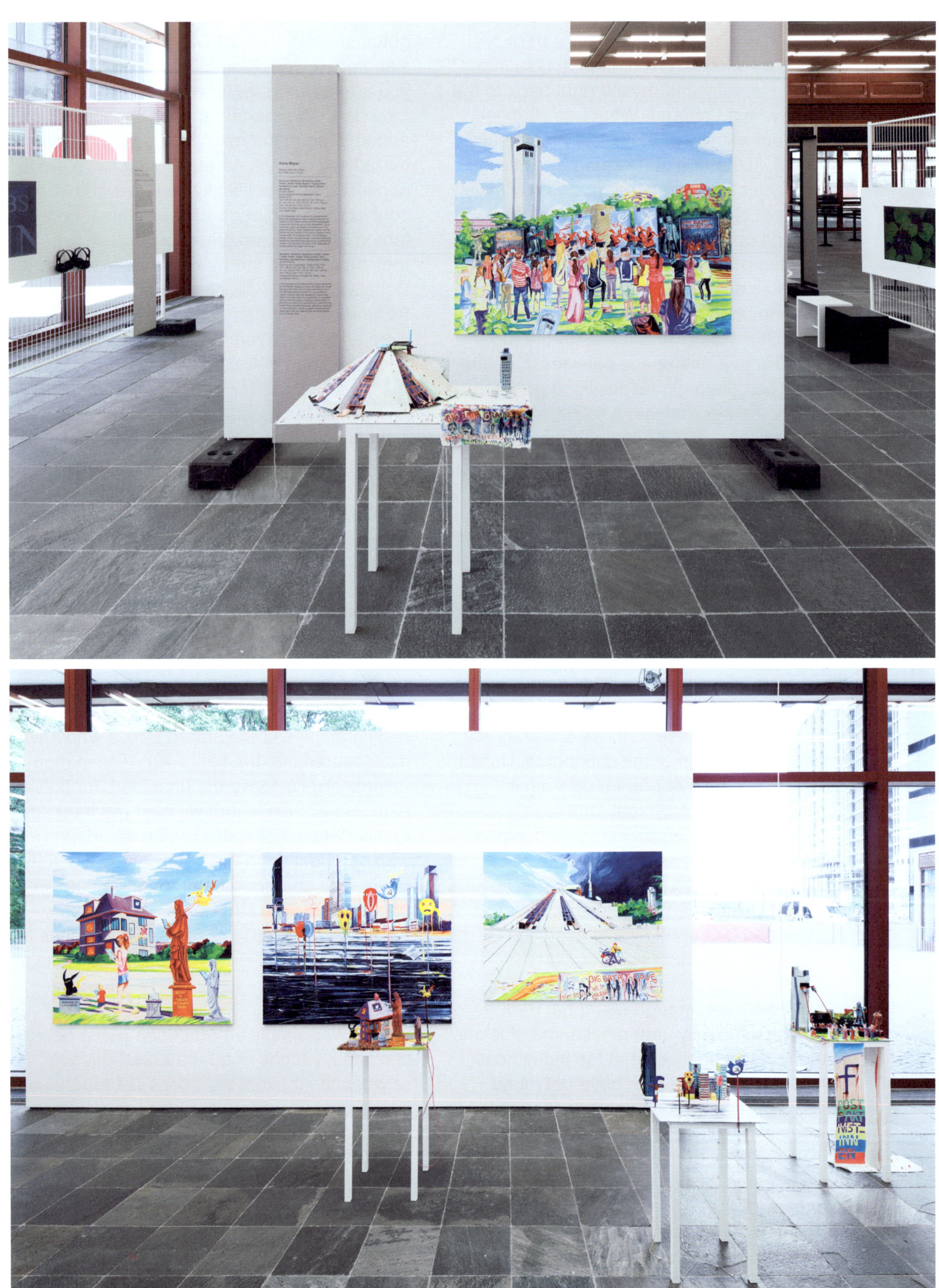

Burkamon
2016, Öl auf Leinwand,
150 × 160 cm,
Courtesy Anna Meyer und Krobath, Wien

Burkamon (Burkamonmodell)
2016, diverse Materialien,
40 × 50 × 55 cm,
Courtesy Anna Meyer und Krobath, Wien

Twitler
2017, Öl auf Leinwand,
150 × 160 cm,
Courtesy Anna Meyer und Sammlung Dr. Marko, Graz

Twitler (Twitler Modell)
2017, diverse Materialien,
40 × 50 × 35 cm,
Courtesy Anna Meyer und Krobath, Wien

Tower of Data
2018, Öl auf Leinwand,
130 × 170 cm,
Courtesy Anna Meyer und Krobath, Wien

Postfaktivist_innen
2018, diverse Materialien, Video, D-Day, F*5,
40 × 50 × 135 cm,
Courtesy Anna Meyer und Krobath, Wien

Big Data Grave
2018, Öl auf Leinwand,
130 × 160 cm,
Courtesy Anna Meyer und Krobath, Wien

Diktatur des Likens
2018, diverse Materialien,
60 × 110 × 115 cm,
Courtesy Anna Meyer und Krobath, Wien

Mit ihren Malereien und Skulpturen thematisiert Anna Meyer den Zwiespalt zwischen analogem Erleben und digitalem Leben. Meyer karikiert die Technikgläubigkeit unserer Zeit, indem sie die Symbole der unseren Alltag durchdringenden sozialen Netzwerke, Suchmaschinen, Apps und Spiele mit religiösen Elementen verschränkt. Dabei spiegeln die Arbeiten die Plakativität und die Oberflächlichkeit der im digitalen Raum zirkulierenden Informationen, während sie die erzeugten Abhängigkeiten und Folgewirkungen anprangern. Die schlagwortartige, auf Emotionalisierung abzielende Informationsverknappung des postfaktischen Zeitalters trifft in Anna Meyers Werken auf Menschen, die sich in ihrer Passivität verharrend selbst beim Leben zuschauen.

Burkamon
2016, oil on canvas,
150 × 160 cm,
courtesy Anna Meyer and Krobath, Vienna

Burkamon (*Burkamonmodell*)
2016, mixed media,
40 × 50 × 55 cm,
courtesy Anna Meyer and Krobath, Vienna

Twitler
2017, oil on canvas,
150 × 160 cm,
courtesy Anna Meyer and Dr. Marko Collection, Graz

Twitler (*Twitler Modell*)
2017, mixed media,
40 × 50 × 35 cm,
courtesy Anna Meyer and Krobath, Vienna

Tower of Data
2018, oil on canvas,
130 × 170 cm,
courtesy Anna Meyer and Krobath, Vienna

Postfaktivist_innen
2018, mixed media, video, D-Day, F*5,
40 × 50 × 135 cm,
courtesy Anna Meyer and Krobath, Vienna

Big Data Grave
2018, oil on canvas,
130 × 160 cm,
courtesy Anna Meyer and Krobath, Vienna

Diktatur des Likens
2018, mixed media,
60 × 110 × 115 cm,
courtesy Anna Meyer and Krobath, Vienna

With her paintings and sculptures, Anna Meyer addresses the rift between analog experience and digital life. Meyer caricatures today's blind faith in technology by combining the symbols of the social networks, search engines, apps and games that so pervade everyday life with religious elements. Her pieces reflect the simplified and superficial nature of information circulating in digital space, while denouncing the dependencies it produces and its implications. In Anna Meyer's works the buzzword-driven reductive information flow of the post-factual age, geared as it is simply to stoking emotions, comes up against people who are caught up in their own passivity and are simply spectators of their own lives.

Andreas Siekmann

Die ökonomische Macht der öffentlichen Meinung & die öffentliche Macht der ökonomischen Meinung – Denkfabriken, Think Tanks und die Privatisierung der Macht
2013, Bühnentisch mit Miniaturkulisse, bestehend aus 18 Gebäuden und 10 Autos, sowie 34 Wagen auf Schienenelementen zu 23 Themen; Holz, Metall, Papier, Fotografien, Mixed Media, 600 × 100 × 103 cm, Courtesy Kunsthaus Bregenz

Andreas Siekmanns Installation ist in Anlehnung an das „Theatrum mundi" des 19. Jahrhunderts entstanden, als arbeitslose Bergleute mit mechanischen Welttheatern von Ort zu Ort zogen. Die Protagonistinnen und Protagonisten von Siekmanns Miniaturtheater sind piktogrammartige Figuren, die sich vor der Kulisse einer Stadt bewegen. Sie sind Mitglieder von Think Tanks, sogenannten Denkfabriken. Und um die Wechselwirkungen zwischen Think Tanks und Politik geht es in der Installation. Siekmann hat die Thematik in 23 Unterpunkte aufgeteilt, in denen er wesentliche Persönlichkeiten, verschiedene Denkfabriken und deren Programmatik sowie deren Einfluss auf die Politik beschreibt. Er macht deutlich, dass die gesellschaftlichen Verhältnisse heute zu einem großen Teil auf der Durchsetzung neoliberaler Interessen durch Lobbying beruhen.

The Economic Power of Public Opinion & the Public Power of Economic Opinion – Think Factories, Think Tanks and the Privatization of Power
2013, stage table with miniature set consisting of 18 buildings and 10 cars, as well as 34 wagons on track elements addressing 23 topics; wood, metal, paper, photographs, mixed media, 600 × 100 × 103 cm, courtesy Kunsthaus Bregenz

Andreas Siekmann's installation is inspired by 19th-century "theatrum mundi," when out-of-work miners toured with mechanical "theaters of the world." The protagonists of Siekmann's miniature theater are pictogram-like figures that move in front of a city backdrop. They are members of think tanks. And the installation explores the mutual relationships between think tanks and politics. Siekmann divides the topic into 23 subtopics in which he describes basic personalities, different think tanks and their programs, not to mention their influence on politics. And he makes it very clear that today social conditions are based to a large extent on neoliberal interests being asserted through lobbying.

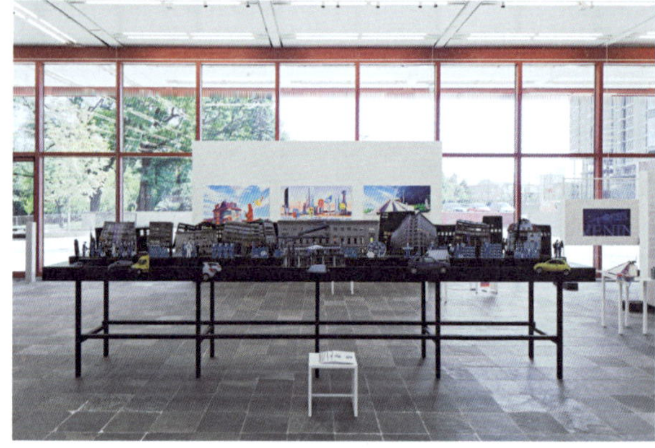

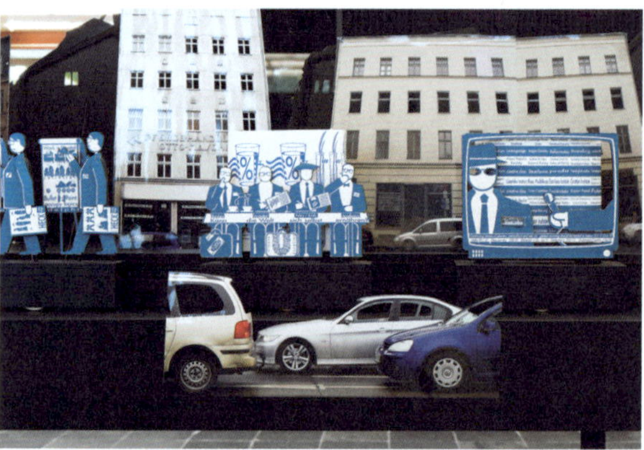

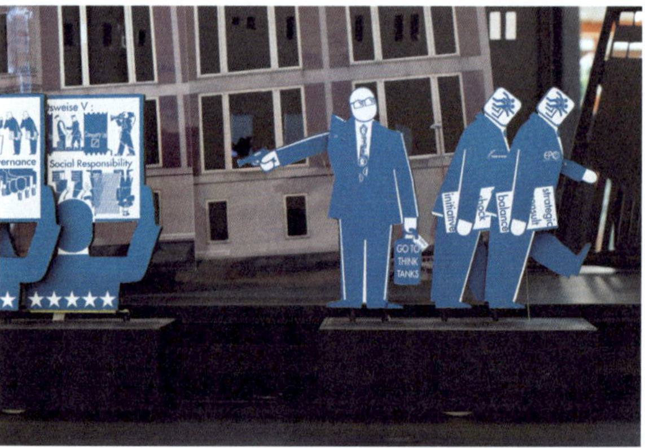

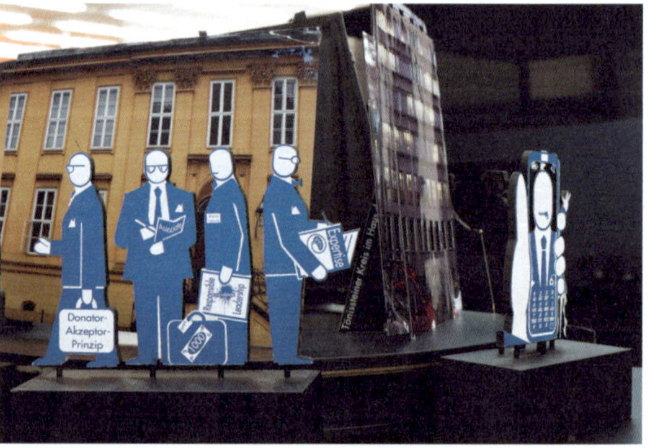

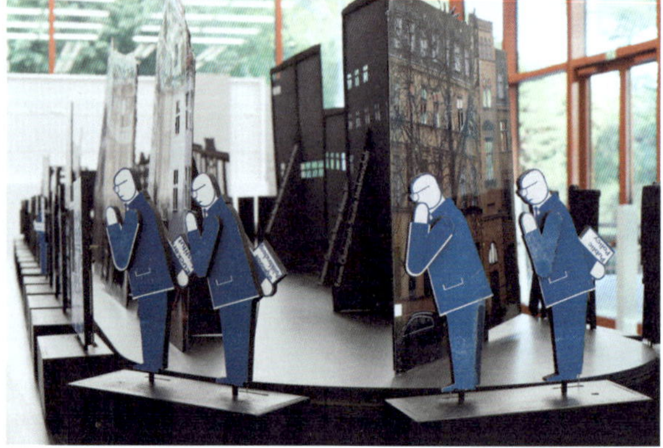

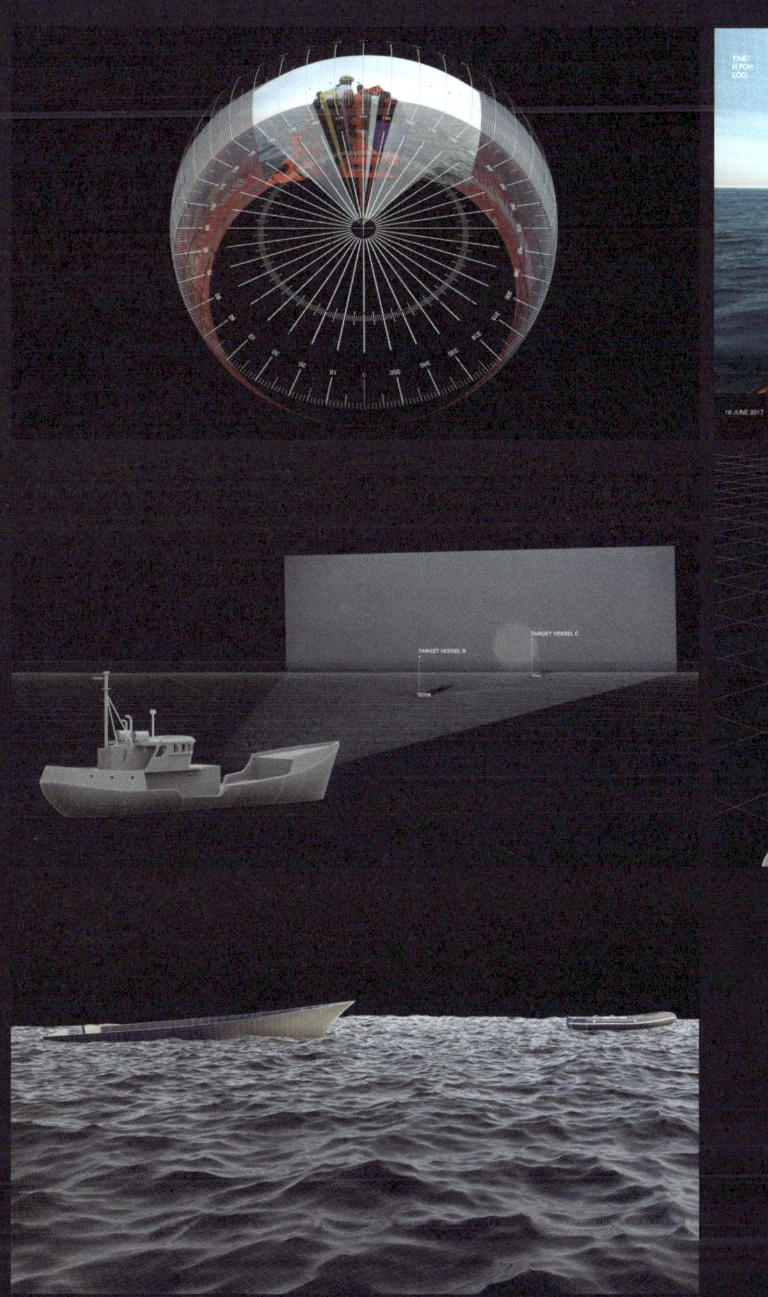

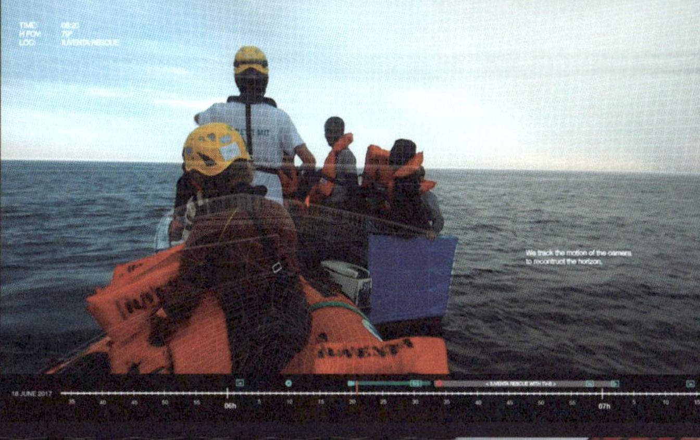

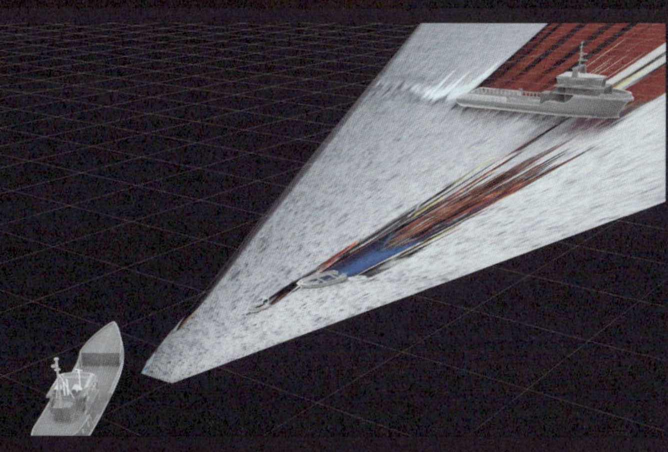

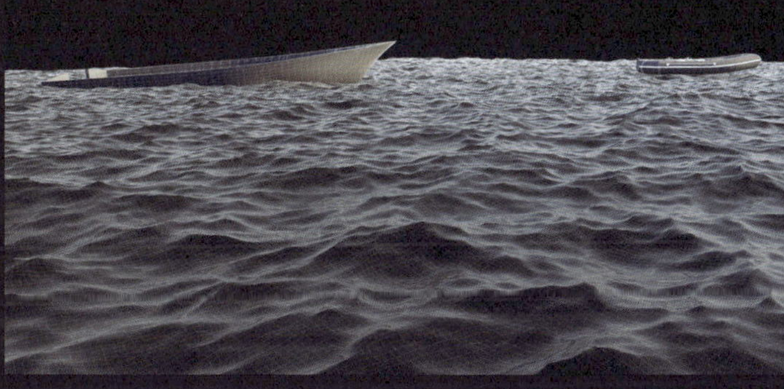

The Crime of Rescue – The Iuventa case
2018, Video (Farbe, Ton)
33′ 45″, Courtesy Forensic Oceanography

Forensic Oceanography ist eine Abteilung von Forensic Architecture, einem unabhängigen Rechercheinstitut am Goldsmiths College in London. Sie sammelt Bilder, Videos und Informationen zu Rechtsfällen und rekonstruiert interdisziplinär Situationen und Tathergänge, um staatlichen Darstellungen fundierte Untersuchungen entgegenzustellen. Ausgangspunkt des Juventa-Falles ist die Kriminalisierung von NGOs, die im Mittelmeer Seenotrettungen durchführen. Anfang August 2017 wird die Juventa, das Schiff der Hilfsorganisation *Jugend Rettet*, präventiv beschlagnahmt, während die Besatzung beschuldigt wird, im Zuge von drei Rettungsoperationen mit Menschenschmugglern kooperiert zu haben. Bislang ist es noch nicht zu Anklagen gekommen, was es für die Organisation schwierig macht, auf die Anschuldigungen zu reagieren. Das Schiff liegt jedenfalls noch immer im Hafen von Trapani in Sizilien – in Gewahrsam der italienischen Polizei.

The Crime of Rescue – The Iuventa case
2018, video (color, sound), 33′ 45″, courtesy Forensic Oceanography

Forensic Oceanography is a division of Forensic Architecture, an independent research institute attached to Goldsmiths College in London. It collects images, videos, and information on legal cases, and reconstructs interdisciplinary situations and sequences of events in order to contest the way the state represents those occurrences. The starting point for the Iuventa case was the criminalization of NGOs that conduct rescue operations in the Mediterranean.
In early August 2017, the "Iuventa," a ship run by aid organization Jugend Rettet, was preemptively requisitioned and the crew accused of having cooperated with human traffickers in the course of three rescue operations. As no charges have yet been brought it is difficult for the organization to respond to the accusations. At any rate the ship is still stuck in Trapani Harbor in Sicily – in the custody of the Italian police.

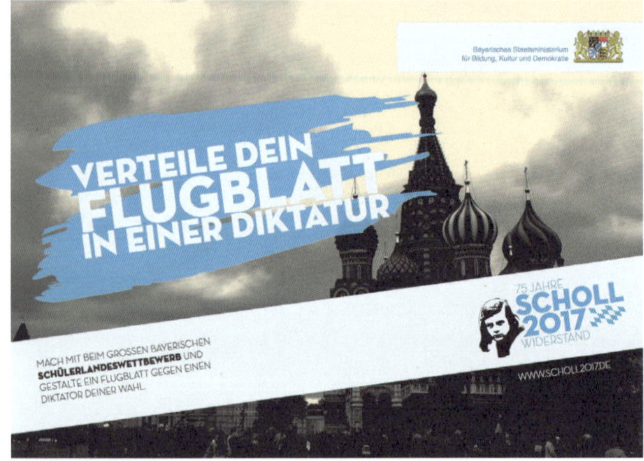

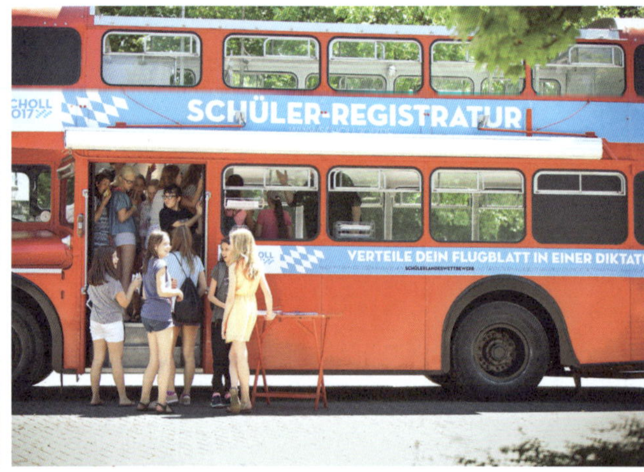

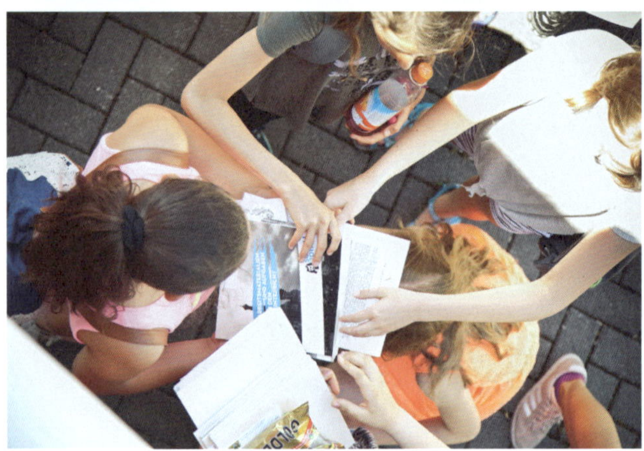

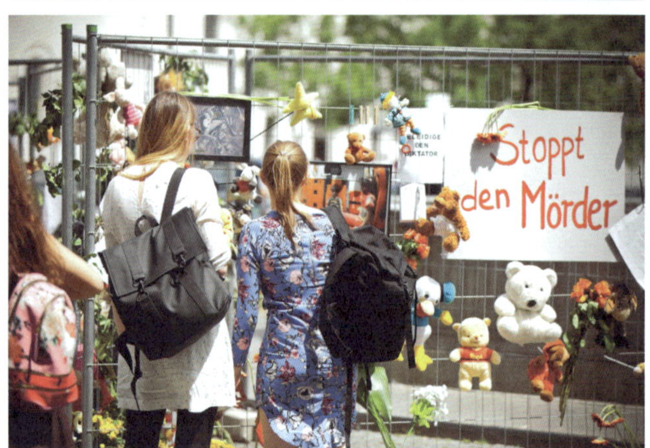

Scholl 2017 –
75 Jahre Weiße Rose
2017, Fotografien, Infomaterialien, 2 Videos (Farbe, Ton), Dimension variabel, Courtesy Zentrum für Politische Schönheit

Im Juni 2017 gelingt dem Zentrum für Politische Schönheit ein Coup: In einem angemieteten Hotelzimmer in Istanbul installiert es einen Drucker, der per Fernsteuerung politische Flugblätter druckt und aus einem offenen Fenster auf den Gezi-Park flattern lässt. Es ist ein erstes Ausrufezeichen als Auftakt für eine Aktion. *Scholl 2017* ist als Wettbewerb für Schülerinnen und Schüler gestaltet, der vermeintlich vom Bayerischen Staatsministerium für Bildung, Kultur und Demokratie ausgeschrieben wurde. Anlässlich des 75-jährigen Jubiläums der ersten Flugblätter der Mitglieder der Weißen Rose rund um Hans und Sophie Scholl werden Jugendliche aufgerufen, Flugblätter gegen eine Diktatur zu formulieren und im Anschluss in autokratischen Regimen zu verteilen. Die Kampagne entpuppt sich zwar als Schwindel, macht aber die Notwendigkeit deutlich, junge Menschen für demokratiepolitische Anliegen zu sensibilisieren.

Scholl 2017 – 75 Years White Rose
2017, photographs, information materials, 2 videos (color, sound), dimensions variable, courtesy Center for Political Beauty

In June 2017, the Centre for Political Beauty achieved a coup: In a rented hotel room in Istanbul it set up a printer that by remote control printed political leaflets and sent them flying out of an open window down into Gezi Park. This marked the first act in a happening. *Scholl 2017* was designed as a competition for students, which seemed to have been organized by a so-called Bavarian State Ministry of Education Culture and Democracy. To mark the 75th anniversary of the original leaflets made by members of the White Rose resistance group that centered on Hans and Sophie Scholl, young people were called on to produce leaflets protesting against a dictatorship, and subsequently to distribute them in autocratic regimes. Although the campaign turned out to be fabricated, it did highlight the need to sensitize young people to concerns relating to democratic politics.

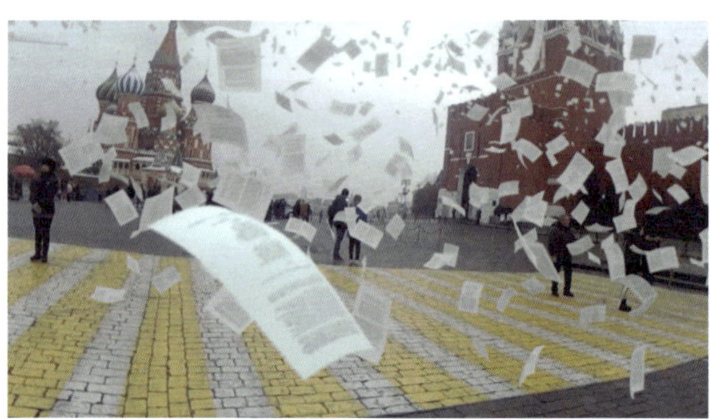

the cost in question is itself unknown in its entirety. But before I even begin that calculation, I am perplexed by a stomach-turning definitional inquiry. If freedom, this mighty commodity, is not free, then perhaps whatever it is we have paid for in the blood of strangers is, in fact, not actually freedom. Upon the completion of this draft I am tempted to write the Municipal Government of Omaha and request this epitaph be changed to read “Freedom Isn’t Freedom.”

What this dismal run-turned-walk demonstrates is the deeply troublesome moment we are all finding ourselves within. These are postnormal times. I will now pause for an instant. I understand that cocked eyebrow of skepticism. Enough of a java infusion to the bloodstream or undergraduate philosophy credit hours could provide the fodder for such streams of thought. But what I propose here is not some duel of wits and semantics. Instead I wish to point out the fragility of the very semantics by which we structure our logic and the fundamental fallibility of our wits. The damage already done leaves us with words, starved of definition, which we take for granted. Willfully sipping this nectar of ignorance, we pass through time and space with reckless regard speaking to such phenomenon as unpatriotic nationalism, contingent independence, and subjugating freedom. A blissful ignorance sidekicked to an unrelenting uncertainty self-perpetuates the postnormal state. Those in the know, or, perhaps at best, aware of their own unknowing, are perplexed to a crippling degree. The problem is an issue of not having the correct tools. The physicist finds their theories reaching beyond their experimental range. Thus, their practice is more philosophy than fact challenging science. The postmodernist attempts to eradicate grand narratives, creating a grand narrative against grand narratives. The posthumanist dives head first into the robot revolution untroubled by the multiverse of potential ironic consequences that can and are resulting in such neglectful investigation. Each master tries to capture the future in their own image and direct it towards their own utopic ideal.

At this point we are faced with two problems. First, the future is not singular, it is a plurality of futures. Second, the future cannot be controlled, managed, or placed upon a shelf. Postnormal Times Theory allows us to navigate the potential futures. The present is not weird, it is constantly getting weirder. Our systems and routines are becoming obsolete. The jogging paths we’ve come to know by muscle memory are not taking us to the destinations we desire. So, is this where the sidewalk ends? Do we stick our heads between our legs and kiss our posteriors good-bye? To infinity or oblivion, whichever shall take us first?

Let us consider postnormal times.

The 3 Cs comprise the backbone of postnormal times: complexity, chaos, and contradiction. The systems of our contemporary world are continually becoming more and more complex. This is different from simple complication. Complexity is not the addition of simple functions to create complicated structures. Complexity is the intersection, interweaving, and transaction of simple and complicated variable that results in a disbalanced and increasingly volatile atmosphere. In the extreme high complexity, chaos reigns. Chaos here is the power that small and seemingly irrelevant factors have on the greater whole. Increasing chaotic occurrences create a radical shift in the expedition of increased potential future outcomes. The often-underdeveloped theories and systems we operate on day-to-day become riddled with unlikely outcomes and destructive contradictions. The swelling of contradictions pushes the order of things to the brink. Either the order breaks and something new fills the void, or the order gets creative, improvising to survive.[1] The swirling collision course of the 3 Cs, much like an element’s electron cloud around its nucleus, creates the condition of postnormal times.

A further examination reveals a set of particularities which take the already turbulent picture of postnormal times and sends it into a tailspin. These features are Speed, Scope, Scale, and Simultaneity. These 4 Ss enhance the 3 Cs, making them occur at a rapidly accelerating speed, that extends scope beyond the interpersonal, into the global plurality and beyond, and interfering on all levels in scale. The simultaneity of these instances only advances the collage of contemporary global affairs. Simple is thrown out the window. Ignorance in its multiplicity of forms and uncertainty gather like a hurricane

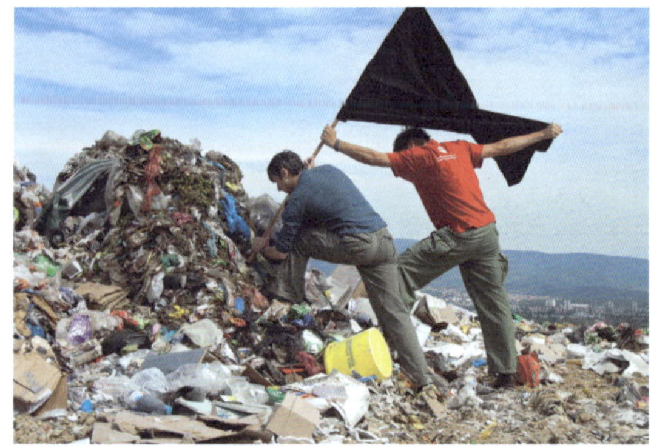

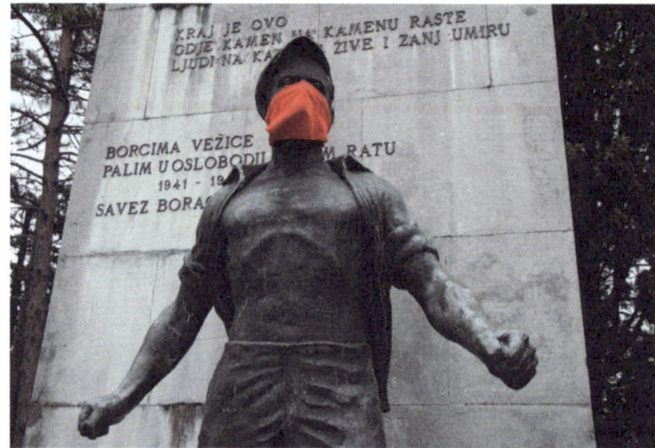

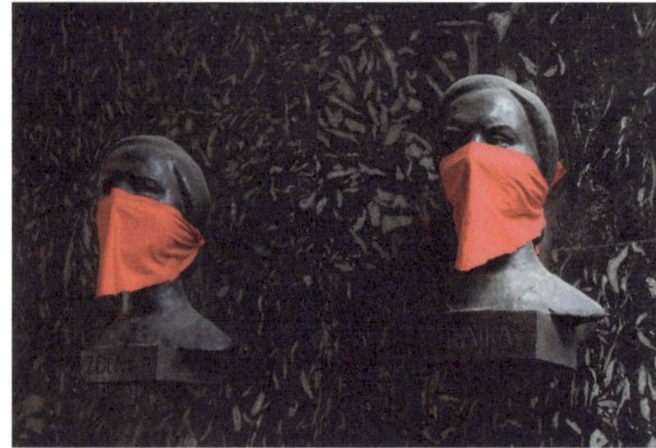

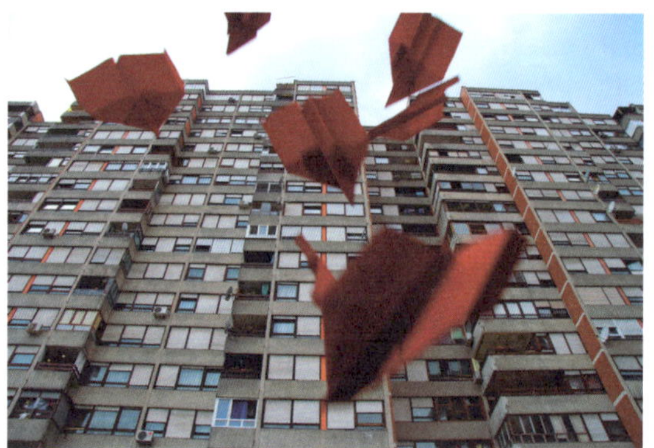

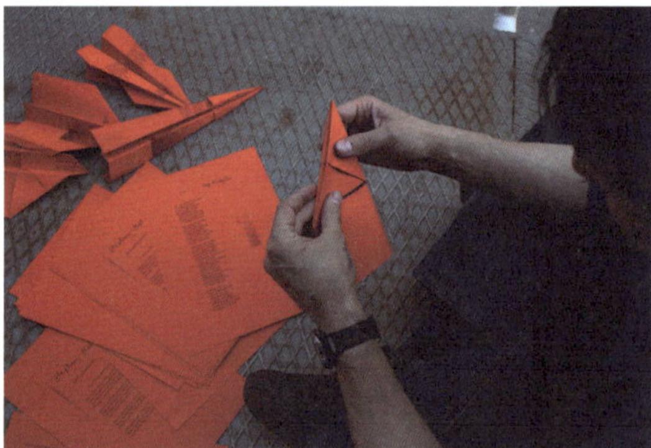

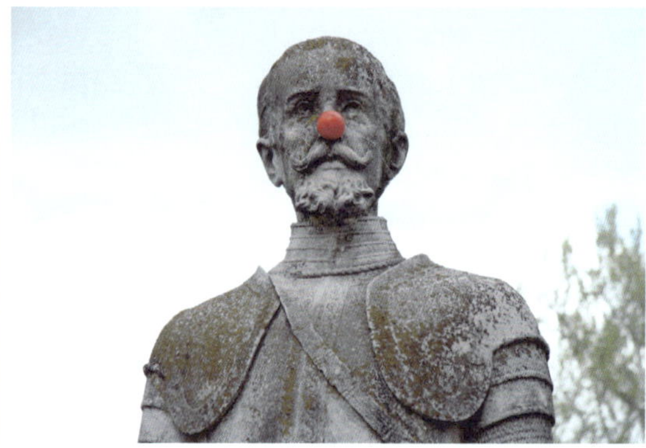

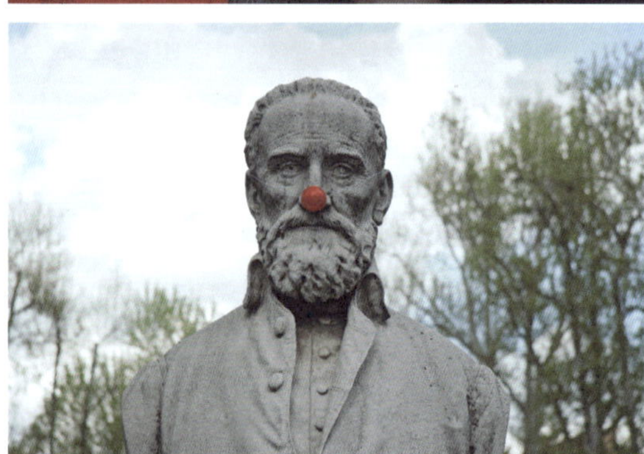

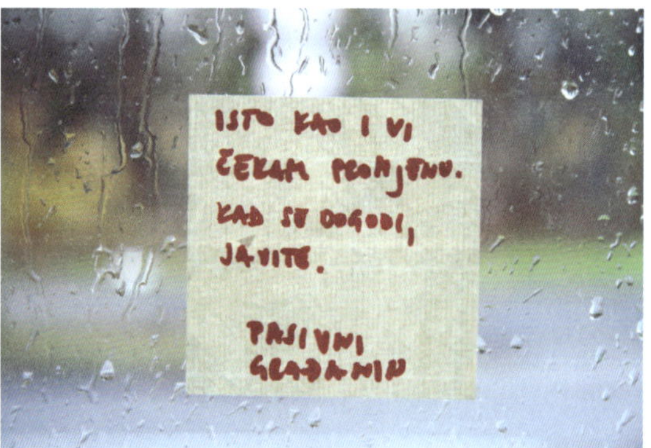

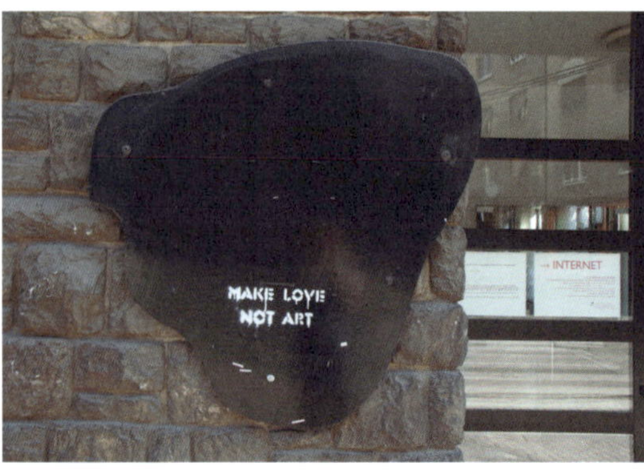

Scarves and Monuments
Make Love Not Art
Red Fountain
Buried Dreams
Post-it
Red Noses
Against Trash
Red Escadrille
(the free flight of poetry)
aus der Serie
366 Liberation Rituals
2008–09, Foto- und Textdokumentation einer Serie von Aktionen im öffentlichen Raum in Zagreb, Dimension variabel,
Courtesy Igor Grubić

Über ein Jahr lang führt Igor Grubić jeden Tag ein befreiendes Ritual durch. Ziel ist die Sichtbarmachung von Problemen vor dem Hintergrund einer sich vollziehenden gesellschaftlichen Transformation nach dem Zusammenbruch des Sozialismus. Für *Scarves and Monuments* vermummt er Statuen und erweckt so die antifaschistischen Kämpferinnen und Kämpfer zum Leben. Mit dem Graffiti *Make Love Not Art* versucht er, die Kunstszene in Zagreb zu repolitisieren, während er für *Red Fountain* bei einem offiziellen Besuch von George W. Bush das Wasser eines zentral gelegenen Brunnens einfärbt. Als Übergangsritus vergräbt Grubić in *Buried Dreams* die Plattensammlung seiner Jugend und verteilt *Post-it*s als Aufforderung zur Überwindung der politischen Lethargie im öffentlichen Raum. Er hinterfragt die Akzeptanz von Wertvorstellungen durch rote Clownsnasen, die er auf Denkmälern anbringt, und kritisiert die Wegwerfkultur mit dem Hissen einer schwarzen Flagge auf einem Müllberg. Der in den Aktionen formulierte individuelle Widerstand ist kathartisch und sowohl eine Gesellschaftskritik als auch der Versuch einer persönlichen Befreiung von Projektionen und Erwartungen.

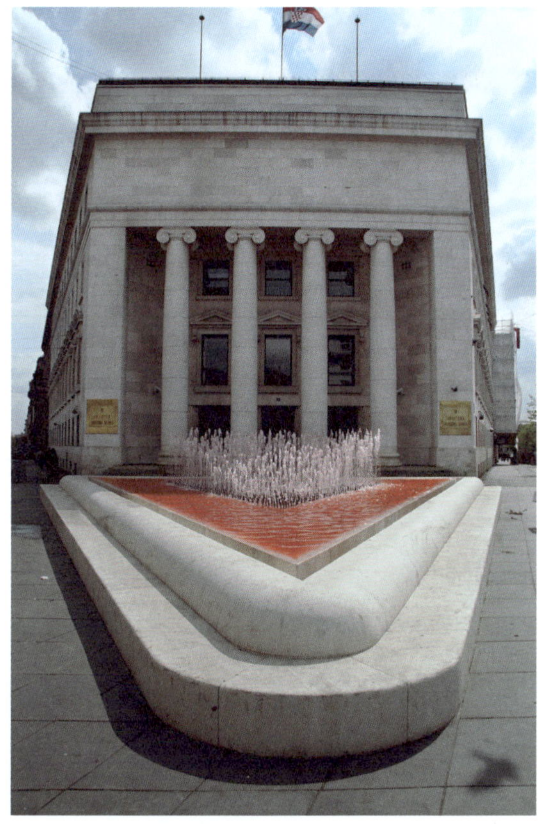

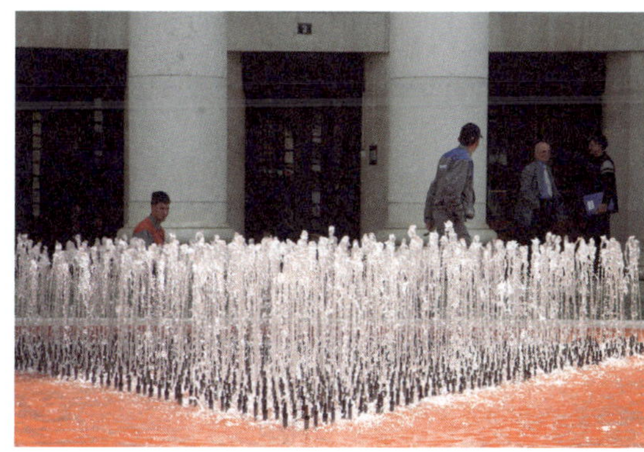

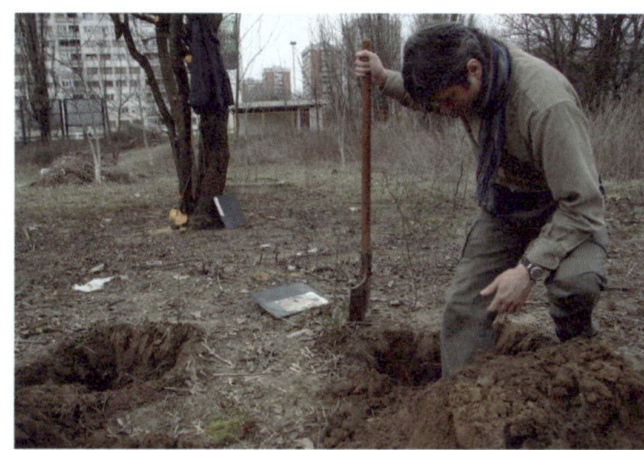

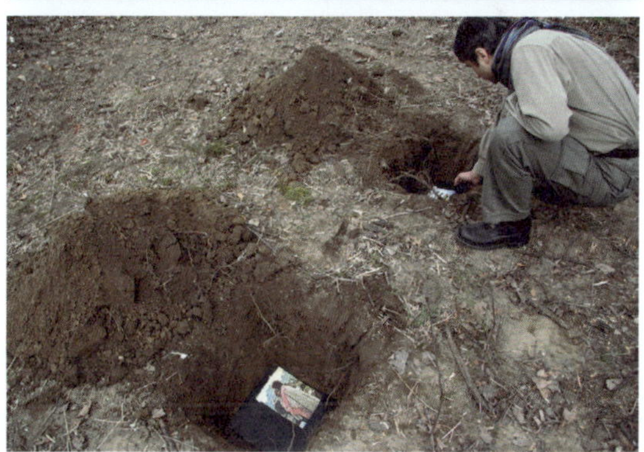

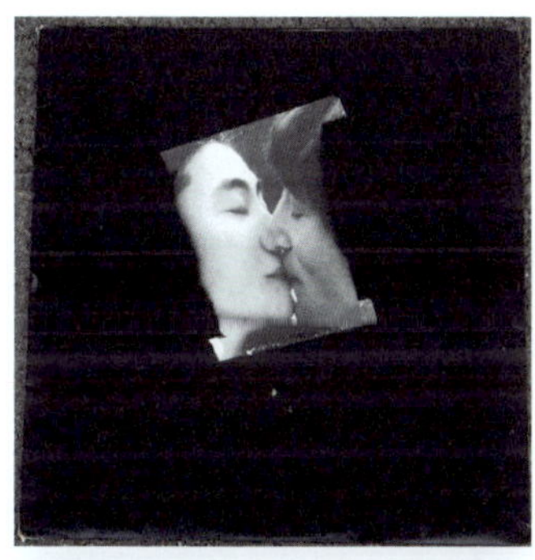

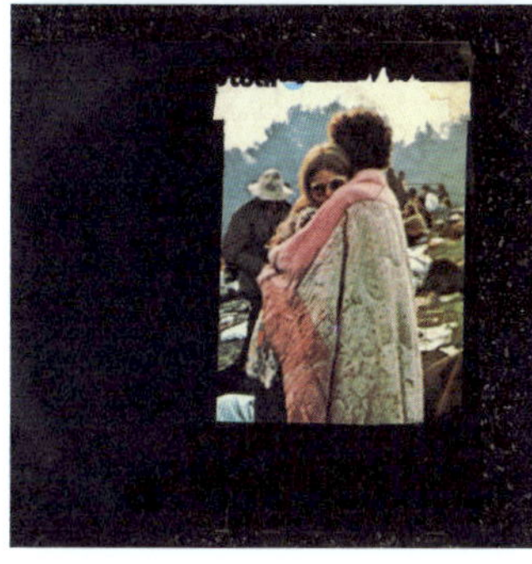

Scarves and Monuments
Make Love Not Art
Red Fountain
Buried Dreams
Post-it
Red Noses
Against Trash
Red Escadrille
(the free flight of poetry)
from the series
366 Liberation Rituals
2008–09, photo- and text documentation of a series of actions in public space in Zagreb, dimensions variable, courtesy Igor Grubić

For over one year Igor Grubić performed a liberating ritual every day. His aim was to visualize problems against the background of ongoing social transformation following the collapse of Communism. For *Scarves and Monuments* he disguised statues as a means of bringing antifascist activists to life. With the graffiti *Make Love Not Art* he tried to re-politicize the art scene in Zagreb, while for *Red Fountain* he had the water of a central fountain dyed red for an official visit by George W. Bush. As a rite of passage, in *Buried Dreams* Grubić interred the record collection of his youth and distributed Post-its in public space as a call to overcome political lethargy. He questioned how we adopt values by placing red clowns' noses on statues, and criticized our culture of built-in obsolescence by hoisting a black flag on a pile of rubbish. The individual acts of resistance expressed by what he does are cathartic and not only a social critique but also spell a personal attempt to free himself of projections and expectations.

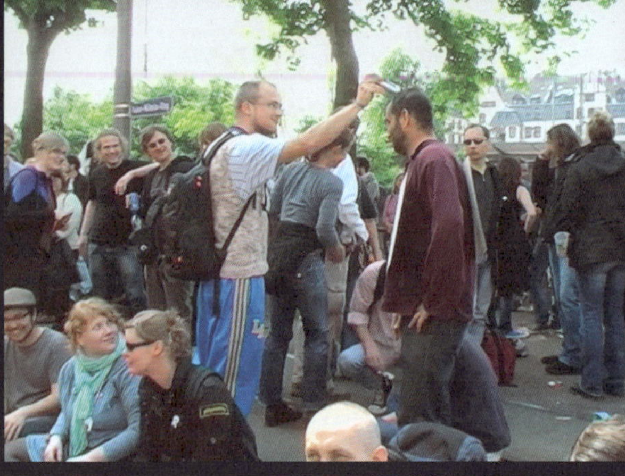

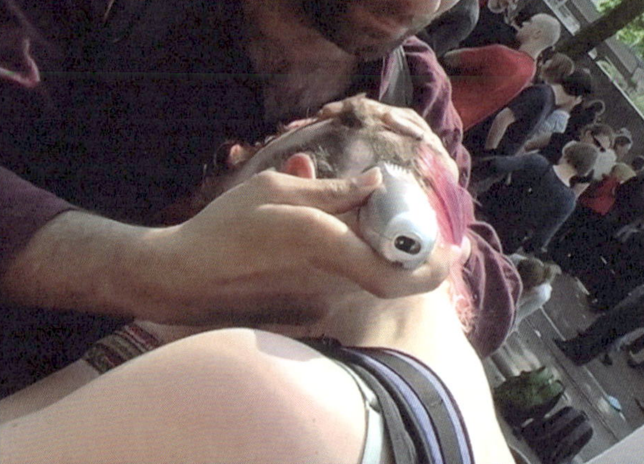

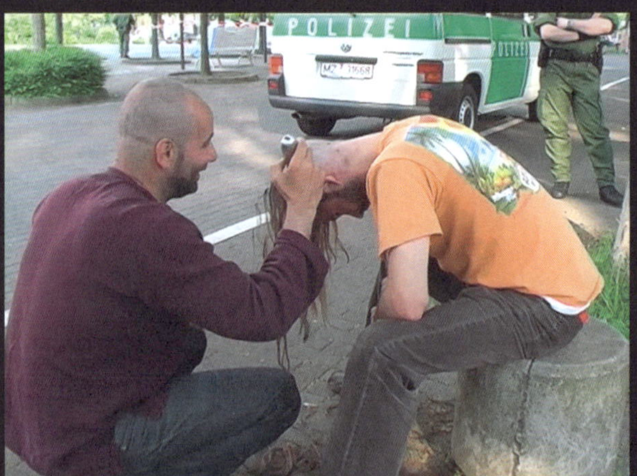

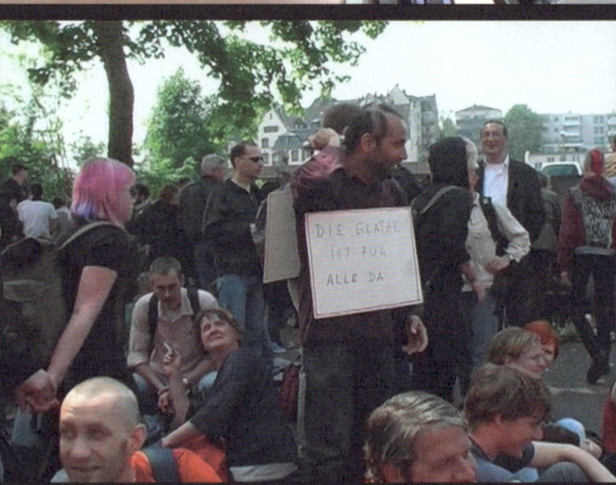

May 1
2009, Video (Farbe, Ton), 13′ 58″, Courtesy Hiwa K, KOW, Berlin, und Prometeogallery di Ida Pisani, Mailand und Lucca

Auf der Flucht vor der Diktatur im Irak nach Deutschland gekommen, interessiert sich Hiwa K für Formen des Demonstrierens und Protestierens. Er fragt sich, ob sie demokratische Werte tatsächlich stärken können oder nur noch Anlässe für soziale Zusammenkünfte bieten. Die Erste-Mai-Demo in Berlin-Kreuzberg ist als antifaschistische Kundgebung ein optimales Studienobjekt. Dorthin nimmt Hiwa K einen elektrischen Haarschneider mit und rasiert sich damit die Haare ab. Anschließend versucht er, Demonstrantinnen und Demonstranten zu überreden, sich ebenfalls eine Glatze zu schneiden, um so deren politische Konnotation von den Neonazis zu lösen. Durch die Konfrontationen offenbart sich eine Bandbreite von Haltungen und Positionsbestimmungen in Opposition zum Faschismus wie auch gegenüber der Praxis des Demonstrierens.

May 1
2009, video (color, sound), 13′ 58″, courtesy Hiwa K, KOW, Berlin and Prometeogallery di Ida Pisani, Milano and Lucca

Having fled to Germany from Iraq to escape the dictatorship, Hiwa K is interested in forms of demonstrations and protests. He wonders whether they actually succeed in strengthening democratic values, or are simply occasions for social gatherings. An antifascist event—the May 1 demonstration in Berlin's Kreuzberg district—makes an ideal object of study in this regard. Hiwa K takes an electric hair trimmer with him and uses it to shave off his hair. Afterwards he tries to persuade demonstrators to shave off their hair and in this way free the notion of a "skin-head" of its neo-Nazi political connotations. The resulting confrontations not only reveal widely varying attitudes and positions in opposing fascism, but also as regards the act of demonstrating itself.

without the courtesy of a calming eye or the subtle warnings other storms give.

Those who find themselves in postnormal times are faced with an onslaught of issues, among them, where to go next. This is an interesting dilemma. One which perplexes even those of us most amerced in thought on PNT. The approach favored by the most academically minded is to grapple with this problem, wrestle the angel, dissect and experiment with it. Perhaps there is a way to manage, control, manipulate, or rein in the Cs, the Ss, and all other matters of ignorance and uncertainty. Embroiled within the frustrations of such avenues, one will come to find in their fatigue that this beast cannot be defeated. The struggle of PNT challenges its heroes beyond the tools at their disposal. Extreme creativity, distillation of foundational value, acceptance of change, and thinking the unthought are required beyond this point. Even mastery of those simple tools does not guarantee smooth seas for navigation. There is no assurance of safety, sanity, or survival for our hero.

PNT does not come without signs. In fact, a key task to those of us playing in PNT is to constantly refine and build up our awareness of these signs. The 3 Cs and 4 Ss provide the most surefire signs of the times, but is there not something to warn us before we find ourselves already within it? These indicators are the menagerie of PNT. Black elephants are the first member of the menagerie. Black elephants are those events which are otherwise easily identifiable possibilities that had been ruled out due to confirmation bias or simple ignorance. The second member of the menagerie are black swans. Black swans are the inconceivable, at least within given worldviews and systems, the seemingly impossible. These game changers alter our imagination's ability to perceive what is possible, trigger a flurry of positive and negative potentialities. The third member of the menagerie are black jellyfish. These creatures are the true bulls in the china shop of postnormal times. Rapidly becoming the symbol of these climatically challenging times, black jellyfishes are those events that, though often starting as small occurrences, are driven, through positive feedback, into proliferating mass quantities of the 3Cs challenging the structural integrity of global systems. They have a great potential to push things postnormal.[2]

It is important to note here that the menagerie is largely dependent on perspective. One individual's black swan could easily be a black elephant to an individual halfway around the world in a different sociopolitical context. This should not discredit the importance of identifying the elements of the menagerie that lead or are leading a situation towards postnormality. There is credence in the conversation that needs to be had on either developing the menagerie further or looking into hybrids and other such minutia. For our purposes here, it is important to recognize the limitations of our own worldview and situation. From our perspective we need to identify our menagerie and make a judgement either concerning the future of a given structure or our own position in the world. Through this exercise not only can we be better able to navigate the futures ahead, but also grow and develop ourselves in a progressive manner.

Now I return to Memorial Park, where my body operates somewhere between a walk and a jog, and my mind is racked by that word. Freedom. It is a most curious contradiction. Worse yet, it is a seductive contradiction. Like capital, it is never just satisfied with a unit or two of itself, it must always be more. Insatiable, freedom fights for itself even at the consumption of the freedom of others. Just as Adam Smith convinced the Western world that acting in one's self interest magically worked in the interest of the common, my freedom is your freedom and we must be willing to die for it at any given moment!

This could not be illustrated more perfectly than through the Constitution of the United States of America. While I could write volumes on the contradictions this particular document alludes to, I will try to remain focused on this one. Naturally, the first two amendments are the only ones the common American will remember by heart without having to consult Google. While the second amendment gets more airtime on the news (for the unfamiliar, that's the gun one) the first amendment is the one which tends to be invoked on a more regular basis. Within that one run-on sentence lies over two hundred years of legal philosophy, fundamental building blocks responsible for American angst and arrogance, and a dangerous contradiction. It speaks to freedom of expression, speech, and assembly. It promises that if this great experiment fails, we have the right to tear it all down and build something better in its place. It allows one the freedom to be. But it also allows one the freedom to take others' freedom. Common sense and jurisprudence have done a little good in history. For instance, it is illegal to yell "Fire!" in a crowded theatre, as this would cause mass hysteria. Though it gives both the oppressed and the oppressors the right to march in the streets with police protection, this freedom gives you the freedom to bind your fellow human in bigotry, racism, and xenophobia, of course with the adage that you ought to be able to consume what you dish out. The first amendment of the U.S. Constitution gives one the right to hate. It also turns freedom into a commodity, our commodity, and one which can be stripped from the other if they don't play by our rules. A day doesn't go by in the United States without us proclaiming the sacred word freedom; with each use, we further bastardize its meaning, deepening the contradiction. This black elephant is ripening towards postnormal fruition and soon those cries for freedom will find themselves being answered to by something very different.

As the Americans have overused the word freedom into its own undoing, both Europe and the United States have underused another word allowing for a faded memory to return proudly and to display its ugly face unabashedly. Fascism. Even to see the word written (or for I the writer to type this word out) carries with it an entire context. Yet, today we are told not to use this word. Not for fear of offending others or because it has become outdated. For the sake of fear itself. We have become so afraid of Fascism's return to global dominance, that we shun the slightest use of it beyond historical context. In fact, a black swan is identifiable in the concept of fascism ever rising to power again in Europe, or anywhere in the world for that matter. Those of us who find some or all of our life having been uploaded to the internet may be familiar with Godwin's Law. This is the law which states that eventually all online arguments devolve into comparing one's competitor to Hitler or the Nazis. The use of this comparison had become a cop-out for finding the most insulting thing to say to one's opponent. Understandably, for the preservation of professionalism and dignity, many have entirely refrained from making such comparisons. But what about the events in the contemporary era that actually are fascist and look a lot like or even one-up the deeds of the Nazis?

Former U.S. Secretary of State, Madeleine Albright throws the word at us in giant red letters on a black background (the ultimate visual call of danger) in her latest book. In *Fascism: A Warning*, Albright seeks to reinoculate public discourse with the word. She rightly points out that fascism has often been chalked up to meaning "What Hitler or Mussolini did." Distilling it from historical conceptions, Albright defines fascism as the belief in one opinion standing for the whole of a nation or state and the defense of that opinion being the justification of violence. She lays out a historical primer in fascism's approach to the twentieth and twenty-first centuries and highlights the creep of fascism back into global politics. Most importantly she pushes for further study of the phenomenon so that it can be curbed and prevented from being the decay of contemporary political order.[3]

The dance of freedom and fascism peppers a hearty crop of political writing in the last couple of years. Trump, Brexit, Fake News, Social Media, Big Data. Little of it has retained any intellectual value. As in Albright's work, there has been a small revival in reflecting on fascism and freedom. Thinkers like Timothy Snyder are not afraid of pointing towards a soft hijacking of contemporary democratic processes by tyrants and fascists. Like a good Aristotelian should, in his latest book, *The Road to Unfreedom,* he pits extreme political views of the now against each other so as to find a mean, the principle itself.[4] Ultimately, this exercise proves futile in postnormal times. The extremes of the now are contradictions that fracture our opinions. There is a value to Snyder's discussion though. The struggle between extremes is important for beginning to comprehend the contemporary world. He also points out important historical trends we must remain cognizant of. He asks the reader to take control of the past so as to build a more preferred future. In terms of Sardar and Sweeney, the past he speaks of is more properly stated as the Extended Present. This is the future before us if the status quo is maintained as it stands. Trends continue uninterrupted and all is business as usual. As things become more and more postnormal, the probability of this future coming to be is less likely. Understanding this limitation is key to fulfilling the request to the reader that Snyder states. As has been stated numerous times throughout the postnormal literature: Power is never given. No one is just offered the keys to history.

Postnormal times is not a spectator's game. It requires participation. This conversation must be kept alive. Reflection and constant correction control is needed to refine the language we use. Fear, irrational assumption, and hate have been allowed to control discourse at an unprecedented rate. Words need to be constantly on trial. What do we mean when we cry freedom? What are we doing when we mindlessly spout off patriotic diatribes and nationalist oaths and songs? What is truly being risked when we turn freedom, in its myriad of forms, into a motivation for action? Fascism is scary. But will we ignore it as it quietly grows in the dark? The confounding nature of the potential danger laced within language can quickly be manipulated into convincing people of their own opinions. This is populism at its most malicious. The calls for a return to the "good ole days" or to make (insert your nationality/ state identity here) great again are the smooth romanticizing of the familiar and ultimately destructive.

Language has a unique power. It can time travel. At this particular point in time, we humans cannot. Because of this fact, we must rely on memory. Language travels through time and space, often unscathed by the journey. Memory is constantly recast and edited before the might of perspective, clever storytelling (often by the winner of a particular historical moment) and the ever flexible impact of emotion. The more eloquent of society can attempt to use words as they please and, if they sing a pretty enough song, can weave lie and fractured reality into language. We can be convinced to disregard history and let the sins of the fathers be just that. But remember, history matters. The futures matter and are always there before us. We can allow our words to be misused and morphed. Slowly they become the black elephants and swans that haunt our reality and historical trajectory. Heaven forbid they become the black jellyfish that can disrupt all, positive and negative, for better and for worse. Yet, words are words. Just as we can lose our own identity in the wake of populism, it can be recovered. Definitions must be held accountable. This is the first step towards owning the future, that together we can begin the construction of a trajectory towards our preferred futures.

Many of my fellow running enthusiasts hold to a most peculiar preference. Running in the rain. The cool setting for intense activity, yet a hazard to one's situational awareness. A challenge that feeds into the adrenaline's toying with the brain and body. In postnormal times we are running into a hurricane. We are blinded by the raindrops of our own uncertainties and ignorance, but we can take comfort in identifying the elements of the menagerie, judging the awareness of our limited perspective and begin to take the first steps that become the full-on sprint, confident. Even if the course that we know so well might very well not take us back to where we started.

1 PNT is first discussed in Ziauddin Sardar's "Welcome to Postnormal Times" (2010) *Futures* 42 (5) 435–444 June. The Three Tomorrows of Postnormal Times is developed in Sardar and Sweeney's "The Three Tomorrows of Postnormal Times" (2016) *Futures* 75 1–13. Both of these articles are found in *The Postnormal Times Reader* (CPPFS, London). For more writings on PNT, the Centre for Postnormal Policy and Futures Studies (CPPFS) website is a great resource (cppfs.org). More thought and writing on PNT can be found in various issues of the quarterly journal *Critical Muslim* (Hurst, London).

2 Ziauddin Sardar and John Sweeney, "The Three Tomorrows of Postnormal Times" (2016) *Futures* 75 1–13.

3 Albright, Madeline, *Fascism: A Warning.* (HarperCollins Publishers, New York, 2018).

4 Snyder, Timothy, *The Road to Unfreedom: Russia, Europe, America.* (Tim Duggan Books, New York, 2018).

Laibach

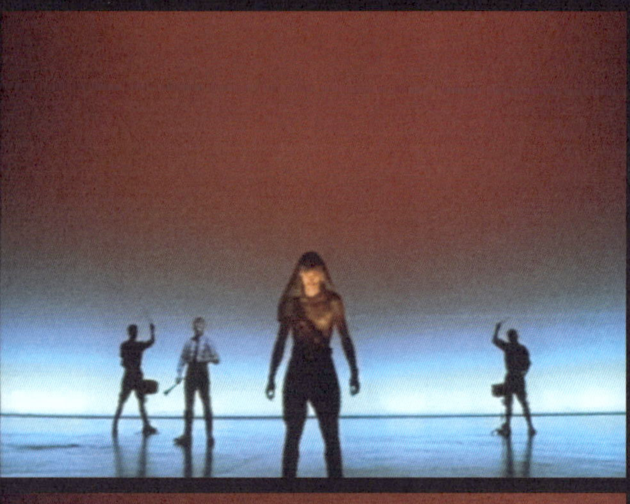

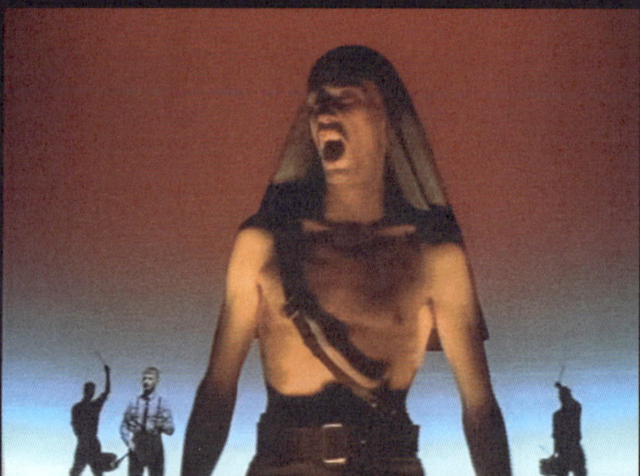

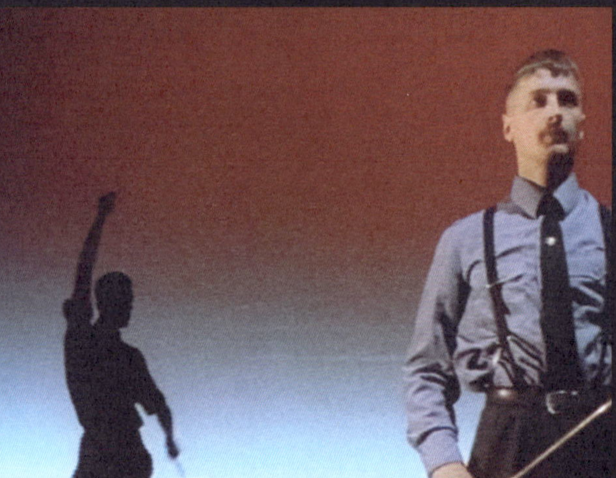

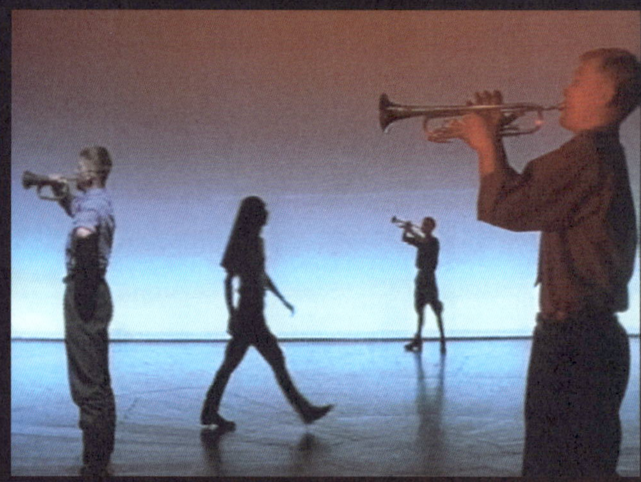

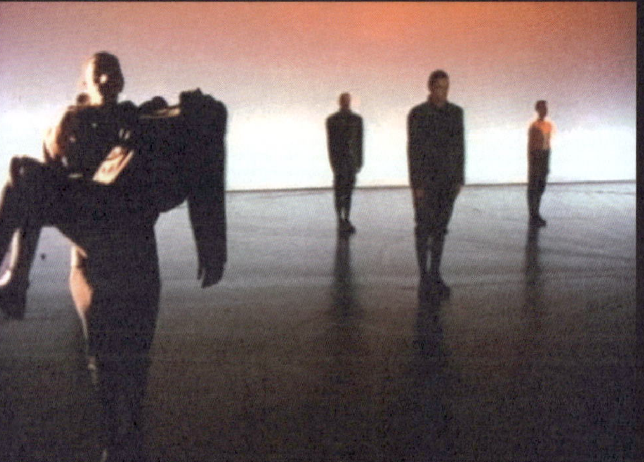

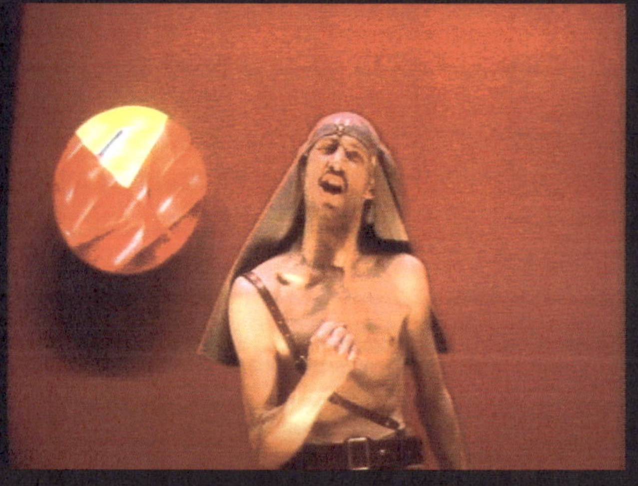

Geburt einer Nation
1987, Video (Farbe, Ton, digitalisiert); Regisseur: Daniel Landin; gefilmt im Cankarjev dom, Laibach, auf dem Set *Die Taufe unter dem Triglav* der Theatergruppe der Schwestern Scipion Nasice
4′ 20″, Courtesy Laibach

Die Band Laibach wurde 1980 gegründet und versteht sich als musikalischer Arm des Kollektivs Neue Slowenische Kunst. Sie eignet sich die bildliche und sprachliche Symbolik totalitärer Systeme an, um mit der Strategie einer Überidentifizierung deren Strukturen offenzulegen. Diese Überhöhung durch totale Affirmation kommt im Musikvideo zu *Geburt einer Nation* besonders stark zur Geltung. Das Lied ist eine Neuinterpretation von *One Vision* von Queen, für die der Text sehr nah am Original ins Deutsche übersetzt wurde, während er von Marschtrommeln und Fanfaren begleitet wird.

Geburt einer Nation
(Birth of a Nation)
1987, video (color, sound, digitized); directed by Daniel Landin; filmed in Cankarjev dom, Ljubljana, at the *Baptism Under Triglav* theater set by the Scipion Nasice Sisters Theatre group
4′ 20″, courtesy Laibach

The band Laibach was founded in 1980 and sees itself as the musical arm of the New Slovenian Art collective. It appropriates the visual and linguistic symbolism of totalitarian systems using a strategy of overidentification to expose their structures. This exaggeration through total affirmation is particularly effective in the music video to *Geburt einer Nation (Birth of a Nation)*. The song is a reinterpretation of *One Vision* by Queen, and the lyrics, which closely follow the original, were translated into German. It is accompanied by marching drums and fanfares.

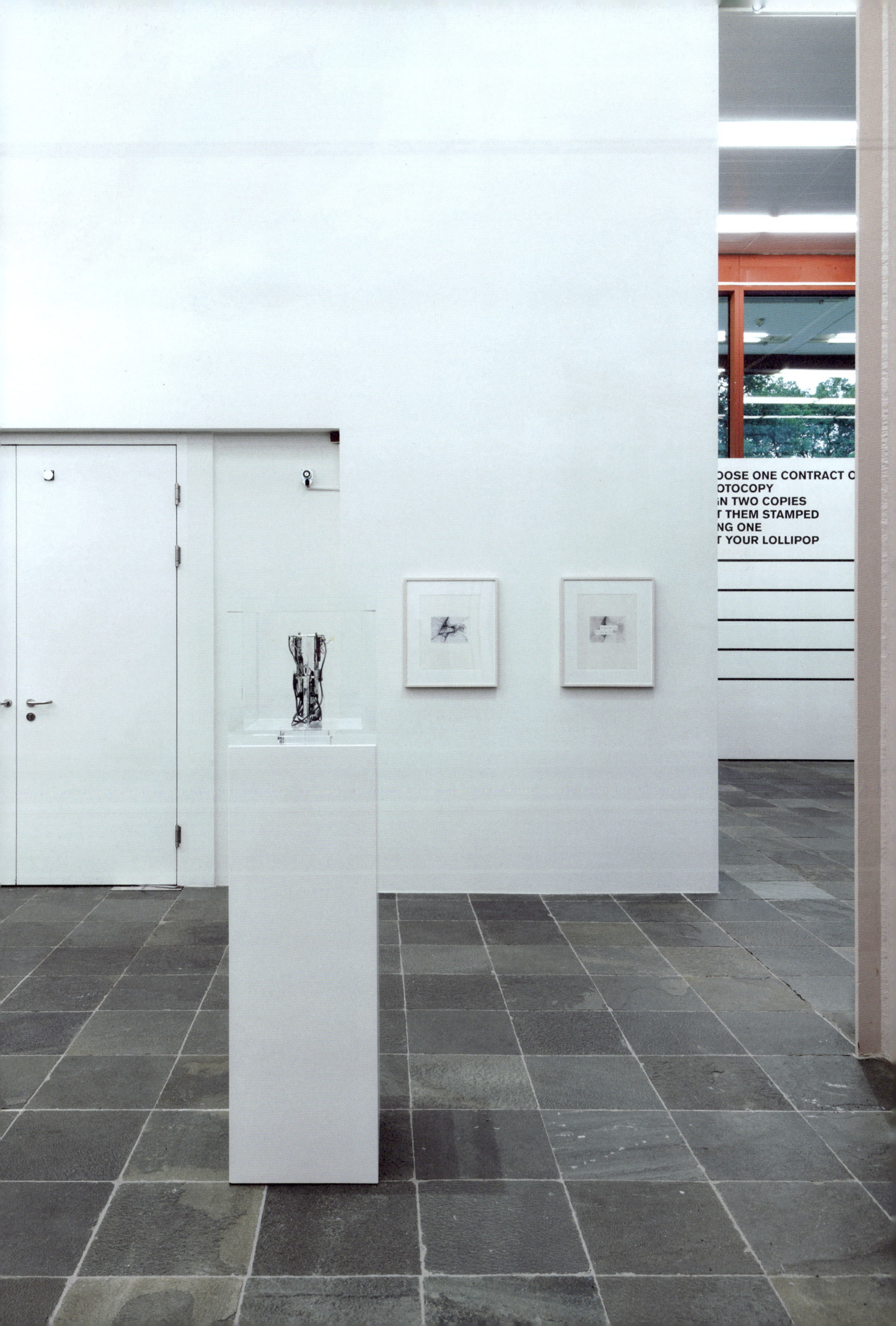
OOSE ONE CONTRACT O
OTOCOPY
GN TWO COPIES
T THEM STAMPED
NG ONE
T YOUR LOLLIPOP

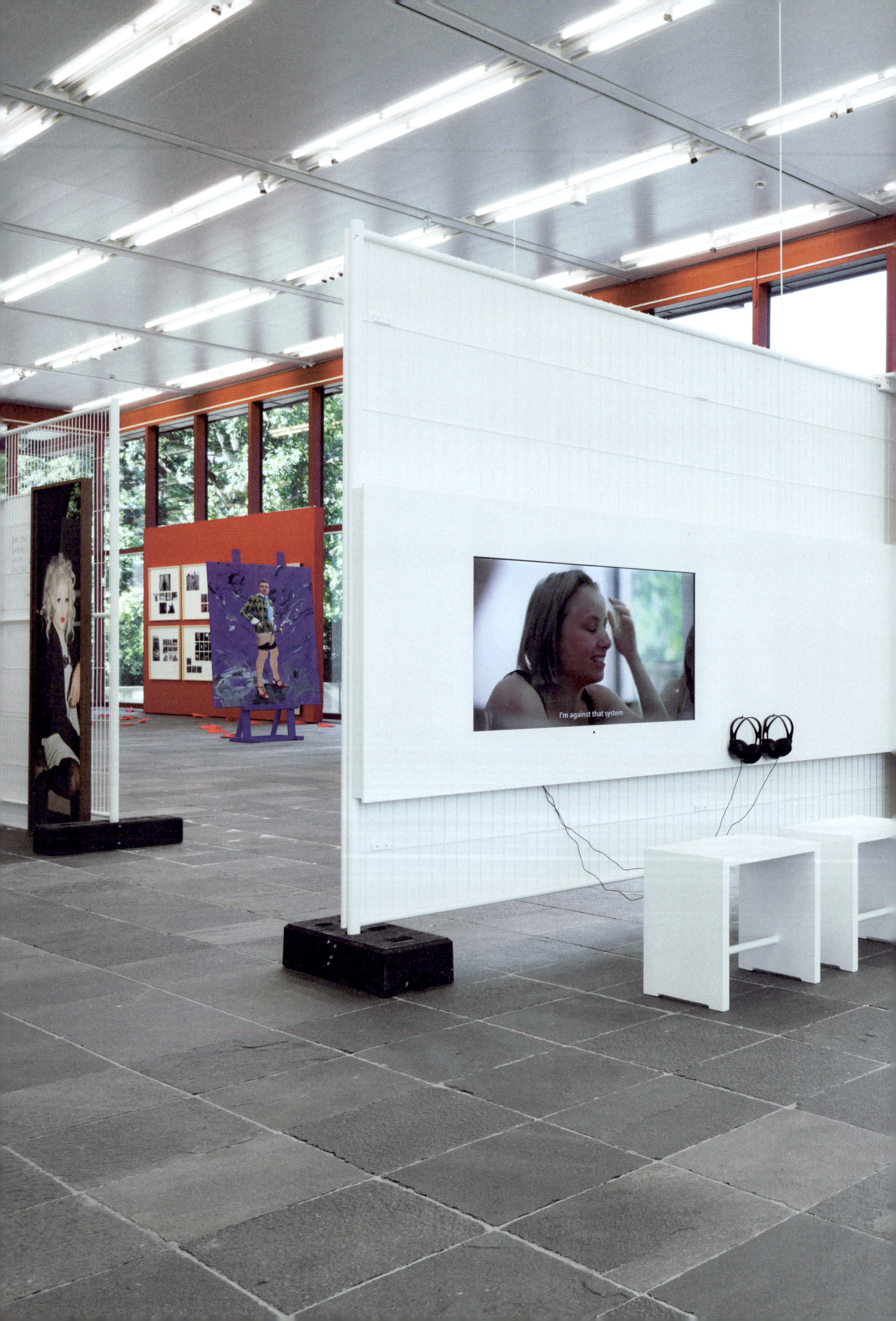
I'm against that system

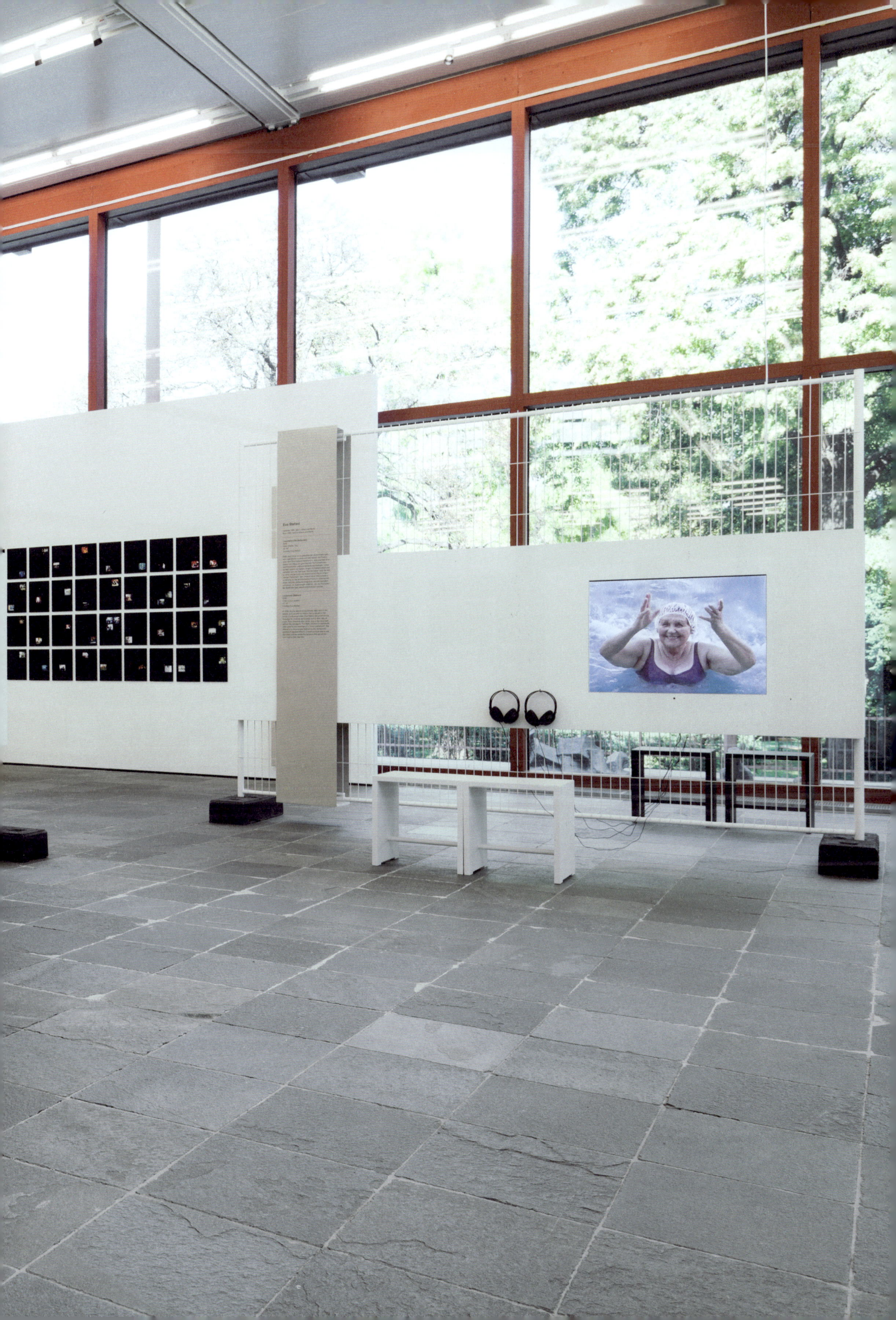

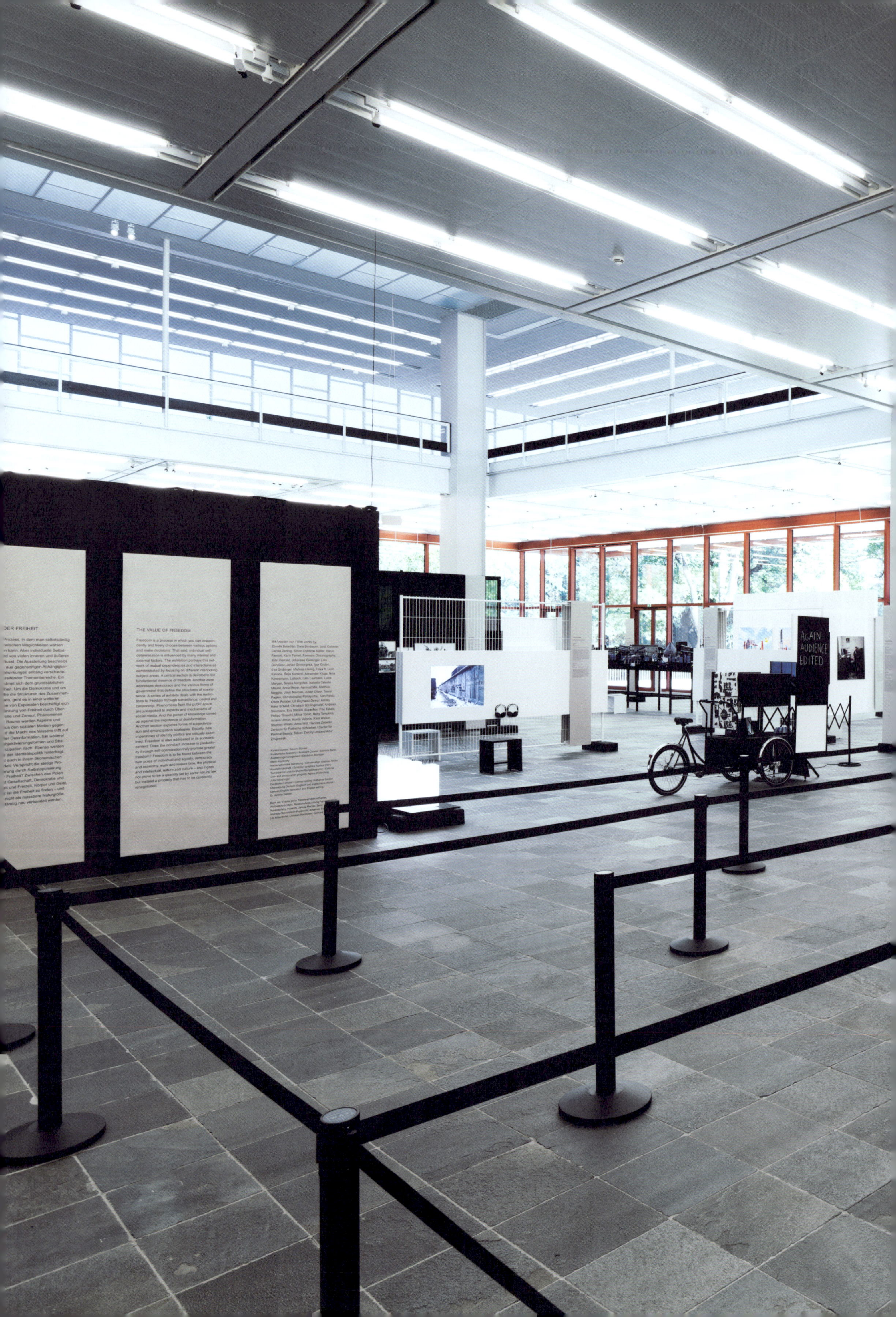
THE VALUE OF FREEDOM
AGAIN
AUDIENCE
EDITED

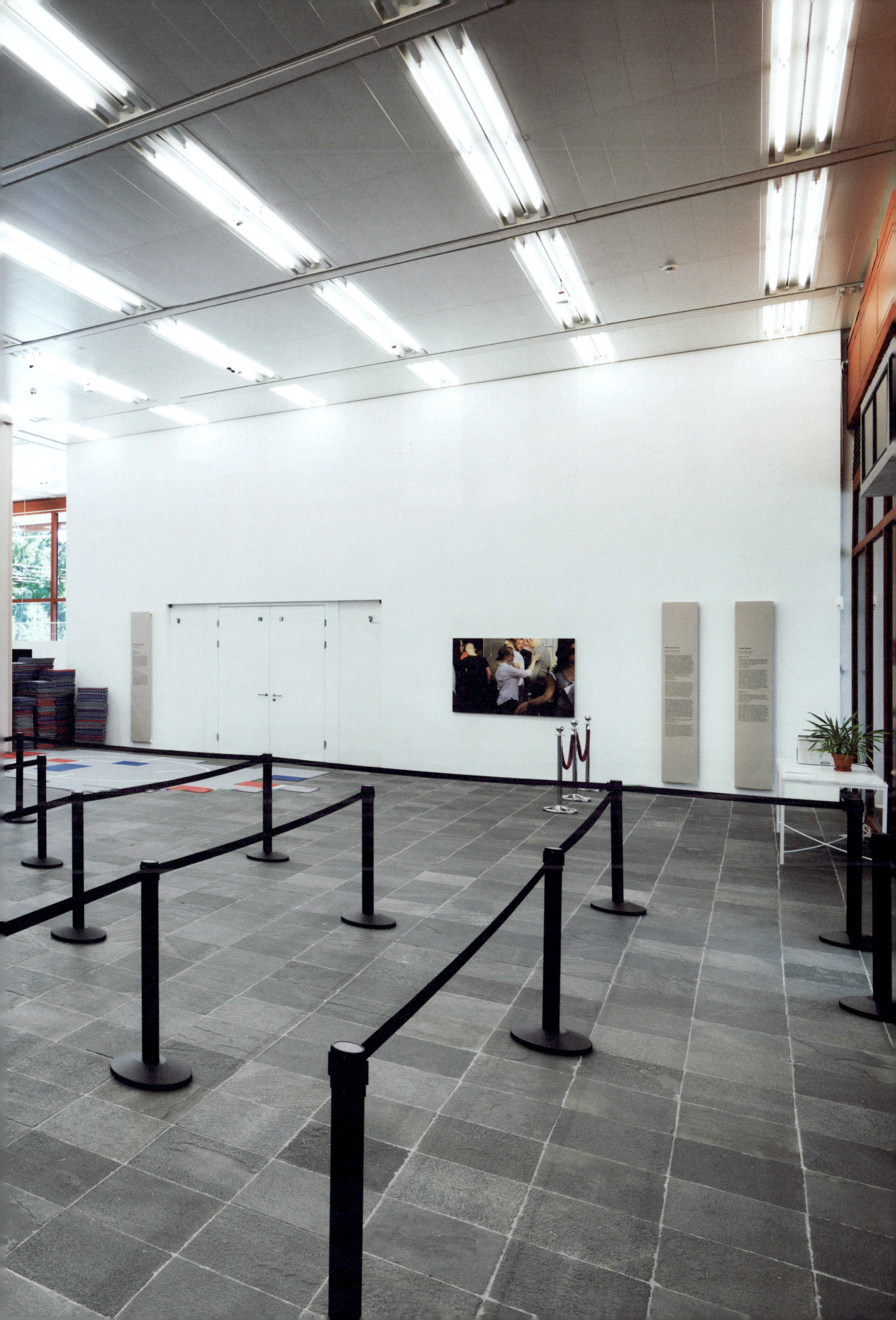

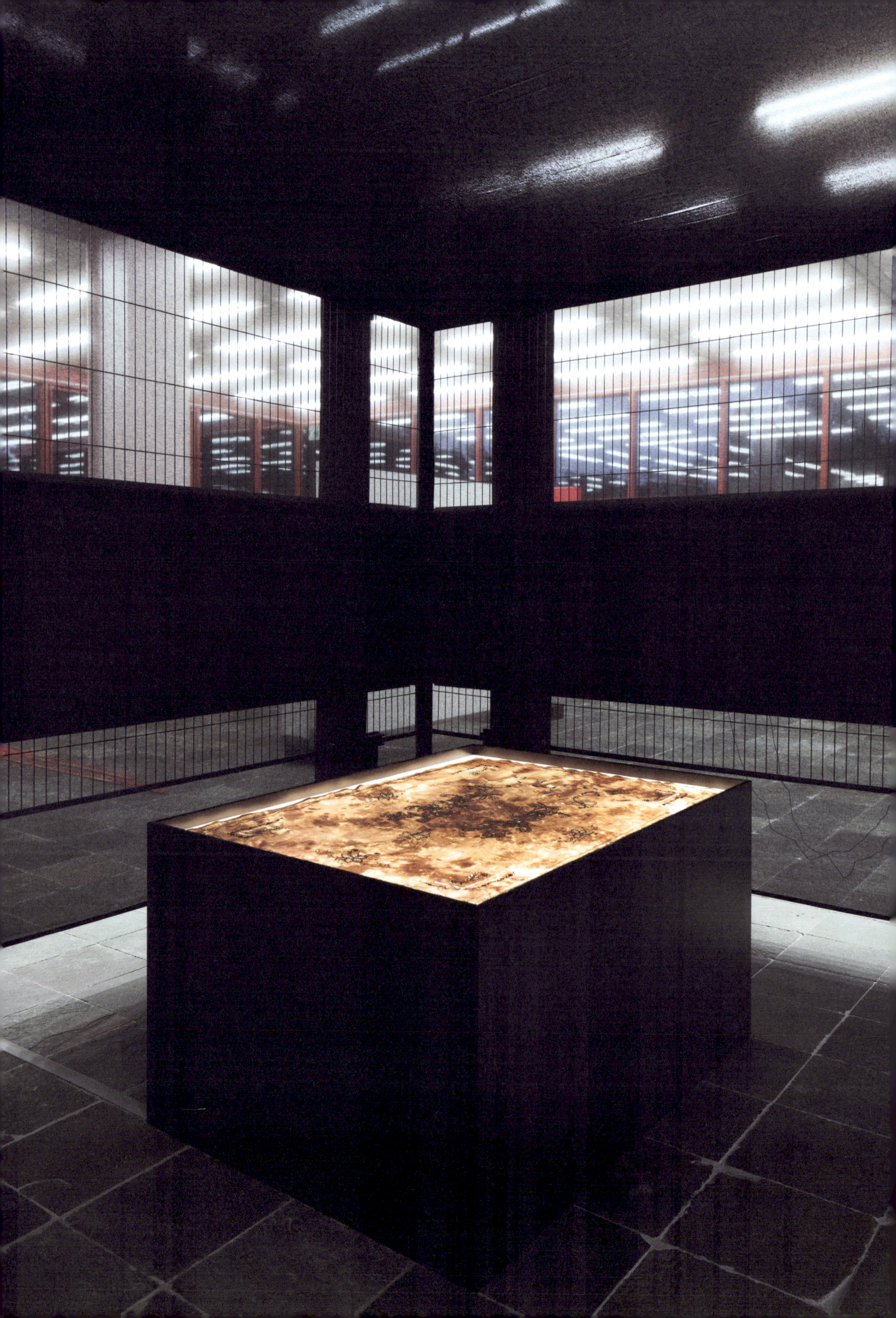

87 DIE SURREALITÄT DER FREIHEIT VERSUCH ÜBER DEN *VERSUCH ÜBER DIE BEFREIUNG*

OLIVER MARCHART

Gleich werden Seiltänzer kommen in paillettenbesetzten Korsagen von unbekannter Farbe, der einzigen bis heute, die Sonnen- und Mondstrahlen zugleich aufsaugt. Sie wird Freiheit heißen, diese Farbe, und der Himmel wird mit all seinen blauen und schwarzen Oriflammen knattern, denn der Wind wird sich erhoben haben, zum erstenmal ganz und gar günstig, und die da sind, begreifen, daß sie soeben unter Segel gingen und daß alle vorgeblichen früheren Reisen nur Trug waren.

André Breton, „Kleines prophetisches Zwischenspiel" aus den *Prolegomena zu einem Dritten Manifest des Surrealismus oder nicht* von 1942[1]

Christoph Schlingensief

Church of Fear Trailer
2003, Video (Farbe, Ton), 2′ 59″, Courtesy Nachlass Christoph Schlingensief und Filmgalerie451, Berlin

Church of Fear
2003, Holz, Farbe, Abspielgerät, Ton, 52 × 52 × 55 cm
Courtesy Charim Galerie, Wien

2003 wurde die *Church of Fear* von neun Initiatoren aus dem Umfeld von Christoph Schlingensief gegründet. Sie nutzt den Rahmen einer religiösen Institution, um eine Gemeinschaft von Nichtgläubigen zu bilden, die sich „von den Glaubensangeboten ‚Öffentlicher Geheimbünde' in Politik, Wirtschaft und Kultur lossagt". Die *Church of Fear* präsentiert sich vor dem historischen Hintergrund des „Kriegs gegen den Terror" als Vermittlerin zwischen gesellschaftlichen Glaubenssystemen und immer schwerer greif- und akzeptierbaren Wahrheiten. Mit verschiedenen Aktionen wird das Bekenntnis zur Angst gefeiert und damit ironisiert, während das Ausnutzen von Unsicherheit, Frustration und Sorgen zur Verwertbarmachung von Angst bewusst gemacht wird.

Church of Fear Trailer
2003, video (color, sound), 2′ 59″, courtesy Christoph Schlingensief Estate and Filmgalerie451, Berlin

Church of Fear
2003, wood, paint, player, sound, 52 × 52 × 55 cm, courtesy Charim Galerie, Vienna

In 2003, the *Church of Fear* was founded by nine initiators who were among Christoph Schlingensief's close circle. It uses the setting of a religious institution to form a community of non-believers who "renounce the beliefs proffered by 'public secret societies' in politics, industry and culture." The Church of Fear presents itself against the historical backdrop of the "war against terror" as an intermediary between social belief systems and truths that are becoming increasingly difficult to grasp and accept. Various activities are used to celebrate professing one's own fear (and consequently satirizing it), while simultaneously making us aware of how people's insecurity, frustration, and worries are exploited to render fear as something that can be instrumentalized.

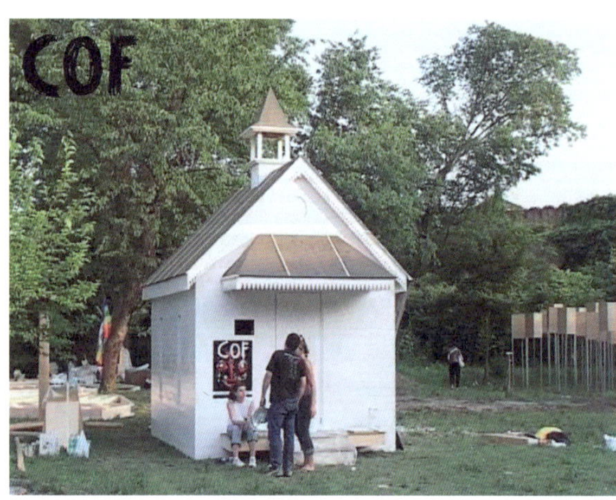

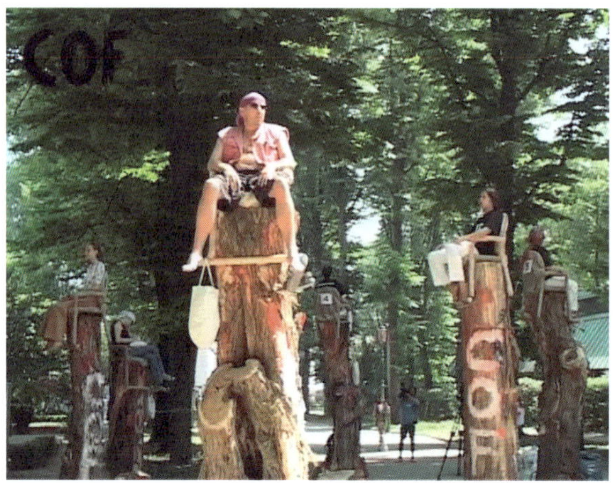

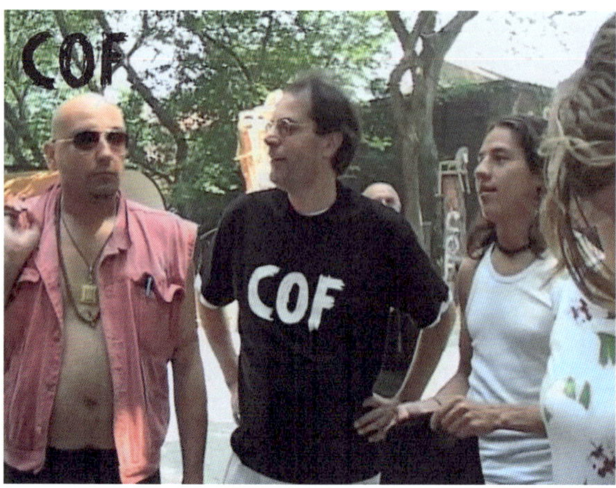

Freiheit, Gleichheit und Solidarität – die berühmte Triasformel der Französischen Revolution – bestimmt bis heute den normativen Horizont von Demokratie. Nach wie vor positionieren sich Emanzipationsbestrebungen, zumindest im Westen, vor diesem Horizont. Was jedoch genau unter den demokratischen Prinzipien von Freiheit, Gleichheit und Solidarität jeweils zu verstehen ist, das ist und bleibt historisch umkämpft. Beschränken wir an dieser Stelle die Diskussion auf das demokratische Prinzip der Freiheit. Der Begriff selbst ist natürlich älter, doch erst in jener historischen Phase, die der Begriffshistoriker Reinhart Koselleck als „Sattelzeit" bezeichnet hat (ca. 1750–1850), wandeln sich die an bestimmte Gruppenprivilegien gebundenen korporativen Freiheit*en* der ständischen Gesellschaft, von denen zuvor allein gesprochen werden konnte, in *die* Freiheit im Singular. Nun erst wird Freiheit denkbar als universelles Prinzip: ein Prinzip, das für alle Individuen gleichermaßen Geltung beanspruchen kann. Interessanterweise fällt genau in die Mitte jener Sattelzeit, in der sich die Wandlung von *den* Freiheiten zu *der* Freiheit vollzieht, die Französische, d. h.: die *demokratische* Revolution. Mit ihr wird Freiheit – als politisches Prinzip – tief im „symbolischen Dispositiv" (Claude Lefort) der Demokratie verankert. Sie wird zu einem unhintergehbaren Prinzip von Demokratie. Anders gesagt: Demokratie wäre gar nicht denkbar unter Bedingungen allgemeiner Unfreiheit. Demokratie ist das Regime der Freiheit (so wie sie zugleich das Regime der Gleichheit und der Solidarität ist).

Allerdings würde es sich bei Freiheit um keinen politischen Begriff handeln, könnte man nicht immer auch fragen: *Wessen* Freiheit? Es wäre natürlich blauäugig zu glauben, demokratische Freiheit wäre längst für alle verwirklicht. Historisch musste sie qua Revolution errungen werden, um dann überhaupt zum Horizont demokratischer Praxis aufgespannt werden zu können. Folglich heißt Freiheit zunächst: Befreiung. Und sofern es sich beim demokratischen Horizont um einen Horizont handelt, der, wie jeder Horizont, zurückweicht, sosehr man sich ihm auch nähern möchte, sofern das Reich der Freiheit noch lange nicht gekommen ist, sofern gesellschaftliche Zwangsinstitutionen weiterhin für Unfreiheit sorgen, sofern also die demokratische Revolution unabgeschlossen bleibt (da noch lange nicht alle in jeder Hinsicht Freiheit genießen), heißt Demokratie auch heute noch: Befreiung. Als Regime – unabgegoltener – Freiheit ist Demokratie zugleich das Regime der Befreiung. Oder genauer: Demokratische Praxis, die radikal wäre, sofern sie auf die Wurzel (*radix*) der Freiheit rekurriert, ist Praxis der Befreiung.

Kaum ein anderer Text hat diesen Nexus zwischen Freiheit und Befreiung deutlicher herausgearbeitet als Herbert Marcuses *An Essay on Liberation* aus dem Jahr 1969 – ins Deutsche übersetzt als *Versuch über die Befreiung*. In seinem Vorwort weist Marcuse darauf hin, dass die Kapitel des Essays vor den französischen Mai-Ereignissen des Jahres 68 verfasst worden waren. Aber Marcuse musste dazu nicht zum Propheten werden. In den USA, wo Marcuse lehrte, hatten die studentischen Unruhen, die Proteste gegen den Vietnamkrieg und das Civil Rights Movement schon lange vor 1968 eingesetzt. Befreiung ist deshalb nicht erst das Movens der Proteste des Mai 68. Die Revolutionäre des Trikont – der Vietkong, die chinesischen Kulturrevolutionäre und die lateinamerikanischen Guerillas dieser Zeit – folgten für Marcuse demselben Impuls der Befreiung, der in den westlichen Demokratien die Bürgerrechtsbewegung, Antikriegsdemonstranten und vor allem jene jugendlichen Rebellen antrieb, die später zur 68er-Generation erklärt werden sollten. Freilich gibt sich Marcuse betreffs Erfolgswahrscheinlichkeit keinen allzu großen Illusionen hin. In den etablierten Demokratien, so sah er, werden die Proteste nicht die Grenzen des Systems einreißen können. Aber indem sie gegen diese Grenzen anrennen, markieren sie sie und bringen sie zur Sichtbarkeit. Dabei deuten die Proteste, und sei es nur als Hinweis, über die Grenzen der sie eindämmenden Gesellschaft hinaus. Denn dort draußen gelte es „ein Reich der Freiheit zu errichten, das nicht das der Gegenwart ist: eine Befreiung von den Freiheiten der ausbeuterischen Ordnung – eine Befreiung, die dem Aufbau einer freien Gesellschaft vorangehen muß; die einen historischen Bruch mit der Vergangenheit und der Gegenwart erzwingt"[2].

The Corrupt Show
2009/2013, Verträge, Tisch, Stifte, Stempel, Lutscher, Hängefläche, Klebebuchstaben, Dimension variabel, Courtesy SUPERFLEX

The Corrupt Show
2009/13, contracts, table, pens, stamp, lollipop, hanging area, adhesive letters, dimension variable, courtesy SUPERFLEX

Mit dem Unterschreiben des *Corruption Contract*, also des Korruptionsvertrags, verpflichtet sich der Vertragspartner, sich innerhalb der Vertragslaufzeit eines Jahres aktiv an Korruption zu beteiligen oder andere zur Mitwirkung an korrupten Vorgängen zu verleiten. Um zu definieren, was unter Korruption zu verstehen ist, bezieht sich der Vertrag auf das Übereinkommen der Vereinten Nationen gegen Korruption. Der *Corruption Contract* versteht sich als direkter Angriff auf die Stabilität und die Sicherheit der Gesellschaft, indem er, wie Superflex anmerkt, „die Institutionen und Werte der Demokratie, ethische Werte und Justiz untergräbt und nachhaltige Entwicklung und Rechtsstaatlichkeit gefährdet“. Mit dem Vertrag soll ein Bewusstsein dafür hergestellt werden, dass die Stabilität der Gesellschaft aus dem verantwortungsvollen Handeln jedes und jeder Einzelnen resultiert.

By signing the *Corruption Contract* the contractual partner agrees for the period of one year to be actively involved in corruption or to induce others to engage in corrupt acts. In order to define what is meant here by corruption the contract refers to the United Nations Convention Against Corruption. The *Corruption Contract* sees itself as a direct attack on the stability and security of society by seeking, as Superflex notes, “to undermine the institutions and values of democracy, ethical values and justice, and jeopardize sustainable development and the rule of law.” The Contract is designed to raise awareness for the fact that the stability of society arises from the responsible behavior of each and every individual.

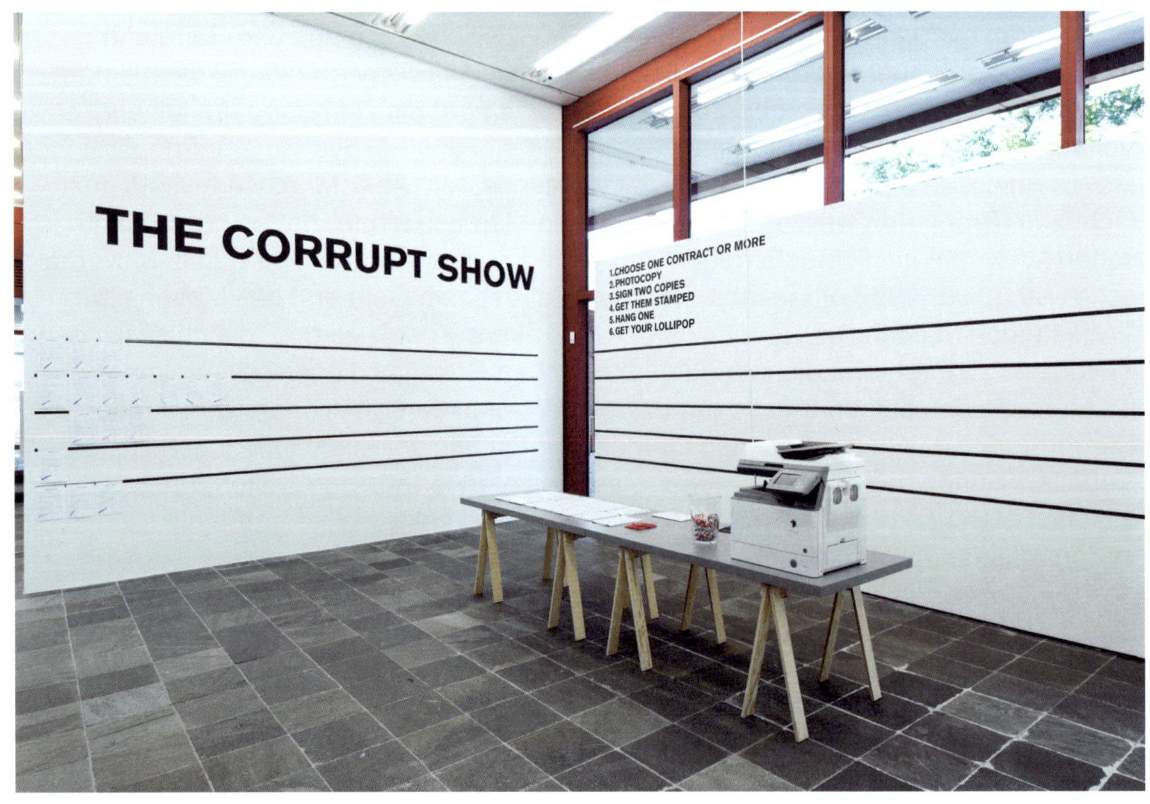

CORRUPTION CONTRACT

This corruption contract ("the Contract") is entered into between

SUPERFLEX, Blågårdsgade 11b, 2200 Copenhagen N ("SUPERFLEX")

And

____ ("the Client")

Purpose of the Contract

The aim and purpose of the Contract is to threaten the stability and security of society, undermine the institutions and values of democracy, ethical values and justice, and jeopardize sustainable development and the rule of law. This aim and purpose should be taken into account in all interpretations of the Contract.

Contract period

The Contract enters into effect on the date of signature by the parties and expires one year thereafter ("the Contract Period").

Obligations of the Client

The Client must itself actively be involved in, or solicit others to be involved in, Corruption Activities during the Contract Period.

In the Contract, "Corruption Activities" means one or more of the following activities:

Bribery, forgery, embezzlement of public funds, bid-rigging, fraudulent bids, misuse of funds, obstruction of justice, product substitution, acceptance of gratuities, fraud in an audit inquiry, fraud in contract performance, misuse of entrusted power for private gain, trading in influence.

All actions by the Client under the Contract will be the responsibility of the Client alone.

Breach of the Client's obligations

In the event of breach by the Client of any of its obligations under the Contract, the Client agrees to provide a public confession explaining why it was unable to perform its obligations under the Contract. SUPERFLEX shall, moreover, be entitled to demand that the Client ceases to engage in any activities that constitute a breach of the Contract by way of a permanent injunction.

Governing law and settlement of disputes

The Contract shall be governed by and construed in accordance with the laws of Denmark. Any and all disputes arising out of the Contract will be settled by the Danish courts to whose exclusive jurisdiction the parties irrevocably submit.

Copenhagen, 21.09.2009
For SUPERFLEX

Rasmus Nielsen

Jakob Fenger

Bjørnstjerne Christiansen

2009
For the Client

____

Lola Gonzàlez

Véridis Quo
2016, Video (HD, Farbe, Ton), 15′ 19″, Courtesy Lola Gonzàles und Galerie Marcelle Alix, Paris

Der Schauplatz von Lola Gonzàlez' Video *Véridis Quo* ist ein Landgut an der Küste. Eine Gruppe junger Leute ist dort einquartiert, sie scheinen sich darauf vorzubereiten, ihr Sehvermögen zu verlieren. Man sieht sie beim Durchführen verschiedener Übungen mit geschlossenen Augen: beim Fangenspielen, beim Sichfallenlassen und Aufgefangenwerden, beim Schießen mit Waffen. Nach einem opulenten Mahl wachen sie am nächsten Morgen blind auf. Sie werden zu einer Bucht geführt, wo sie mit ihren Waffen wartend verharren. Mit *Véridis Quo* scheint Gonzàlez einen kommenden Aufstand zu kommentieren: das Streben nach einer Veränderung verbunden mit Indoktrinierung und Radikalisierung.

Véridis Quo
2016, video (HD, color, sound), 15′ 19″, courtesy Lola Gonzàles and Galerie Marcelle Alix, Paris

Lola Gonzàlez's video *Véridis Quo* is set in a house on the coast. A group of young people is quartered there; they seem to be preparing themselves for the loss of their sight. We see them performing various exercises with closed eyes: playing catch, letting themselves fall and being caught, or shooting with weapons. After an opulent meal they wake up the next morning blind. They are led to a bay, where they wait with their weapons. With *Véridis Quo* Gonzàlez seems to comment on a coming insurrection: the striving for change combined with indoctrination and radicalization.

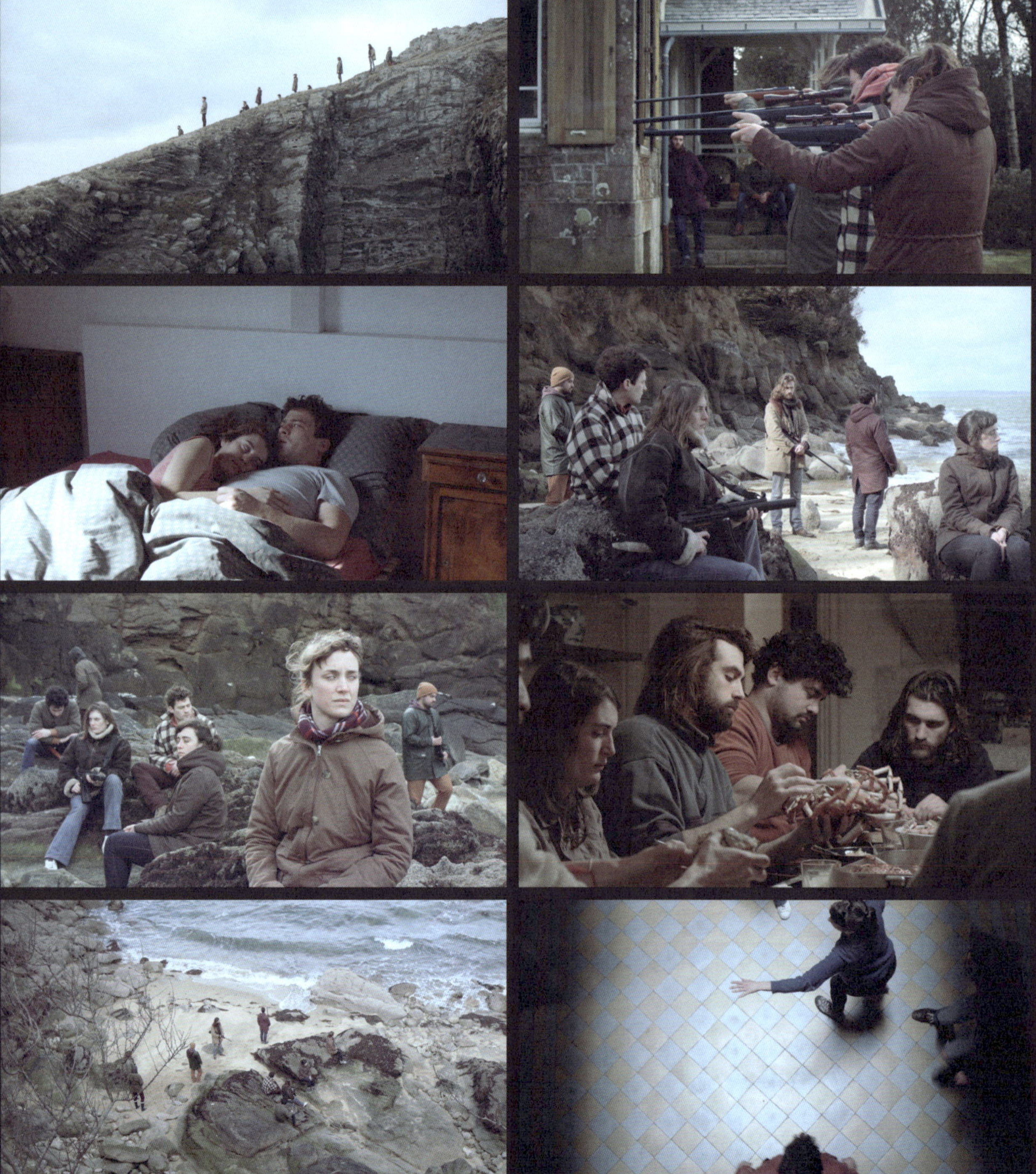

93 Hannes Zebedin

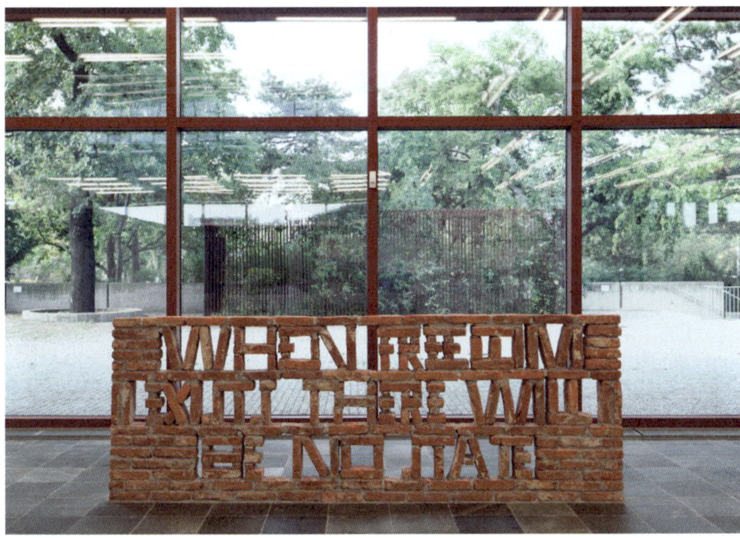

Ausschnitt Ziegelfenster #1 (When Freedom Exists, There Will Be No State) 2016/2018, Ziegel, Mörtel, ca. 130 × 350 × 15 cm, courtesy Hannes Zebedin und Galerie Martin Janda, Wien

Für seine Skulptur hat Hannes Zebedin eine um die Mitte des 19. Jahrhunderts im Alpen-Adria-Raum entstandene Volkskunstform aufgegriffen: das Ziegelgitterfenster. Solche Fenster werden vor allem in Heustadel und Kuhställe eingebaut, um sie einerseits zu beleuchten und andererseits zu belüften. Die Ziegel werden so platziert, dass sich dekorative Muster bilden, manchmal auch religiöse Symbole. Zebedin setzt stattdessen ein Zitat ein: „When freedom exists, there will be no state." Es stammt von Lenin, der damit einen Gedankengang Friedrich Engels' von 1875 zusammenfasst: Der Staat solle vom Proletariat als Machtinstrument genutzt und nur so lange aufrechterhalten werden, bis ein Zustand der Freiheit erreicht ist.

Section of a brick window #1 (When Freedom Exists, There Will Be No State) 2016/2018, bricks, mortar, approx. 130 × 350 × 15 cm, courtesy Hannes Zebedin and Galerie Martin Janda, Vienna

For his installation Hannes Zebedin took up a form of folk art dating back to the mid-19th century in the mountains of the Adriatic: brick latticework windows. Such windows were used in hay barns and cowsheds to provide both light and ventilation. Bricks were arranged to form decorative patterns and sometimes religious symbols. Instead, Zebedin goes for a famous quote: "When freedom exists, there will be no state." The words are Lenin's but they summarize an idea of Friedrich Engels from 1875, namely that the state should be used by the proletariat as an instrument of power and only maintained until such time as freedom has been achieved.

Interessanterweise spielen die französischen Mai-Ereignisse nun, trotz Marcuses Dementi, eine prominente Rolle in seinem Essay. Marcuse dürfte unter deren direktem Eindruck seine bereits existierenden Texte nochmals feinjustiert haben. Ja es scheint, als habe Marcuse – trotz seiner Behauptung, er hätte nur ein paar Fußnoten hinzugefügt – durch zumindest einen substanziellen Einschub seinen Essay nachträglich um die Pariser Mai-Ereignisse herum rezentriert. Das führt zur Frage: Wofür diente ihm gerade die Pariser Rebellion als Beleg? Was war dort, wenn nicht exklusiv, so doch vielleicht deutlicher zu erkennen als bei früheren Protesten anderswo? Jene Passage, in der Marcuse die Pariser Ereignisse beschreibt, legt eine Antwort nahe: In Paris zeigte sich mehr als anderswo die Koinzidenz von politischen und künstlerischen Praktiken der Befreiung, ausgedrückt in der Koinzidenz von sozialistischer Politik und surrealistischer Imagination – einer, im „Pulverdampf" der Ereignisse, ihrerseits surreal erscheinenden Koinzidenz: „Die Wandaufschriften der ‚jeunesse en colère' vereinigten Karl Marx und André Breton; die Parole *l'imagination au pouvoir* paßte gut zu *les comités (soviets) partout*; das Piano mit dem Jazz-Spieler stand trefflich zwischen den Barrikaden; schicklich zierte die rote Fahne die Statue des Autors von *Les Misérables*; und streikende Studenten forderten in Toulouse die Neubelebung der Sprache der Albigenser. Die neue Sensibilität ist zur politischen Kraft geworden."[3]

Die surrealistische These vom Dichter als dem totalen Nonkonformisten fand sich für Marcuse wieder im nicht weniger totalen Nonkonformismus der protestierenden Studenten.[4] Der zentrale Slogan des Pariser Mai 68 – „Die Fantasie an die Macht!" – war wörtlich von den Surrealisten ererbt.[5] Er verweist nicht nur auf eine ins Kraut schießende Kreativität, die aus den Protestformaten der 68er spricht; er verweist vor allem auf den weiten Raum der Möglichkeiten, der im schlechten Status quo auf das verengt wird, was immer schon gegeben ist. „Einzig die Imagination", so hieß es bereits 1924 in Bretons erstem surrealistischem Manifest, „zeigt mir, was *sein kann*, und das genügt, den furchtbaren Bann ein wenig zu lösen.“[6] Wir stehen hier vor der Surrealität der Freiheit. Freiheit ist nicht gebunden an den Zwang der Verhältnisse, denn dann wäre sie keine. Freiheit existiert nur, wo der Zwang gebrochen, die Realität – das schlechte Realitätsprinzip vorgeblich alternativloser Zwangsverhältnisse – zu einem Reich der Möglichkeiten hin überstiegen wird. So heißt es nur einen Satz zuvor bei Breton: „Einzig das Wort Freiheit vermag mich noch zu begeistern.“

Wer heute an Surrealismus denkt, dem stehen Bilder von zerfließenden Uhren und brennenden Giraffen vor dem inneren Auge. Tatsächlich waren die Surrealisten nicht davor gefeit, auch die Basis für den Konsumkitsch späterer Museumsshops zu legen, doch man sollte nicht vergessen, dass es sich um eine Kunstbewegung handelte, die sich zum Ziel gesetzt hatte, subjektive mit sozialer Befreiung zu vereinen. Freiheit ist die zentrale surrealistische Parole – ein Begriff, der in künstlerischer wie in politischer Richtung hin ausdeutbar war. Nur dieses doppelte Befreiungsangebot erklärt die globale Attraktivität des Surrealismus, handelt es sich doch historisch um nichts Geringeres als die größte globale Kunstbewegung, die sich als revolutionär im künstlerischen *wie* im politischen Sinne verstand. In ihr traf kultureller Nonkonformismus auf Antifaschismus, Sozialismus und Antikolonialismus. Und diese Bewegung war keineswegs auf das „Hexagon“ des französischen Festlands beschränkt. Aimé Césaire z. B. war zugleich Begründer des karibischen Surrealismus und der Négritude-Bewegung *wie auch* politischer Kämpfer für die Dekolonisierung Martiniques. Erst in den letzten Jahren – im Zuge der allgemeinen Kanonverschiebung hin zu nichtwestlicher Kunstproduktion – sind die außereuropäischen Knotenpunkte eines surrealistischen Netzwerks in den Blick geraten, das sich von Tokio über Beirut und die Karibik bis nach Lima spannte. So wurde, ausgehend von einer Konferenz am Getty Research Institute und den dort beherbergten Sammlungen lateinamerikanischer Kunst, der Einfluss argentinischer, chilenischer, mexikanischer und peruanischer Surrealisten auf die spätere lateinamerikanische Kunstproduktion einer Neubewertung unterzogen.[7] Und die beiden Kuratoren Sam Bardaouil und Till Fellrath konnten in sechsjähriger detektivischer Arbeit die Geschichte der ägyptischen Surrealistengruppe *Art et Liberté* rekonstruieren und 130 Werke in einer Ausstellung versammeln, die jüngst in Paris, Madrid, Düsseldorf, Liverpool und Stockholm zu sehen war.[8]

Art et Liberté – als Titel könnte dieser Name über allen surrealistischen Bestrebungen stehen: im globalen Süden wie am westlichen Ausgangspunkt des Surrealismus. Der Pariser Mai 68 war in diesem Sinne, im Versuch der Verbindung subjektiver mit objektiver Befreiung, eine surrealistische Revolution. Oder besser: Er war *die* surrealistische Revolution, nur dass sie ironischerweise mit einem gewissen *time lag*, einer gehörigen historischen Verspätung, eingetreten war. In den 1930er-Jahren hatten die Surrealisten auf genau diese Art von Revolution hingearbeitet. Sie hatten sich der Kommunistischen Partei Frankreichs angeschlossen und sich in den Dienst der proletarischen Revolution gestellt. Um dies zu dokumentieren, benannten sie ihre Zeitschrift *La Révolution surréaliste* um in *Le Surréalisme au service de la révolution.* Ihre Ausrichtung auf ein der Kunst gegenüber heteronomes politisches Ziel, gleichsam die politische Selbstheteronomisierung der Surrealisten, bedeutet nun aber keineswegs, dass sie (bis auf Ausnahmen wie Aragon) zum sozialistischen Realismus konvertiert wären. „Welche Entwicklung der Surrealismus auf politischem Gebiet immer durchgemacht haben mag“, schreibt Breton 1930, „so dringlich wir erfahren haben mögen, daß wir zur Befreiung des Menschen, *der ersten Voraussetzung zur Befreiung des Geistes*, nur auf die proletarische Revolution zählen können: ich kann doch sagen, daß wir keinen zwingenden Grund gefunden haben, die uns eigenen Ausdrucksmittel, welche wir auf ihren Nutzen hin zu prüfen vermochten, zu revidieren.“[9] Noch im Exil wird Breton gemeinsam mit Trotzki ein Manifest für eine unabhängige revolutionäre Kunst verfassen (signiert an Trotzkis Stelle von Diego Rivera), in dem der Kunst im Zuge der proletarischen Revolution ihre Freiheit garantiert, ihr also Autonomie *in der Heteronomie* gewährt wird: Die Kunst

2008, kurz bevor es zu gewaltsamen Ausschreitungen von Jugendlichen kommt und bald darauf die Finanzkrise über Griechenland hereinbricht, dokumentiert Eva Stefani den Alltag von griechischen Pensionistinnen und Pensionisten während eines Kuraufenthalts. Man beobachtet die Ruheständler bei einer Auszeit von ihrem Alltag und ihrer sonstigen gesellschaftlichen Rolle. Unbeschwert spielen sie Karten, singen im Idylle der Alten immer wieder durch die Zusammenkünfte zu einem „kleinen Parlament“, dem Versuch einer Mikroutopie in Anlehnung an die demokratische Praxis im klassischen Athen, in dessen Rahmen aktuelle politische Ereignisse diskutiert werden und sich die Spannungen erahnen lassen, die die Freiheiten der Protagonistinnen und Protagonisten bald darauf einschränken werden.

In 2008, shortly before young Greeks started riots in the streets, and just prior to Greece being caught in the throes of a financial crisis, Eva Stefani documented the everyday life of Greek pensioners during their stay at a spa. We are able to observe them taking a break from their customary lives and social roles. Here, they can relax and play cards, sing in the mud bath and behave like teenagers, when they are not ruminating about the past or death. The old democratic practice of classical Athens. During these sessions they discuss current political events, and we sense the tensions that will all too soon restrict the protagonists' liberties.

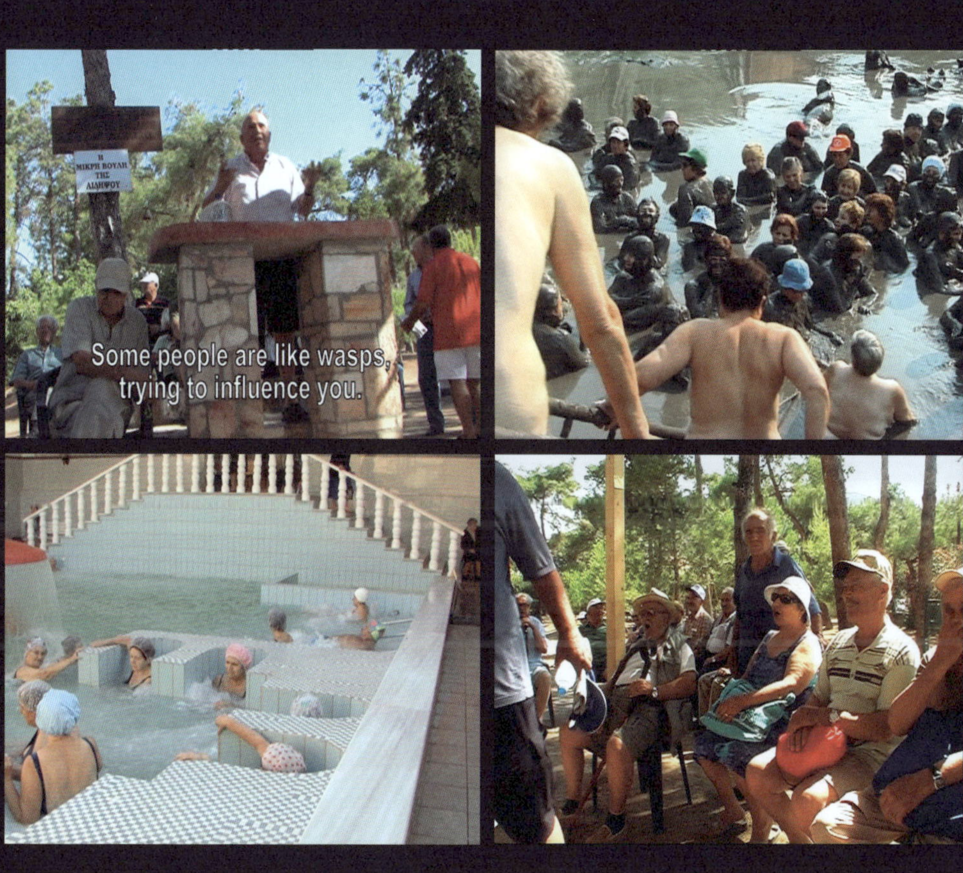

tritt, gerade als unabhängige, in den Dienst der Revolution; umgekehrt dient auch die Revolution nicht zuletzt der endgültigen Befreiung der Kunst.

Nur kam es, wie man weiß, zu keiner proletarischen Revolution – weder in einer „realistischen“ noch in einer „surrealen“ Spielart. Breton kehrte 1946 nach Frankreich zurück und baute um sich herum einen neuen Kreis von jungen Surrealisten auf, von denen niemand auch nur annähernd zu Prominenz gelangen sollte. Im Vergleich zur heroischen Phase des Surrealismus erwecken diese Nachkriegsjahre den Eindruck einer schwachen Reprise. Der Surrealismus hatte sich, so scheint es rückblickend, historisch überlebt. Und dennoch setzte in den surrealistischen Zeitschriften eine neue, zeitgemäße Form der Politisierung ein. Man wendete sich den Befreiungsbewegungen des Trikont zu; die kubanische Revolution wurde zu einem wichtigen Identifikationspunkt für die Pariser Surrealisten; und die Black-Power-Bewegung fand Eingang in die surrealistischen Zeitschriften. Doch 1966 starb Breton. Der Kreis seiner Jünger war verwaist. Dem Lieblingsschüler Jean Schuster, von Breton zum Nachlassverwalter erklärt, fehlten das Charisma und wohl auch die künstlerische Legitimation,

Jordi Colomer

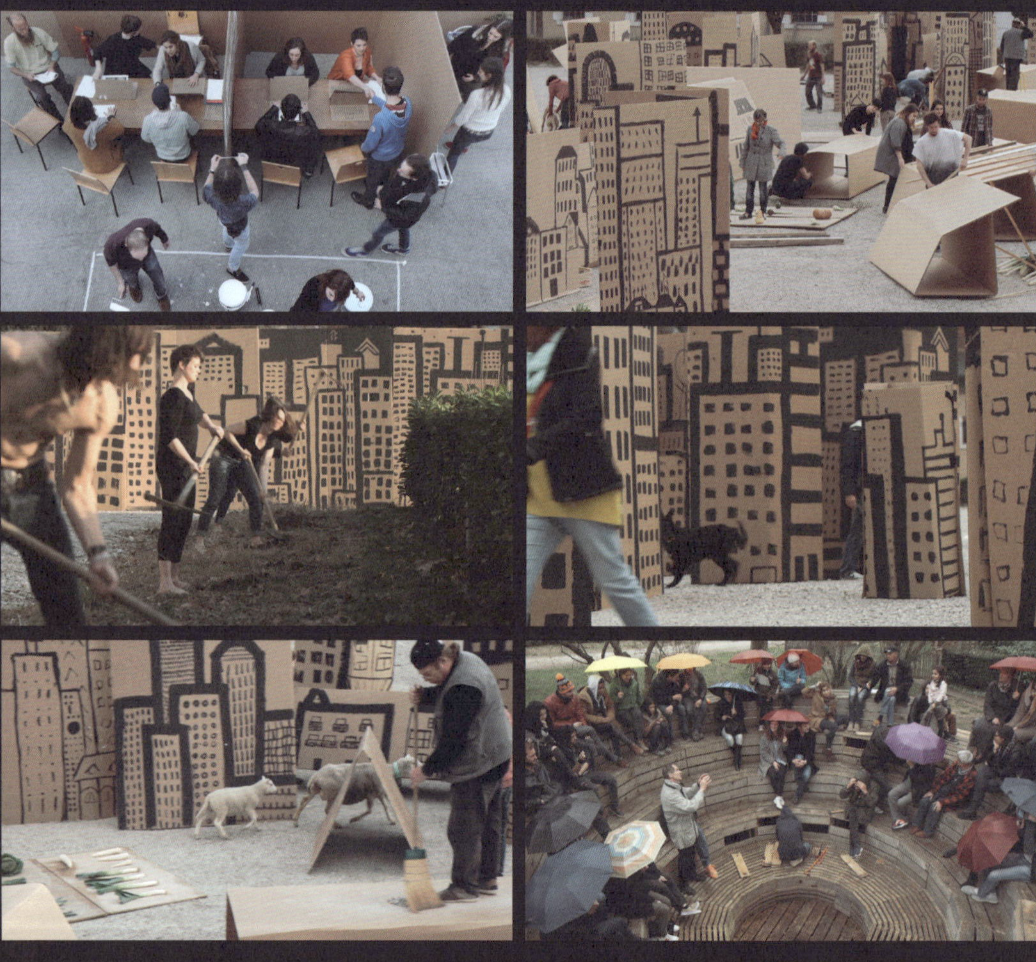

X-VILLE
2015, Video (4K, Farbe, Ton) 22′ 56″, Courtesy Jordi Colomer und Galerie Michel Rein, Paris und Brüssel

X-Ville ist im Zuge eines zweiwöchigen Workshops von Jordi Colomer mit Studierenden und Einwohnern von Annecy entstanden. Die Idee war, die Zeichnungen und Texte des Architekten Yona Friedman zu diskutieren, zu interpretieren und in einer offenen Situation zum Leben zu erwecken. Im Video liest ein Voice-over eine Interpretation von Friedmans *Machbare Utopien* (1974) und *Où commence la ville?* (1978) vor, während Menschen seine Utopie des Lebens in einer sich selbst organisierenden Mikrogemeinschaft darstellen – parallel zur Situation des Filmdrehs, in der sich die filmische Utopie in der Autonomie der Gruppe realisierte.

X-VILLE
2015, video (4K, color, sound), 22′ 56″, courtesy Jordi Colomer and Galerie Michel Rein, Paris and Brussels

X-Ville came about as a two-week workshop, run by Jordi Colomer with students and inhabitants of Annecy. The idea was to discuss and interpret the drawings and texts by architect Yona Friedman and bring them to life in an open situation. In the video a voice-over reads an interpretation of Friedman's *Feasible Utopias* (1974) and *Où commence la ville*? (1978), while people present his utopia of life in a self-organizing micro community – parallel to the situation of the film being made, in which the cinematic utopia was realized in the autonomy of the group.

um die Gruppe zusammenzuhalten. Der Kreis der Surrealisten drohte zu zerfallen; der französische Surrealismus schien an sein endgültiges Ende gekommen. Doch dann geschah etwas Überraschendes. Zwei Jahre nach Bretons Tod brach mit vier Jahrzehnten Verspätung aus, worauf dieser sein ganzes Leben lang hingearbeitet hatte – die surrealistische Revolution: der Mai 68. Im zweiten surrealistischen Manifest von 1930 hatte Breton postuliert, der Surrealismus befinde sich noch in der Phase der Vorbereitungen, die notwendig künstlerischer Natur bleiben müssten, und egomanisch vorhergesagt, diese Phase würde möglicherweise so lange andauern wie er, Breton, selbst.[10] Nun war er tot – und mit ihm der Surrealismus. Doch erst jetzt, nachdem sich der Surrealismus als künstlerische Bewegung überlebt hatte, konnte er sich als politische verwirklichen.[11]

Marcuse, der mit dieser späten Surrealismushistorie wohl kaum vertraut war (obwohl er mit dem Chicagoer Surrealisten Franklin Rosemont in Briefkorrespondenz stand), hatte dennoch deutlich erkannt: In den Mai-Protesten kam es zum „Einbruch des Ästhetischen ins Politische"[12]. Nicht aufgrund einer im engen Sinne künstlerischen Dimension der Proteste, sondern aufgrund einer Revolutionierung der Wahrnehmungsart: „Die heutigen Rebellen wollen neue Dinge in einer neuen Weise sehen, hören und fühlen; sie verbinden Befreiung mit dem Auflösen der gewöhnlichen und geregelten Art des Wahrnehmens."[13] Solch private oder subjektive Befreiung – etwa durch Drogenexperimente, denen Marcuse allerdings kein per se revolutionäres Wesen zugesteht – *antizipiere* gesellschaftliche Befreiung, denn die Revolution müsse „gleichzeitig eine Revolution der Wahrnehmung sein, welche den materiellen und geistigen Umbau der Gesellschaft begleitet und die neue Umwelt hervorbringt"[14]. Die Mai-Rebellion zeugt in diesem Sinne von einer neuen Sensibilität. Deren politische Ausdeutung durch Marcuse ist eng mit seiner quasiutopischen Theorie von Ästhetik verbunden: In einer befreiten Gesellschaft wären Vernunft und Einbildungskraft, Wissenschaft und Poesie versöhnt. Der notwendige Produktionsprozess, die Produktionsziele und die dafür aufzuwendende Arbeitszeit könnten rational geplant werden, während der befreiten Technik die wirklichkeitsformende Aufgabe der Kunst übertragen würde. Das Ästhetische wird damit zur gesellschaftlichen Produktivkraft und zur „mögliche[n] Form einer freien Gesellschaft"[15]. Sie ist das „Eichmaß"[16], das für eine freie, d. h. nicht länger marktvermittelte Gesellschaft, eine Gesellschaft ohne Ausbeutung und Wettbewerbsdruck anzusetzen wäre.

Bislang hatte diese neue Sensibilität nur im Medium künstlerischer Fantasie Ausdruck gefunden, wie etwa bei den Surrealisten. Aber die Revolte des Mai 68 zeigte auch, dass sie durchaus ins Medium der Politik wandern kann, müssen doch ästhetische Bedürfnisse, wo sie nicht schon der Konsumgesellschaft einverleibt sind, gegen all jene Institutionen durchgesetzt werden, die diese Bedürfnisse ignorieren.[17] Ästhetische Bedürfnisse erheben somit einen durchaus politischen Durchsetzungsanspruch, analog zum Durchsetzungsanspruch von Freiheit in Gestalt von Befreiung. Es handelt sich damit auch keineswegs um individuelle Bedürfnisse, sondern vielmehr um soziale. Sie finden Ausdruck in politischen Gruppenaktionen – „[v]om harmlosen Anstoß zur besseren Planung von Wohnbezirken und dem Wunsch nach Schutz vor Lärm und Unrat bis zu dem Drängen auf Absperrung ganzer Stadtteile für Automobile, auf Entkommerzialisierung der Natur, auf vollständigen städtischen Umbau und auf Geburtenkontrolle"[18]. Von 1968 geht aus, was später unter dem Titel Neue Soziale Bewegungen firmieren wird. Diesen geht es nicht so sehr um die Gestaltung der ökonomischen Beziehungen, es geht ihnen um die Umgestaltung der Lebenswelt. Erst diese „radikale Umgestaltung der Welt könnte zu einer Wirklichkeit führen, die vom ästhetischen Sensorium des Menschen geformt ist"[19].

Marcuses Ideen mögen romantisch erscheinen. Es ist aber unbestreitbar, dass die surrealistische Revolution – ob zum Besseren oder zum Schlechten – weitgehend gesiegt hat. Die Lebensstilpolitik der 68er, die Luc Boltanski und Ève Chiapello kritisch, wenn nicht denunziatorisch als „Künstlerkritik" bezeichnet haben, ist zu einem bestimmenden Merkmal sozialer Bewegungen und Proteste der letzten Jahrzehnte geworden.[20] Zugleich lässt sich kaum bestreiten, dass das neoliberale Kreativsubjekt, das aus der surrealistischen Revolution hervorging, nur in mancher Hinsicht einen Befreiungsgewinn darstellt – befreit vom Nine-to-five-Job im immer selben Büro vor der immer selben Zimmerpflanze, aber verdammt dazu, als Unternehmer seiner selbst im freien Wettbewerb zu überleben. So ist auch nicht erstaunlich, dass im Zuge der ökonomischen Vielfachkrise der Jahre seit 2008 Rufe nach einer Rückkehr zur Sozialkritik früherer Zeiten laut geworden sind. Durchaus zu Recht stehen Fragen materieller Verteilung wieder ganz oben auf der Agenda. Dass dadurch aber politische Fragen nach selbstbestimmter Identität und nach einer erträglichen Gestaltung der Welt, die nicht nur auf ökonomische Verteilungsfragen reduziert werden können, hinfällig geworden wären, ist ein Trugschluss. Wenn heute noch etwas von Marcuse zu lernen ist, dann dass es keinen Widerspruch zwischen Künstler- und Sozialkritik geben muss. Befreiung heißt Befreiung von ökonomischer *wie* identitärer Knechtschaft. Denn die „ästhetische" Umgestaltung der Welt „ist nur als die Weise denkbar, in der freie Menschen (oder vielmehr Menschen, die praktisch dabei sind, sich selbst zu befreien) ihr Leben solidarisch gestalten und eine Welt aufbauen, in welcher der Kampf ums Dasein seine häßlichen und aggressiven Züge verliert. Die Form der Freiheit ist nicht bloß Selbstbestimmung und Selbstverwirklichung, sondern mehr noch die Bestimmung und Verwirklichung von Zielen, die das Leben auf der Erde erhöhen, schützen und befrieden. Und diese Autonomie würde sich nicht nur in der Produktionsweise und den Produktionsverhältnissen ausdrücken, sondern auch in den individuellen Beziehungen zwischen Menschen, in ihrer Sprache und in ihrem Schweigen, in ihren Gebärden und Blicken, in ihrer Sensitivität, in ihrer Liebe und ihrem Haß. Das Schöne wäre eine wesentliche Qualität ihrer Freiheit."[21]

1 André Breton, *Die Manifeste des Surrealismus*, Reinbek bei Hamburg 2004, S. 118.
2 Herbert Marcuse, *Versuch über die Befreiung*, Frankfurt a. M. 1972, S.10f.
3 Marcuse 1972 (wie Anm. 2), S. 41.
4 Der Surrealismus manifestiert Breton zufolge den „absoluten *Non-Konformismus*"; Breton 2004 (wie Anm. 1), S. 42.
5 In einem nachgelassenen Text macht Marcuse seine Interpretation des politischen Gehalts der Mai-Forderung „Die Fantasie an die Macht!" explizit: „Er zeugt vom kämpferischen Bewußtsein der unterdrückten Möglichkeiten ebenso wie von dem Ausmaß, in dem diese Möglichkeiten nicht nur die traditionellen Theorien und Strategien, sondern auch die tradierten Ziele der Veränderung veraltet erscheinen lassen." Zit. nach Herbert Marcuse, *Nachgelassene Schriften*, Bd. 1, *Das Schicksal der bürgerlichen Demokratie*, hg. von Peter-Erwin Jansen, Lüneburg 1999, S. 77.
6 Breton 2004 (wie Anm. 1), S. 12.
7 Dawn Ades / Rita Eder / Graciela Speranza (Hg.), *Surrealism in Latin America: Vivísimo Muerto*, Los Angeles 2012.
8 Vgl. den Ausstellungskatalog Sam Bardaouil / Till Fellrath (Hg.), *Art et Liberté. Umbruch, Krieg und Surrealismus in Ägypten (1938–1941)*, Paris 2016, sowie die Monografie von Sam Bardaouil, *Surrealism in Egypt: Modernism and the Art and Liberty Group*, London/New York 2017. Vgl. weiters Franklin Rosemont / Robin D. G. Kelley (Hg.), *Black, Brown, & Beige. Surrealist Writings from Africa and the Diaspora*, Austin 2011, worin neben Surrealisten aus Ägypten auch Surrealisten aus Marokko, Tunesien, Algerien, dem Senegal und dem Kongo, Mozambique, Angola, Madagaskar und Südafrika dokumentiert werden.
9 Breton 2004 (wie Anm. 1), S. 75.
10 Breton 2004 (wie Anm. 1), S. 91.
11 Heute werden mit dem Mai 68 vor allem die Situationisten assoziiert (die aber letztlich – als Abspaltung von den Lettristen, die ihrerseits vom Surrealismus kamen – auch nur eine Verzweigung in der Krone des surrealistischen Stammbaums sind), während die aktivistische Beteiligung der Surrealisten des späten Breton-Kreises an den Besetzungen und Protesten des Mai 68 völlig ignoriert wird. Dabei hatten die Surrealisten schon am 5. Mai in einem Pamphlet ihre vorbehaltlose Unterstützung des Aufstands der Studierenden manifestiert.
12 Marcuse 1972 (wie Anm. 2), S. 60.
13 Marcuse 1972 (wie Anm. 2), S. 61.
14 Marcuse 1972 (wie Anm. 2), S. 61.
15 Marcuse 1972 (wie Anm. 2), S. 46.
16 Marcuse 1972 (wie Anm. 2), S. 48.
17 Und zwar, so die dialektische Pointe, ignorieren, *indem* sie deren Verfallsform – als Konsumbedürfnisse – gerade befriedigen.
18 Marcuse 1972 (wie Anm. 2), S. 49.
19 Marcuse 1972 (wie Anm. 2), S. 58.
20 Luc Boltanski / Ève Chiapello, *Der neue Geist des Kapitalismus*, Konstanz 2003.
21 Marcuse 1972 (wie Anm. 2), S. 72f.

99

THE SURREALITY OF FREEDOM AN ESSAY ON *AN ESSAY ON LIBERATION*

OLIVER MARCHART

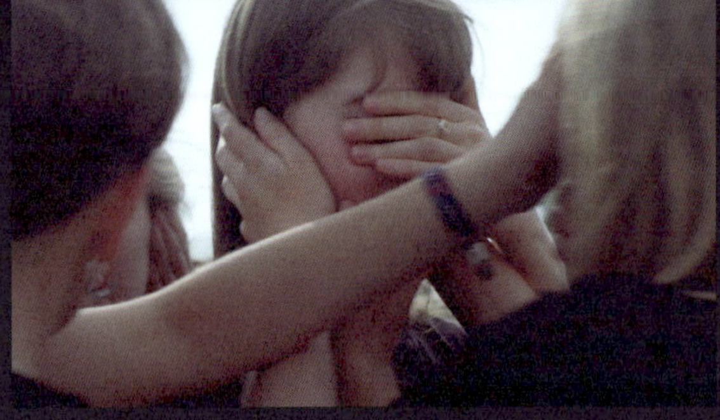

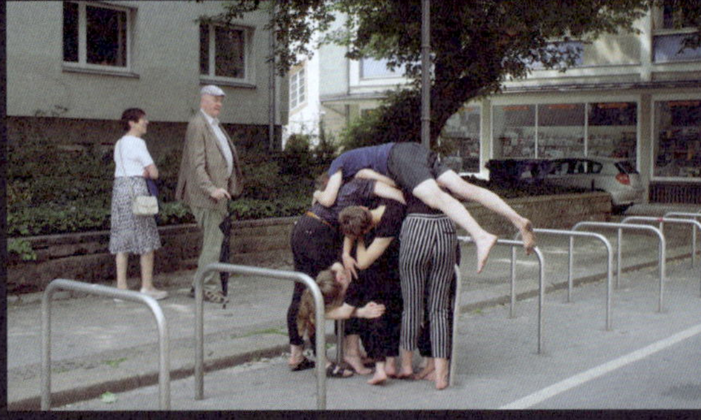

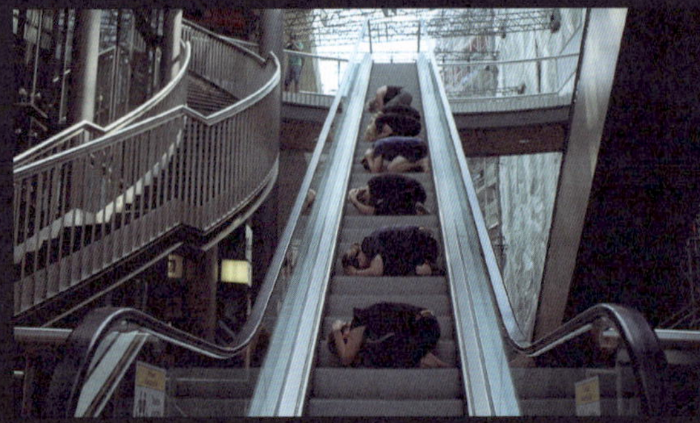

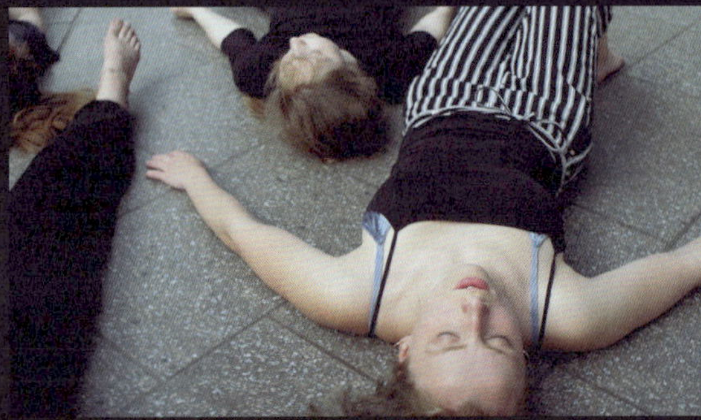

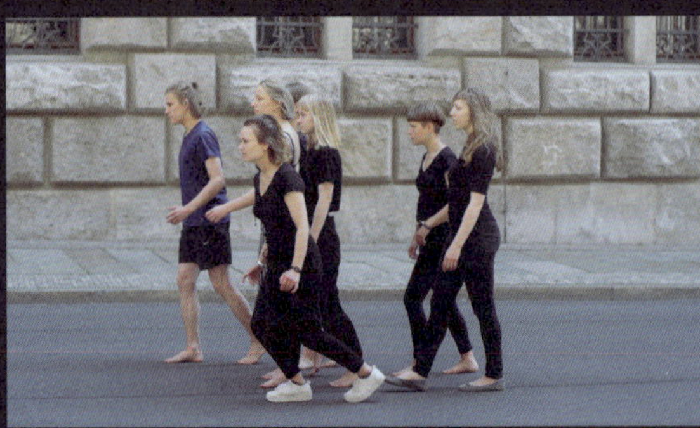

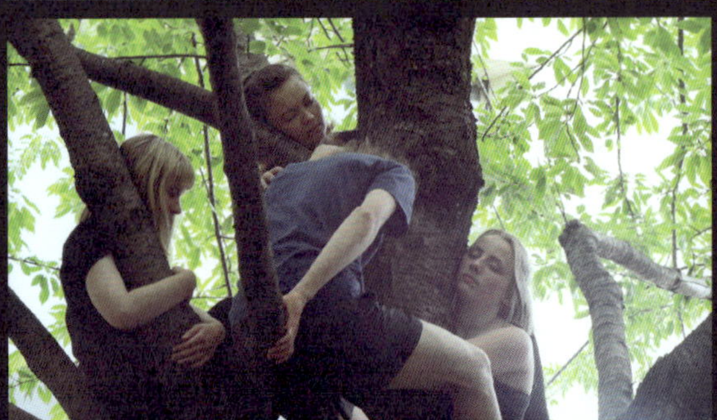

in Zusammenarbeit mit Maria Bujanov, Philipp Borchert, Anja Engelhardt, Belve Langniss, Blandia Langniss, Chiara Rauhut, Lena Schubel

Das radikale Empathiachat
2018, Video (HD, Farbe, Ton) 20′ 10″, Courtesy Anna Witt and Galerie Tanja Wagner, Berlin

Worin liegen die Probleme der Gesellschaft, und wie sollte man diese verändern, um sie zu lösen? Das fragt sich eine Gruppe von jungen Leuten, die dem Aufruf der Galerie für zeitgenössische Kunst in Leipzig gefolgt sind, sich zusammenzutun, um eine Jugendbewegung zu formen. Da eine Jugendbewegung für etwas stehen muss, wird eine programmatische Ausrichtung verhandelt. Gesellschaftliche Utopien und die eigene Auffassung der vorherrschenden Umstände, Normen und Werte werden diskutiert, dekonstruiert und hinterfragt, um gemeinsam ein Manifest zu formulieren, das nicht verschriftlicht wird, sondern als performative Übersetzung im öffentlichen Raum zum Ausdruck kommt.

in collaboration with Maria Bujanov, Philipp Borchert, Anja Engelhardt, Belve Langniss, Blandia Langniss, Chiara Rauhut, Lena Schubel

The Radical Empathyarchy
2018, video (HD, color, sound), 20′ 10″, courtesy Anna Witt and Galerie Tanja Wagner, Berlin

Where do society's problems lie, and what should we do in order to solve them? This is the question asked by a group of young people who responded to a call by Galerie für zeitgenössische Kunst in Leipzig to get together in order to form a youth movement. As a youth movement has to stand for something, they talked about what their ideological orientation should be. They discussed, deconstructed, and questioned social utopias and their own grasp of prevailing circumstances, norms and values, in order to formulate a joint manifesto that is not written down, but is expressed in public space in a performative translation.

In a short while acrobats are going to come, in tights spangled with an unknown color, the only color to date which absorbs both sunlight and moonlight at the same time. This color will be called freedom and the sky will break out in all its blue and black oriflammes, for a completely favorable wind will have arisen for the first time and those who are there will realise that they have just set sail and that all preceding so-called voyages were only a trap.

André Breton, "A Short Prophetic Interlude" in *Prolegomena to a Third Surrealist Manifesto Or Not* (1942)[1]

Liberté, égalité, fraternité—the famous tripartite slogan of the French revolution determines the normative horizons of democracy to this day. As ever, at least in the West, emancipatory struggles measure themselves by this benchmark. But what exactly is to be understood by these three core democratic principles remains historically disputed. Let us confine the debate here to the first of these three democratic principles. Although the concept of liberty itself is, of course, far older, it was not until the period between about 1750 and 1850, described by the German historian and theoretician Reinhart Koselleck as a transitional period—for which he coined the term *Sattelzeit* (lit.: "saddle time")—during which the various corporative freedoms formerly associated with certain group privileges in an estates-based society, and individually denominated as such, became *freedom* in the singular. From here on in, freedom became something that could be conceived as a universal principle; a principle that could apply in equal measure to all individuals. Interestingly, it is precisely at the midpoint of this transitional period (*Sattelzeit*), during which the transformation from freedoms (plural) to freedom (singular) took place, that the French Revolution—the *democratic* revolution—occurred. With that, freedom as a political principle became deeply anchored in what Claude Lefort termed the *dispositif symbolique* of democracy. It became an ineluctable principle of democracy. In other words, democracy would be inconceivable under conditions of a general lack of freedom. For democracy is the regime of freedom (as it is of equality and solidarity).

However, if freedom were not a political concept, we could not always ask: *whose* freedom? It would, of course, be naive to think that democratic freedom had already long since been achieved for all. Historically, liberty has had to be wrought through revolution in order to unfold as the horizon of democratic praxis. Which is why freedom is described, in the first instance, as liberation. For as long as the democratic horizon is one which, like any horizon, recedes into the distance the closer we seek to approach it, as long as we are still far from entering the realm of liberty, and as long as the repressive institutions of social order continue to ensure our lack of freedom—in other words, as long as the democratic revolution remains open-ended (in that by no means all have the benefit of freedom in all its forms)—then democracy still remains a process of liberation. As a regime of as yet unattained liberty, democracy is at the same time a regime of liberation. Or, to put it more precisely: the democratic praxis, which would be radical if its root (*radix*) were liberty, is the praxis of liberation.

Few texts have outlined this nexus between liberty and liberation more lucidly than Herbert Marcuse's 1969 *An Essay on Liberation*. In his preface, Marcuse points out that the essay was written before the events of May and June 1968 in France. But Marcuse did not have to be a prophet to see this coming. In the USA, where he was teaching, student unrest, anti-Vietnam protests, and the Civil Rights movement had kicked off long before 1968.

Liberation was therefore not the prime motivating factor behind the May 1968 protests. Those who backed the Viet Cong, the Chinese counter-revolutionaries, and the Latin American guerillas at that time were, according to Marcuse, following the same impulse of liberation that pervaded the civil rights movements in western democracies, motivated the anti-war demonstrators and inspired the young rebels of 1968.

Admittedly, Marcuse was under no illusions regarding their chances of success. He recognized that the protests could not break down the limits of the system in the established democracies. However, railing against them could outline those limits and make them visible. The protests thus pointed, no matter how faintly, towards something beyond society's powers of containment—towards a space for "building a realm

102 Johannes Gierlinger

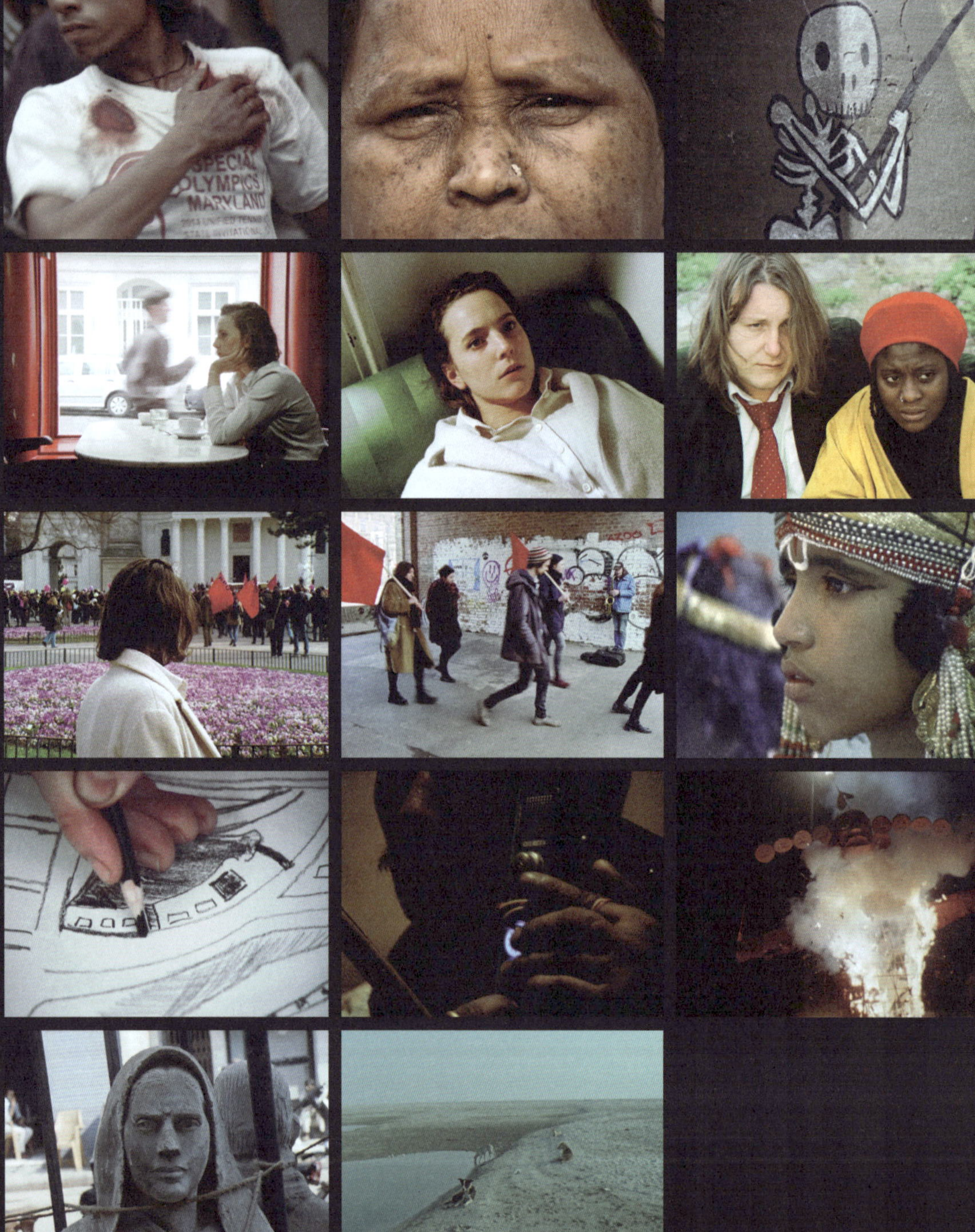

Die Ordnung der Träume
2017, Film (16mm digitalisiert, Farbe, Ton), 30′ 9″, Courtesy Johannes Gierlinger

In *Die Ordnung der Träume* wird man mit einer assoziativen Bilderflut konfrontiert, die sich entlang der Gespräche von zwei Frau-Mann-Konstellationen durch zwei Städte hindurch entwickelt. Nichts scheint greifbar in dieser Spiegelung unserer Realität, die sich ständig neu zusammensetzt. Diese Welt schafft ununterbrochen neue Bilder, imaginäre Bilder, in deren Verhandlung sich die Protagonisten des Films stellvertretend verstricken, während sie festhalten, dass es „die Last dieser Bilder“ sei, „die die Menschen vom Träumen abhält“. In einem Verständnis des Imaginären als Raum des Widerstands und der Freiheit richtet der Film eine Frage an die Betrachterinnen und Betrachter: Sollen die Träumenden aufgeweckt werden oder soll man sie schlafen lassen?

The Order of Visions
2017, film (16mm digitized, color, sound), 30′ 9″, courtesy Johannes Gierlinger

In *The Order of Visions* we are confronted with a flood of associative images which evolve from the conversations of two man-woman constellations across two cities. Nothing appears palpable in this reflection of our reality, which is constantly rearranged. This world continually creates new images, imaginary images; the protagonists as representatives of us get all tangled up in debating their meanings, while stating that it is “the burden of these images” that “keeps people from dreaming.” In a concept of the imaginary as a space of resistance the film addresses viewers with the question: Should daydreamers be woken up, or should they be left to sleep?

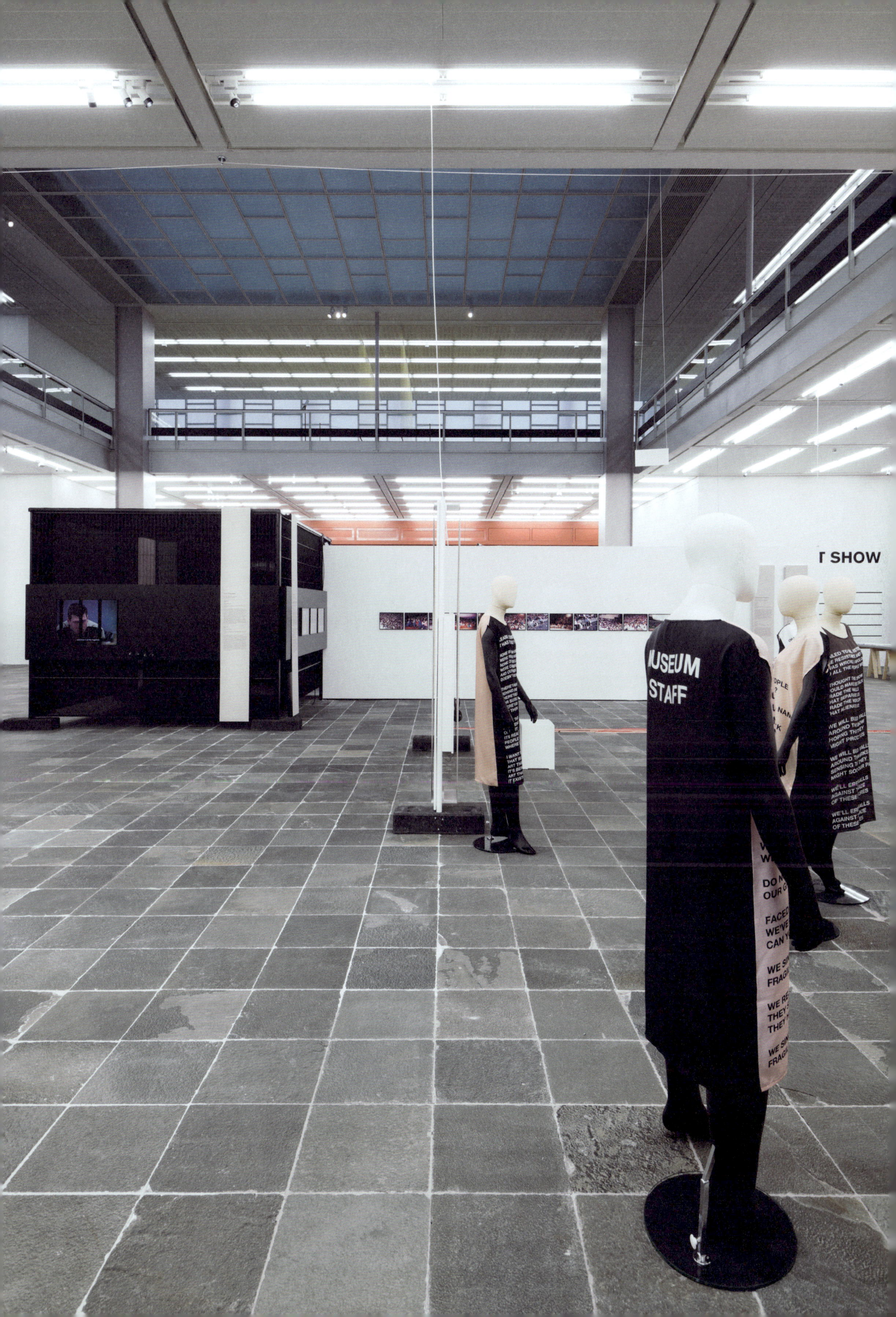
T SHOW
USEUM
STAFF

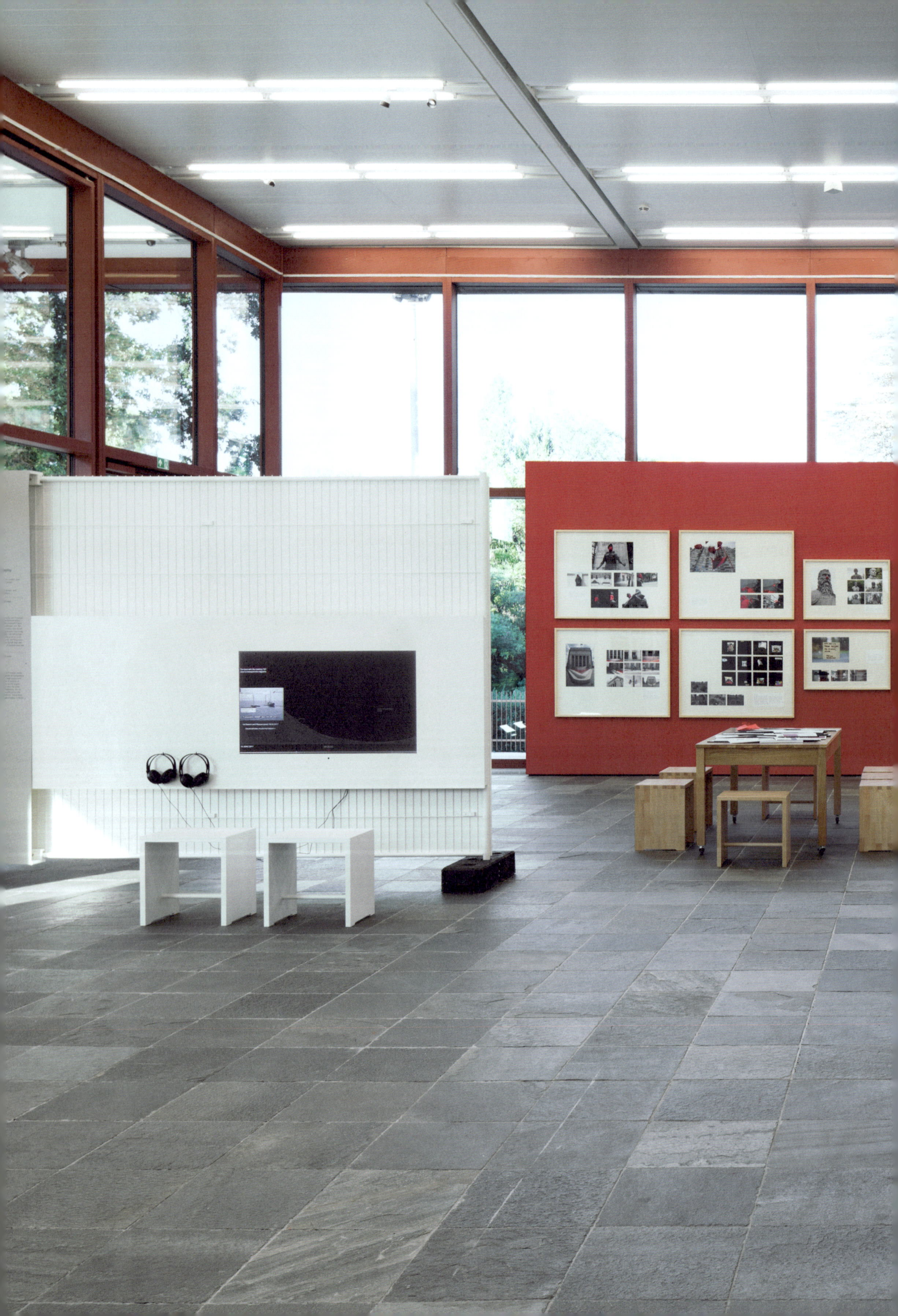

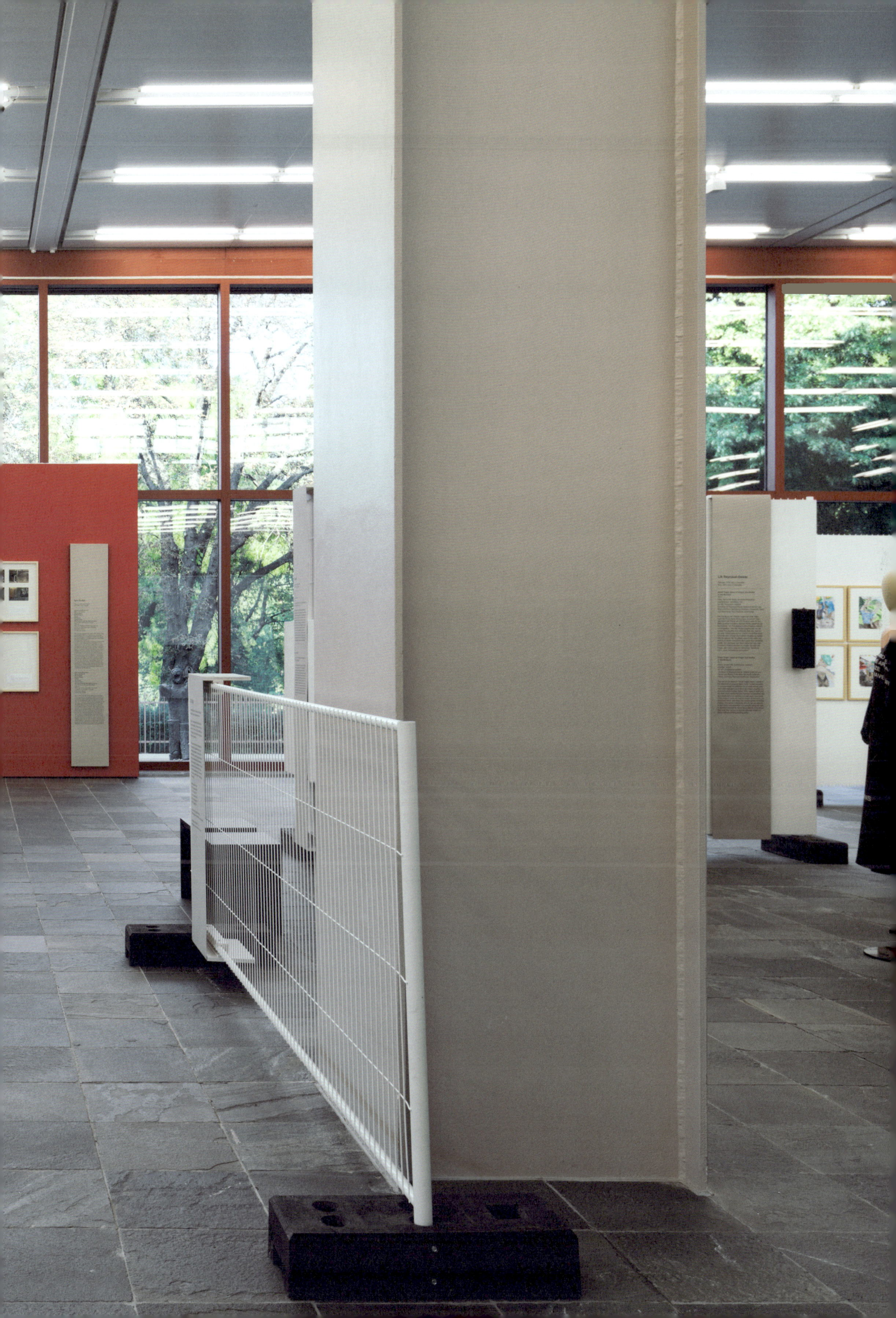

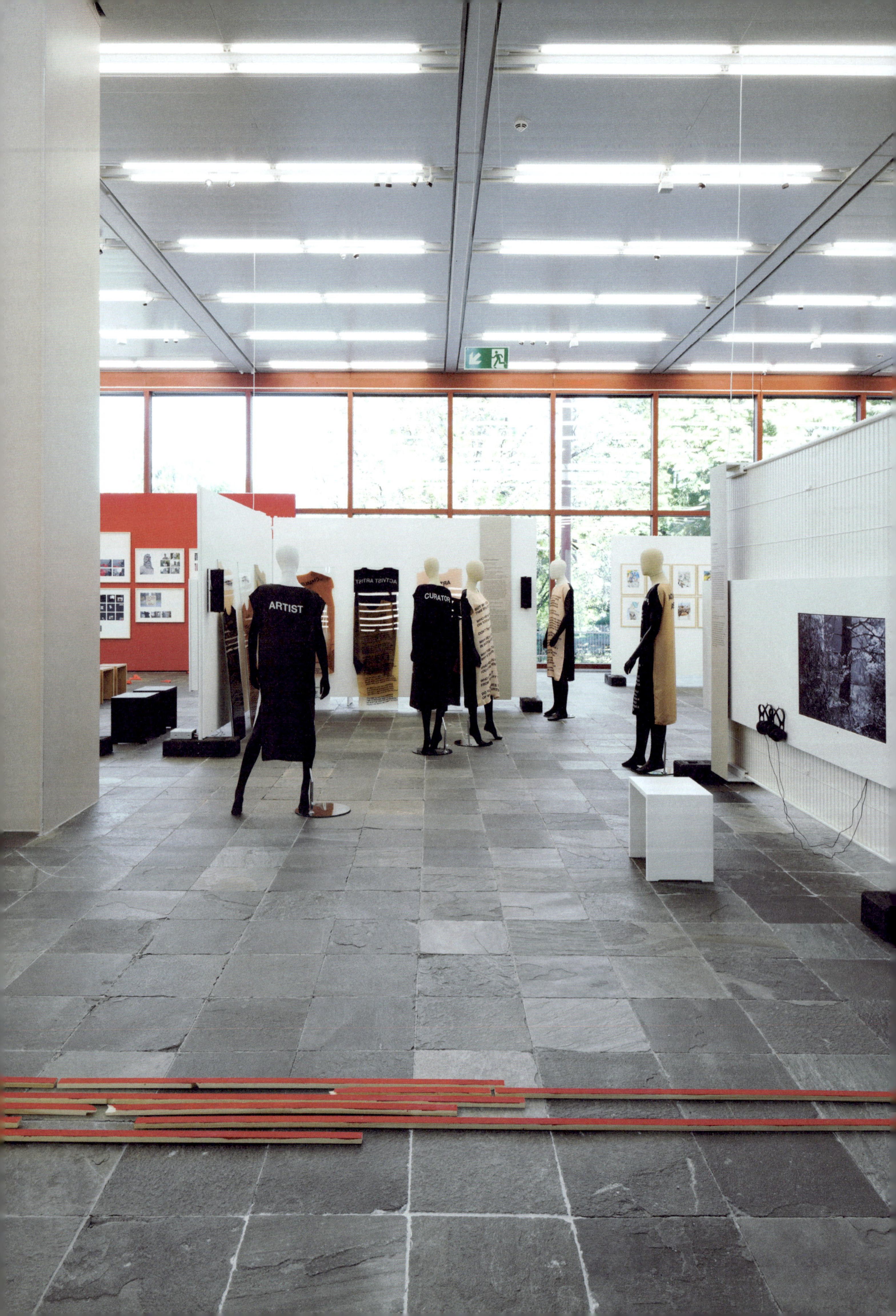
ARTIST
ACTIVIST ARTIST
CURATOR

107 Tobias Zielony

Maskirovka
2017, Video (Stop-Motion, HD, Farbe, ohne Ton), 8′ 45″, Courtesy Tobias Zielony und KOW, Berlin

Der Ausdruck „Maskirovka“ (Maskierung) umschreibt eine russische Kriegstaktik, die u. a. 2014 bei der Besetzung der Krim angewendet wurde: die Verschleierung der Zugehörigkeit von Soldaten, um die internationale Entscheidungsfindung über ein Eingreifen zu erschweren. Auch die unterschiedlichen politischen Lager der Maidan-Bewegung bedienten sich der Strategie. Als teilnehmender Beobachter fotografierte Tobias Zielony vor dem Hintergrund der aufgelösten Maidan-Bewegung und der andauernden Kampfhandlungen in der Ostukraine die queere Technoszene in Kiew, in der sich die Travestie des ukrainischen Alltags mit allen individuellen Facetten des Strebens nach Freiheiten widerspiegelt.

Maskirovka
2017, video (stop-motion, HD, color, no sound) 8′ 46″, courtesy Tobias Zielony and KOW, Berlin

The expression “Maskirovka” (Masking) is used to describe Russian covert warfare such as that used in 2014 in occupying Crimea: disguising the affiliation of soldiers to make the international community’s decision about intervention more difficult. Similarly, the various political factions of the Maidan movement availed themselves of the strategy. As a participating observer and against the background of the disbanded Maidan movement and ongoing fighting in East Ukraine, Tobias Zielony photographed the queer techno scene in Kiev in which the travesty of everyday life in Ukraine is reflected with all the individual facets of a striving for freedom.

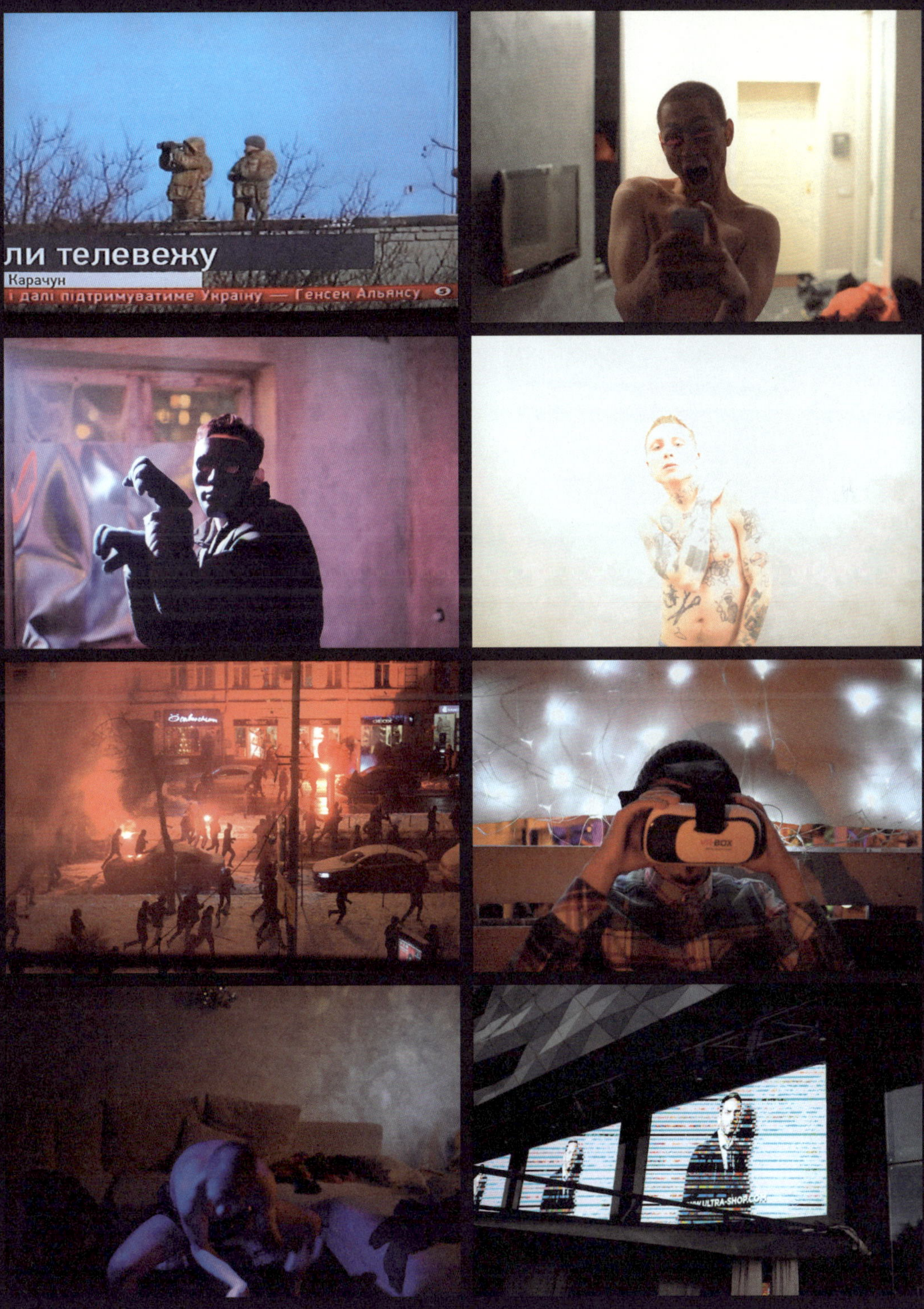

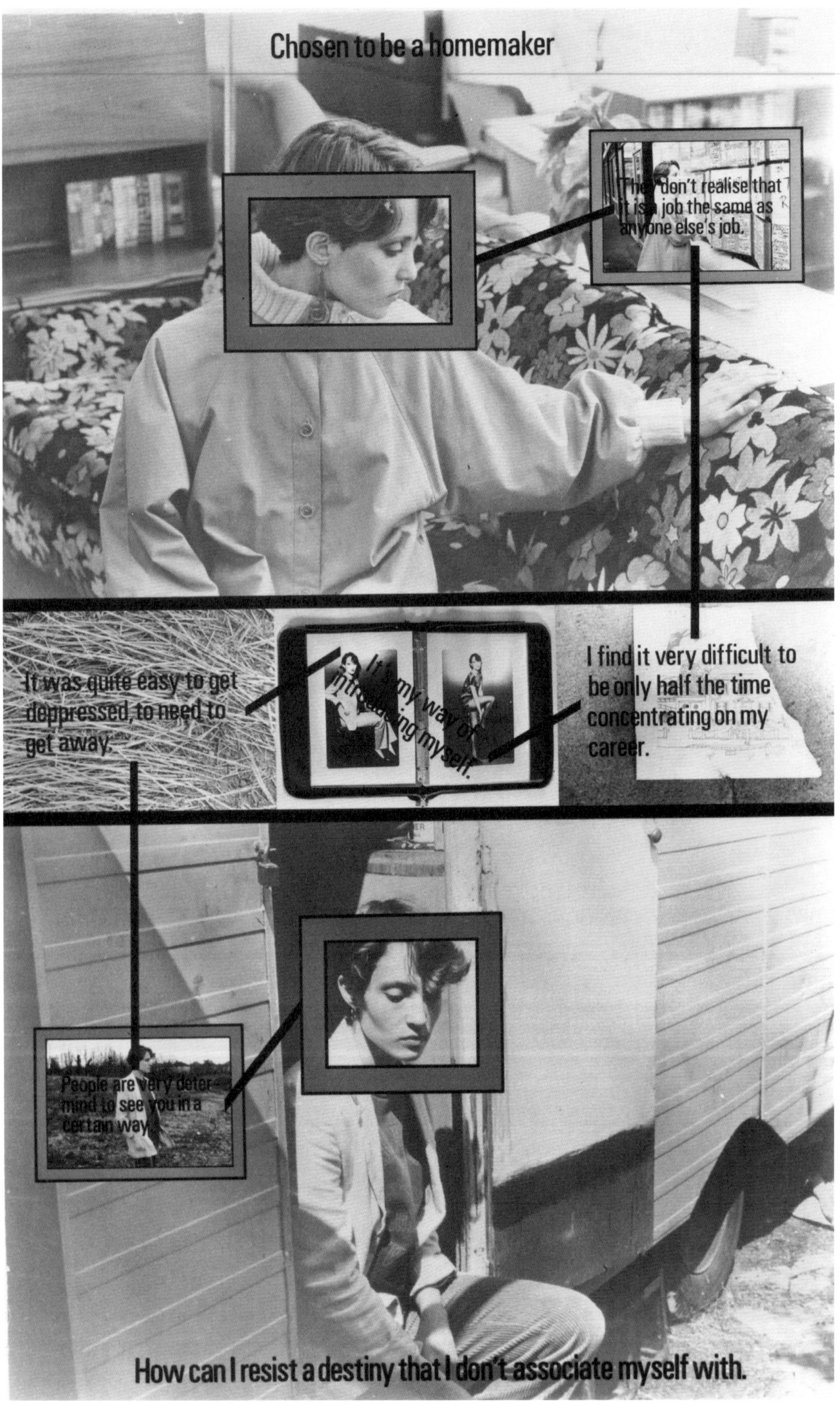
Chosen to be a homemaker
They don't realise that
it is a job the same as
anyone else's job.
It was quite easy to get
deppressed, to need to
get away.
It is my way of
introducing myself.
I find it very difficult to
be only half the time
concentrating on my
career.
People are very deter-
mind to see you in a
certain way.
How can I resist a destiny that I don't associate myself with.

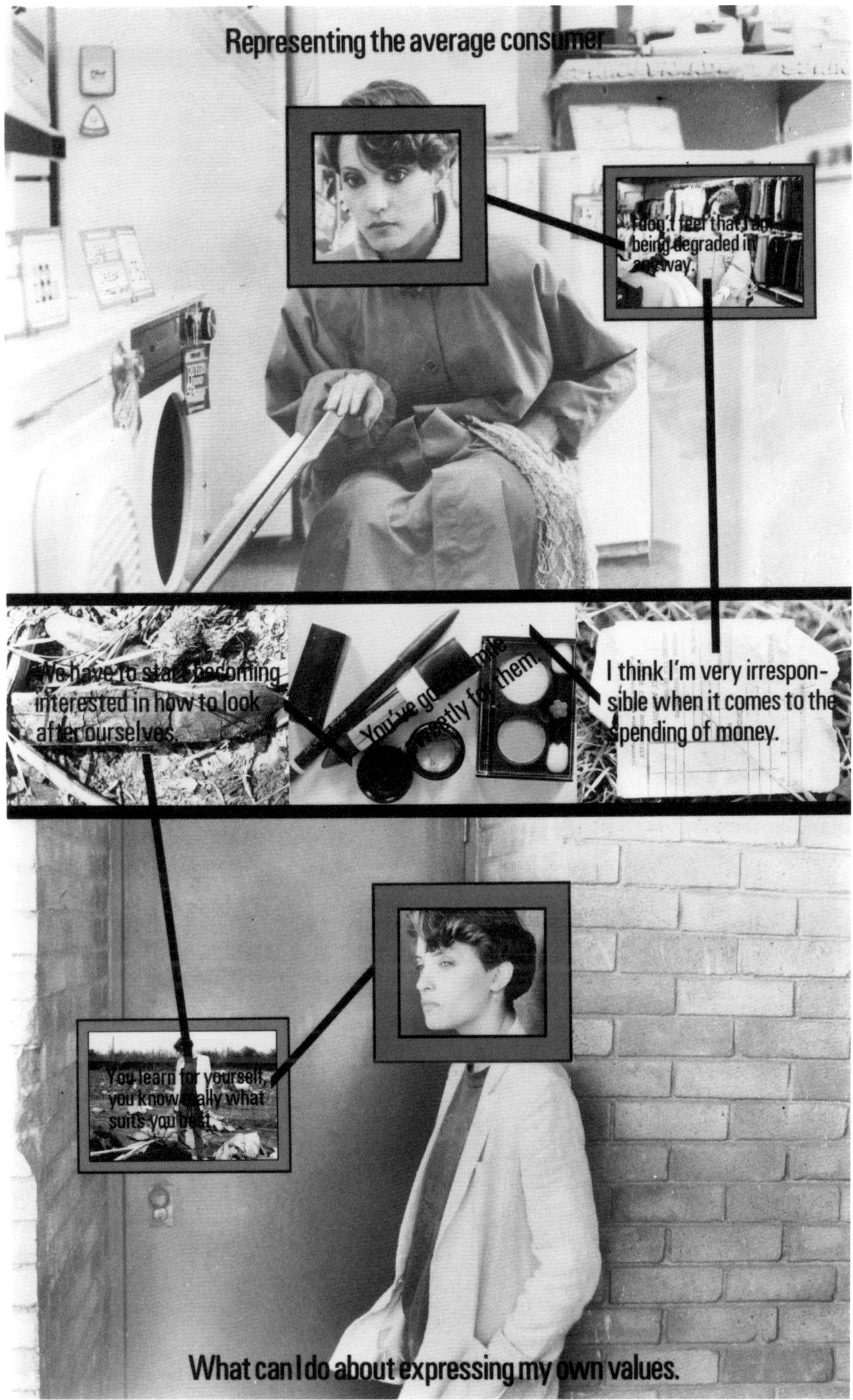

A Conflict of Identities
1979, S/W-Fotografien, Letraset-Text, Tinte, fotografisches Färbemittel auf Karton, 3 Tafeln, je 110 × 68,5 cm, courtesy Stephen Willats und Galerie Victoria Miro, London und Venedig

In Stephen Willats' *A Conflict of Identities* aus dem Jahr 1979 geht es um das Dilemma zwischen dem Leben, das jemand führt, den äußeren Umständen, die dies bedingen, und dem Streben nach Veränderung der eigenen Position und Situation. Die Protagonistin Allison lebt in einem Wohnwagen im Brachland von West London und will Fotomodell werden. Sie ist zerrissen zwischen einer Welt der Determiniertheit und der Normalität und ihrer Projektion einer Gegenzukunft, die auf Selbstständigkeit, der Möglichkeit, sich auszudrücken, und Freiheit beruht. „Die Arbeit", so der Künstler, „stellt drei Wege dar, um der Passivität der stereotypierten Normalität standzuhalten und ein Gegenbewusstsein der Selbstüberzeugungen und Identitäten aufzubauen."

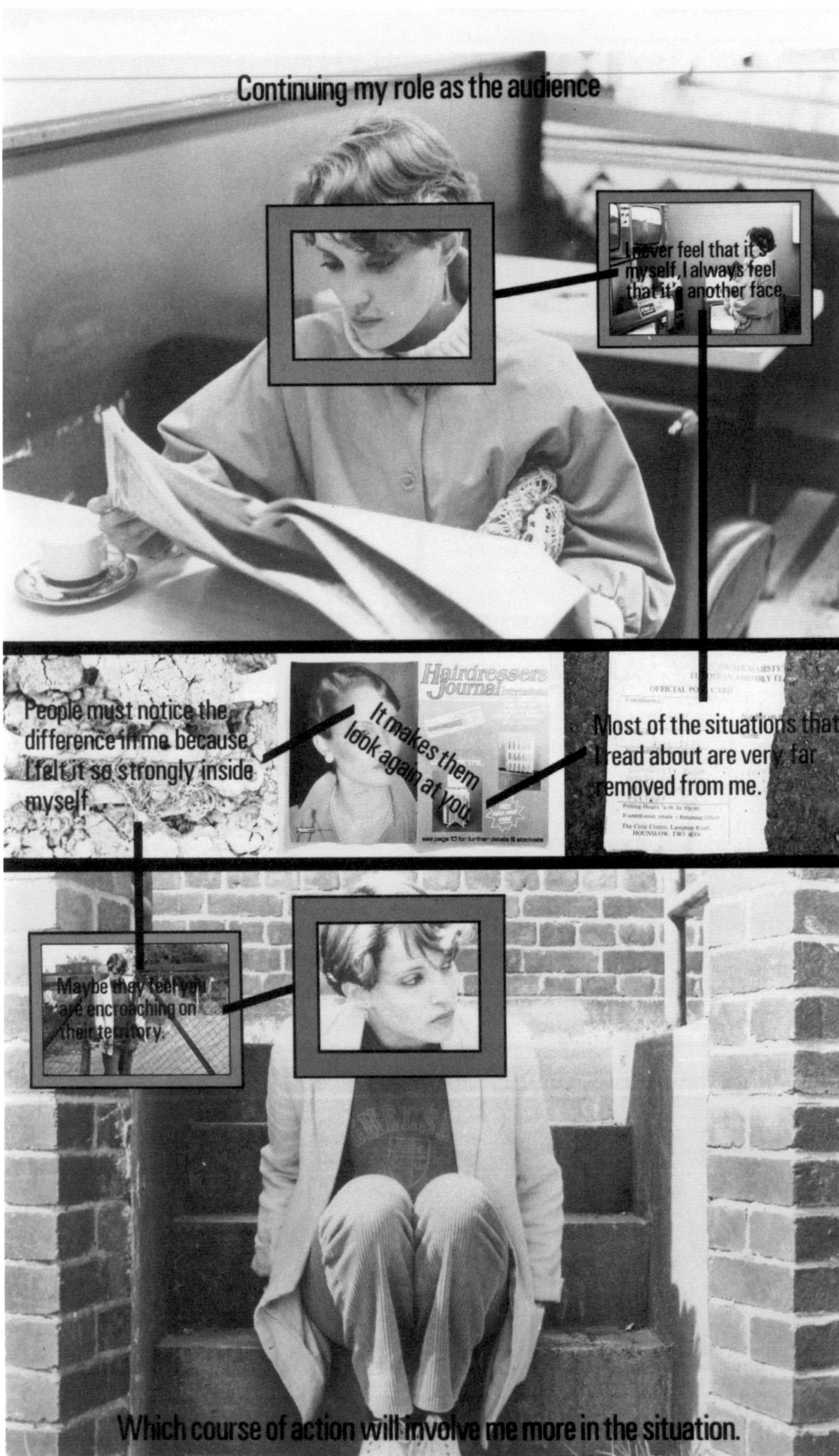

A Conflict of Identities
1979, B/W photographic prints, Letraset, ink, photographic dye on cardboard, 3 panels, 110 × 68.5 cm each, courtesy Stephen Willats and Galerie Victoria Miro, London and Venice

Stephen Willats' *A Conflict of Identities* from 1979 examines the dilemma between the life a person leads, external circumstances which dictate that particular life, and the striving to alter your own position and situation. The protagonist Allison lives in a caravan on waste ground in West London and wants to become a photo model. She is torn between a world in which everything is determined by the outside world and normality, and her projection of a counter future based on independence, the possibility to express herself and liberty. The artist explains: "The work shows three ways to resist the passivity of stereotyped normality and to externalize and create a counter consciousness of self-beliefs and identities."

of freedom which is not that of the present: liberation also from the liberties of exploitative order—a liberation which must precede the construction of a free society, one which necessitates an historical break with the past and the present."[2]

It is interesting that, in spite of Marcuse's denials, the events of May 1968 in France play such a prominent role in his essay. It seems that Marcuse adjusted his text, already written before these events, directly in light of what was unfolding. Indeed, it seems that Marcuse, in spite of his assertion that he had merely added a few footnotes, actually made some substantial changes to his essay in focusing it around the Paris events of May. This begs the question: what was it about the Paris rebellion, in particular, that he found so compelling as an example? What was there about it that was, if not exclusive, then perhaps at least more obviously recognizable than in the case of earlier protests elsewhere? The passage in which Marcuse describes the Paris events suggests an answer: in Paris, more than anywhere else, there was an evident coincidence of both a political and an artistic process of liberation, expressed in the coincidence of socialist politics and Surrealist imagination. A coincidence that,

Zbyněk Baladrán

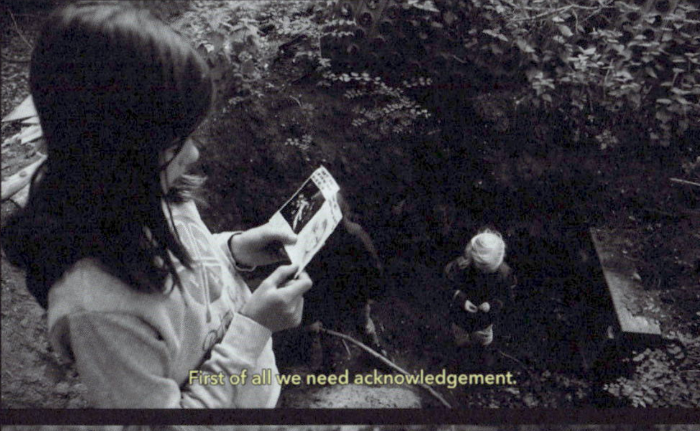

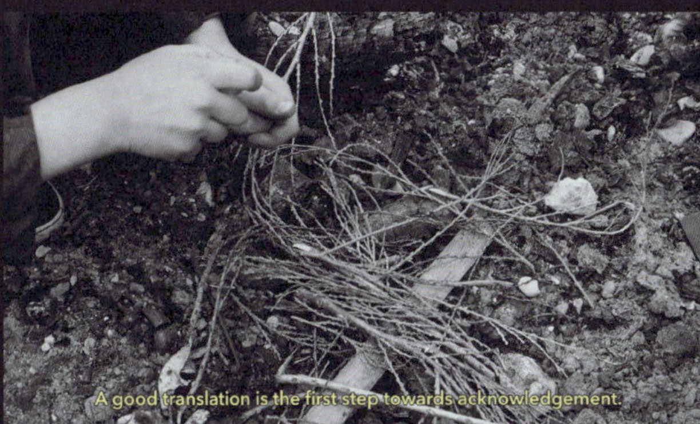

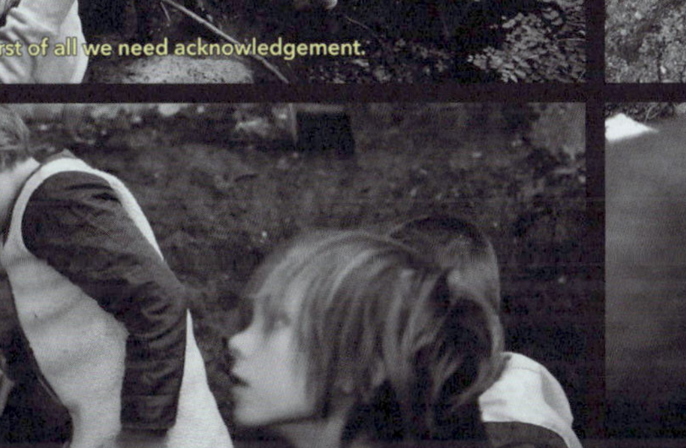

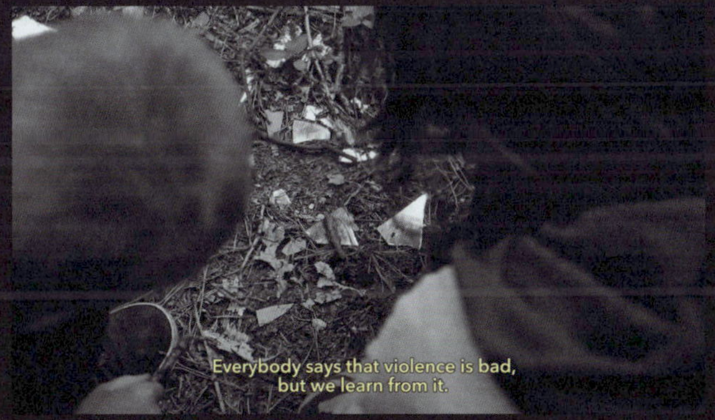

To be framed
2016, Video (Full HD, s/w, Ton), 8′ 11″, Courtesy Zbyněk Baladrán und hunt kastner, Prag

In Zbyněk Baladráns Video *To be framed* (Festgelegt werden) sieht man Kinder beim Spielen auf dem Gebiet einer ehemaligen Militärbasis. Sie schauspielern für den Künstler vor der Kamera, während sie die Betrachterinnen und Betrachter aus dem Off ansprechen: „Wir müssen angemessen repräsentiert werden, dafür benötigen wir eine Übersetzung. […] Übersetzer versuchen, unsere innersten Gefühle zu übersetzen. Es ist eine gewaltsame Übersetzung unserer Leben." Kinder stehen in dem Video für die anderen, gegen die symbolische Gewalt ausgeübt wird. Der Künstler thematisiert die Marginalisierung von Individuen und Gruppen durch Bevormundung und Verwehrung einer eigenständigen Möglichkeit zur Repräsentation in der Gesellschaft.

To be framed
2016, video (Full HD, b/w, sound), 8′ 11″, courtesy Zbyněk Baladrán and hunt kastner, Prague

In Zbyněk Baladrán's video *To be framed* we see children playing on what was once a military base. They act for the artist in front of the camera, while they speak to the observers from offscreen: "We need to be appropriately represented and for that we need a translation. […] translators are trying to translate our innermost feelings themselves. It's a violent translation of our life." In the video the children represent the others against whom symbolic violence is practiced. The artist addresses marginalization of the individual and groups by domination and the prevention of an independent means of representation in society.

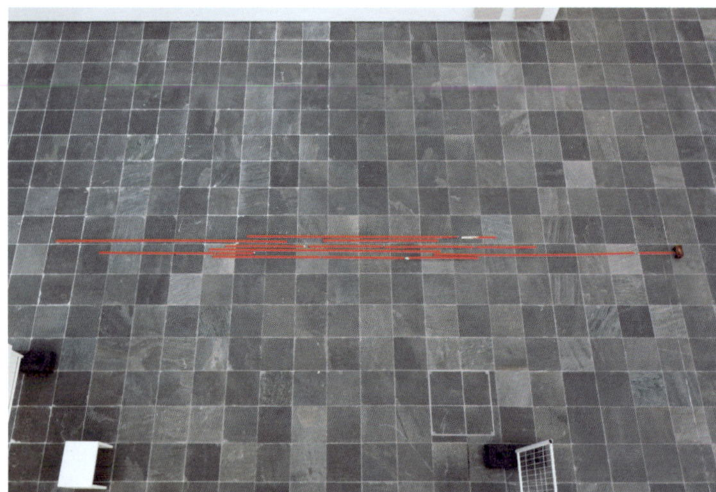

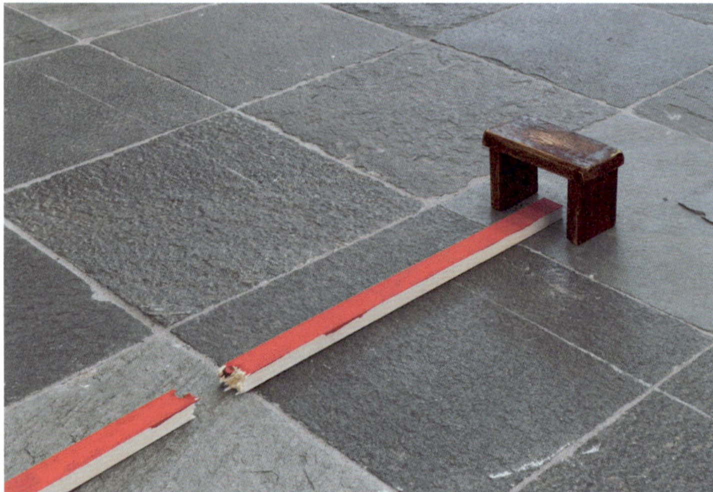

At the End of Demonstration Day
2009, Holz, Acrylfarbe
Maße variabel, Courtesy Kostis Velonis und Kalfayan Galleries, Athen und Thessaloniki

Das Material für seine Werke sucht und findet Kostis Velonis im öffentlichen Raum. Das Weggeworfene und Zurückgelassene verarbeitet er in einer Art und Weise, die an Provisorien erinnert, zu Skulpturen und unterstreicht dabei ihren Charakter von Unmittelbarkeit und Dringlichkeit. Das Werk *At the End of Demonstration Day* ist die poetische Übersetzung eines Moments in Material: wenn das Subjekt nach der Teilnahme an einer Demonstration Gefühle der Entfremdung und der Einsamkeit erfährt und seine politische Identität und Aktivität überdenken muss.

At the End of Demonstration Day
2009, wood, acrylic paint, dimensions variable, courtesy Kostis Velonis and Kalfayan Galleries, Athens and Thessaloniki

Kostis Velonis seeks and finds the material for his works in the public space. He processes discarded and abandoned items in such a manner that they recall makeshift arrangements, and in doing so forms them into sculptures while underscoring their immediate and urgent character. *At the End of Demonstration Day* is the poetic translation of a moment into material: when after taking part in a demonstration individuals experience feelings of alienation and loneliness and come to reconsider their political identity and actions.

in the powderkeg of these events, seemed almost Surreal itself: "The graffiti of the '*jeunesse en colère*' joined Karl Marx and Andre Breton; the slogan '*l'imagination au pouvoir*' went well with '*les comités (soviets) partout*'; the piano with the jazz player stood well between the barricades; the red flag well fitted the statue of the author of *Les Miserables*; and striking students in Toulouse demanded the revival of the language of the Troubadours, the Albigensians. The new sensibility has become a political force."[3]

Marcuse found the surrealist trope of the poet as a complete noncomformist reflected in the no less complete nonconformism of the protesting students.[4] The key slogan of the May 1968 revolts in Paris – "*L'imagination prend le pouvoir*" [All Power to the Imagination] was adopted quite literally from the Surrealists.[5] It refers not only to a burgeoning creativity rooted in the protest formats of the 1968 revolts, but points above all to the boundless possibilities that are constrained by the status quo to that which has always been. "Imagination alone," wrote Breton in the First Surrealist Manifesto, "offers me some intimation of what *can be,* and this is enough to remove to some slight degree the terrible unjunction…"[6] We are confronted here with the surreality of freedom. Freedom is not bound to the constraints of circumstance, for then it would be no freedom at all. Freedom exists only where the constraints are broken, and where reality—the negative reality principle of constraints to which there is allegedly no alternative—is overcome and a realm of possibilities is opened up. As Breton put it: "The mere word 'freedom' is the only one that still excites me."

When we think of Surrealism today, we tend to think of paintings of melting clocks and burning giraffes. And indeed, the Surrealists were not spared the fate of becoming ready fodder for the consumerist kitsch of future museum shops. Yet we should not forget that this was an art movement whose express aim was to unite subjective and social liberty. Freedom is at the very core of Surrealism. It is a concept that lends itself to both artistic and political interpretation. Only this dual aspect of the prospect of freedom can explain the global appeal of Surrealism, which evolved historically into nothing less than the biggest global art movement ever to embrace both the creative *and* the political in a revolutionary vein. It encompassed cultural nonconformism as well as antifascism, socialism and anti-colonialism. And it was a movement that was by no means confined to the "hexagon" of the French mainland. Aimé Césaire, for instance, was not only the founder of Caribbean Surrealism and the Négritude movement, but also contributed politically to the decolonization of Martinique. It is only in recent years—as the general focus of the canon has shifted towards non-western art production—that more attention has been paid to the non-European centers of a Surrealist network spanning all the way from Tokyo to Beirut to the Caribbean and Lima. It was a conference held at the Getty Research Institute and its collections of Latin American art that shone a new light on the influence of Argentinian, Chilean, Mexican and Peruvian Surrealists.[7] The curators Sam Bardaouil and Till Fellrath spent six years painstakingly investigating and reconstructing the history of the Egyptian Surrealist group *Art et Liberté,* culminating in an exhibition of 130 works recently shown in Paris, Madrid, Düsseldorf, Liverpool, and Stockholm.[8]

Art et Liberté—as a title, those words could serve as the banner for all Surrealist endeavors, from the global south to Surrealism's western cradle. The May 1968 rebellion in Paris was in this spirit; an attempt to combine subjective and objective liberation. As such, it was a Surrealist revolution. Or rather, it was *the* Surrealist revolution. Except that it was unleashed, somewhat ironically, with a certain historical time-lag. The Surrealists of the 1930s had been working towards just such a revolution. They had joined the French Communist Party and had put themselves at the service of the proletarian revolution. They bore witness to this by changing the title of their journal from *La Révolution surréaliste* to *Le Surréalisme au service de la révolution.* Their focus on a political goal that was heteronomous to art, which in itself implied the political self-heteronimisation of the Surrealists, does not mean that they were converted (with the exception of some individuals such as Aragon) to the principles of Socialist Realism. "Whatever the evolution of Surrealism may have been in the realm of politics," wrote Breton in 1930, "however urgently the order may have been passed on to us to count only upon the proletarian Revolution for the liberation of mankind—*the primary condition of the mind*—I can say in all honesty that we did not find any valid reason to change our minds about the means of expression which are characteristically ours and which, we have been able to verify through usage, served us well."[9] While in exile, Breton drew up a manifesto together with Trotsky outlining an independent revolutionary art (it was signed by Diego Rivera on Trotsky's behalf) in which art would be guaranteed its freedom in the course of the proletarian revolution, thereby ensuring its autonomy within a heteronomous system. In other words, art would enter independently into the service of the revolution, while the revolution, in turn, would serve the ultimate liberation of art.

However, as we all know now, that proletarian revolution never did come to fruition—neither in a realistic nor in a surrealistic form. On his return to France in 1946, Breton gathered around him a new circle of young Surrealists, none of whom ever achieved even a modicum of fame. By comparison with the heroic phase of Surrealism, these postwar years seem like only a feeble echo. In retrospect, Surrealismus appeared to have survived its own historic demise. Yet, a new and more contemporary form of politicization had began to infiltrate the Surrealist journals. Attention was turning towards the liberation movements of the young radicals; the Cuban revolution became an important focal point for the Paris Surrealists, and the Black Power movement was gaining prominence in their publications. But in 1966, Breton died. His followers were bereft. His favourite student, Jean Schuster, appointed by Breton as executor of his estate, lacked the charisma and indeed even the artistic legitimation to hold the group together. The Surrealist circle was crumbling, and it looked like the end of French Surrealism. But then something astonishing happened. Two years after Breton's death, and four decades late, what Breton had been working towards all his life finally came to pass: the Surrealist revolution of May 1968. In 1930, in his Second Manifesto of Surrealism, Breton had postulated that Surrealism was still in a period of preparation, which would, of necessity, have to remain artistic in nature. He also egomanically prophesied that this period of preparation would probably last as long as himself.[10] Now he was dead—and so, it seemed, was Surrealism. Yet it was only at this point, having outlived itself as an artistic movement, that Surrealism could also emerge as a political movement.[11]

While Marcuse may well have been unfamiliar with this later history of Surrealism (even though he did correspond in an exchange of letters with the Chicago Surrealist Franklin Rosemont), he nevertheless saw quite clearly that the May 1968 protests involved the "ingression of the aesthetic into the political."[12] This was not due to the protests being based on some narrowly defined artistic dimension, but instead to a revolution in the way things were perceived: "Today's rebels want to see, hear, feel new things in a new way: they link liberation with the dissolution of ordinary and orderly perception."[13] Such personal or subjective liberation—for instance through experimenting with drugs, which Marcuse did not acknowledge as a revolutionary act *per se*—represented the anticipation of a wider social liberation, for, as Marcuse put it, "the revolution must be at the same time a revolution in perception which will accompany the material and intellectual reconstruction of society, creating the new aesthetic environment."[14] In this respect, the May rebellion was testament to a new sensibility. Marcuse's political interpretation of these events is closely entwined with his quasi utopian theory of aesthetics, according to which reason and imagination, science and poetry would be reconciled in a liberated society. The necessary production process, the production goals and the labor time required could all be rationally planned, while the technology freed up by this could be transposed, in turn, to the task of art in shaping reality. Aesthetics would thus become a socially productive force and, with that, not only "the possible Form of a free society"[15] but also the "gauge for a free society [...] no longer mediated by the market,"[16] without exploitation or competitive pressure.

Until this point in time, this new sensibility had been expressed only through the medium of the artistic imagination, as with the Surrealists. However, the events of May 1968 also showed that such a sensibility can indeed shift into the field of politics, given that aesthetic needs—insofar as they are not already incorporated into the consumer society—also have to be pitted against all the institutions that ignore such needs.[17] Aesthetic needs thus also engender a distinctly political assertiveness along the lines of the insistence of freedom in the form of liberation. So, this is by no means a matter of individual needs, but of the needs of society as a whole. These demands are expressed through political group action"[f]rom the harmless drive for better zoning regulations and a modicum of protection from noise and dirt to the pressure for closing of whole city areas to automobiles, prohibition of transistor radios in all public places, decommercialization of nature, total urban reconstruction, control of the birth rate."[18] 1968 triggered what would later come to be known as new social movements. They were not so much about shaping economic relationships as they were about restructuring lifestyles. Accordingly, "the radical transformation of society implies the union of the new sensibility with a new rationality."[19]

No matter how romantic Marcuse's ideas may appear, it is undeniable that the Surrealist revolution—for better or worse—largely succeeded. The lifestyle politics of 1968, which Luc Boltanski and Ève Chiapello describe critically, even disparagingly, as *la critique artiste* has become the defining hallmark of social movements and protests in recent decades.[20] At the same time, it cannot be denied that the neoliberal self as creative subject, emanating from the Surrealist revolution, represents enhanced freedom only to a limited degree—admittedly liberated from the nine-to-five routine ensconced in the same old office adorned with the same old pot-plants, but nevertheless condemned to surviving alone in the competitive world of the free market. So it is hardly surprising that, in the course of the all-round economic crisis of 2008 and its aftermath, there have been increased calls for a return to the social critique of yesteryear. Issues concerning the distribution of wealth have, quite rightly, found their place at the top of the agenda once more. But this does not mean that political questions regarding the self-determination of identity and an acceptable social structure that cannot be reduced solely to the matter of economic distribution have become redundant. If there is anything we might still learn today from Marcuse, then it is this: that there is no contradiction between artistic critique and social critique. Liberation means freedom from the shackles of both economics and identity. For the aesthetic transformation of the world "is conceivable only as the way in which free men (or rather men in the practice of freeing themselves) shape their life in solidarity, and build an environment in which the struggle for existence loses its ugly and aggressive features. The Form of freedom is not merely self-determination and self-realization, but rather the determination and realization of goals which enhance, protect, and unite life on earth. And this autonomy would find expression not only in the mode of production and production relations but also in the individual relations among men, in their language and in their silence, in their gestures and their looks, in their sensitivity, in their love and hate. The beautiful would be an essential quality of their freedom."[21]

1 André Breton, *Manifestoes of Surrealism*, translated by Richard Seaver and Helen R. Lane, Ann Arbor, University of Michigan Press, 1972, p. 279.

2 Herbert Marcuse, *An Essay on Liberation*, Beacon Press, Boston 1969, p. viii.

3 Marcuse 1969 (see note 2), p. 22.

4 Breton conceived of Surrealism as "complete *nonconformism*"; Breton 1972 (see note 1), p. 47.

5 In a posthumously published text, Marcuse gives an explicit interpretation of the political content of the May 1968 slogan "All Power to the Imagination!" Marcuse states: "The slogan expresses the militant consciousness of the suppressed possibilities, and of the degree to which they render obsolete not only the traditional theories and strategies of change but also the traditional goals of change." Cited in Herbert Marcuse, "Beyond One-Dimensional Man," in *Towards a Critical Theory of Society (Collected Papers of Herbert Marcuse, vol. 2)*, edited by Douglas Kellner, Taylor&Francis, Oxford 2001, p. 117.

6 Breton 1972 see note 1), p. 5.

7 Dawn Ades / Rita Eder / Graciela Speranza (eds.), *Surrealism in Latin America: Vivísimo Muerto*, Los Angeles 2012.

8 Cf. exhibition catalogue *Art et Liberté. Rupture, War and Surrealism in Egypt (1938–1941)*, edited by Sam Bardaouil and Till Fellrath, Skira Editore, Milan 2016, as well as the monographic study by Sam Baradaouil, *Surrealism in Egypt: Modernism and the Art and Liberty Group*, London/New York 2017. See also Franklin Rosemont / Robin D.G. Kelley (eds.), *Black, Brown, & Beige. Surrealist Writings from Africa and the Diaspora*, Austin 2011, which documents not only Surrealists from Egypt but also from Morocco, Tunisia, Algeria, Senegal and Congo, Mozambique, Angola, Madagascar, and South Africa.

9 Breton 1972 (see note 1), p. 153.

10 Breton 1972 (see note 1), p. 176.

11 These days, the events of May 1968 tend to be associated primarily with the Situationists (though these were ultimately—as an offshoot of the Lettrists who came, in turn, from Surrealism—also just another branch in the Surrealist family tree), while the active involvement in the occupations and protests at the time by the members of the late Surrealist circle around Breton tends to be completely ignored. In fact, the Surrealists expressly stated their unstinting support for the student revolts in a pamphlet as early as May 5th.

12 Marcuse 1969 (see note 2), p. 36.

13 Marcuse 1969 (see note 2), p. 37.

14 Marcuse 1969 (see note 2), p. 37.

15 Marcuse 1969 (see note 2), p. 25.

16 Marcuse 1969 (see note 2), p. 27.

17 And with that, according to the underlying dialectical point—ignoring these needs by actually bringing about their demise through the vehicle of consumerism.

18 Marcuse 1969 (see note 2), p. 27

19 Marcuse 1969 (see note 2), p. 37.

20 Luc Boltanski / Ève Chiapello, *The New Spirit of Capitalism*, translated by Gregory Elliott, Verso, London / New York 2007.

21 Marcuse 1969 (see note 2), p. 46.

Matthias Noggler

secondary characters
2018, Aquarell und Bleistift auf Papier, 42 × 29,7 cm

Devotion
2018, Gouache und Bleistift auf Papier, 84 × 59,4 cm

scattered duties (immobilienscout24)
2018, Aquarell und Bleistift auf Papier, 21 × 29,7 cm

morning noises
2018, Gouache und Bleistift auf Papier, 42 × 59,4 cm

Courtesy Matthias Noggler und Galerie Emanuel Layr, Wien und Rom

Matthias Noggler bedient sich für seine Bildfindungen bei verschiedenen Genres und Stilen, die er in figurativen bis abstrakten Kompositionen einsetzt, um Phänomene unserer Zeit zu kommentieren. In den vier Papierarbeiten geht es, wie schon in früheren Werken, um soziale, vor allem städtische Milieus der Gegenwart. Wenn Leute auf öffentlichen Plätzen abhängen, eine Gruppe spätabends im Wirtshaus konspirativ die Köpfe zusammensteckt oder halbnackte Körper sich im Freibad präsentieren und gegenseitig beobachten, dann handelt es sich um gruppendynamische Prozesse, in denen sich das Individuum innerhalb eines Kollektivs positioniert, seine Subjektposition im Kontext einer Zugehörigkeit ausbildet, während sich diese Gruppe von anderen abgrenzt. Mit einer sachlichen bis expressiv-surrealen Bildsprache behandelt Noggler das Verwobensein in soziale Strukturen und die damit einhergehenden Mechanismen von Inklusion und Exklusion.

secondary characters
2018, watercolor and pencil on paper, 42 × 29.7cm

Devotion
2018, gouache and pencil on paper, 84 × 59.4 cm

scattered duties (immobilienscout24)
2018, watercolor and pencil on paper, 21 × 29.7 cm

morning noises
2018, gouache and pencil on paper, 42 × 59.4 cm

Courtesy Matthias Noggler, Vienna and Galerie Emanuel Layr, Vienna and Rome

In creating his images, Matthias Noggler avails himself of various genres and styles, which he employs in compositions ranging from the figurative to the abstract in order to comment on phenomena of our time. In these four works on paper, as in the past the artist explores social settings, especially contemporary urban ones. When people hang out in public places, a group of individuals sit late one evening in the pub with their heads together in a conspiratorial manner, or half naked bodies flaunt themselves in an outdoor swimming pool and watch one another, then group dynamics are at play in which individuals position themselves within a collective, develop their position as individuals in the context of affiliation, and the group distances itself from others. Using a visual language that varies between objective and expressive surreal, Noggler examines the nature of being bound up in social structures, and the mechanisms of inclusion and exclusion involved.

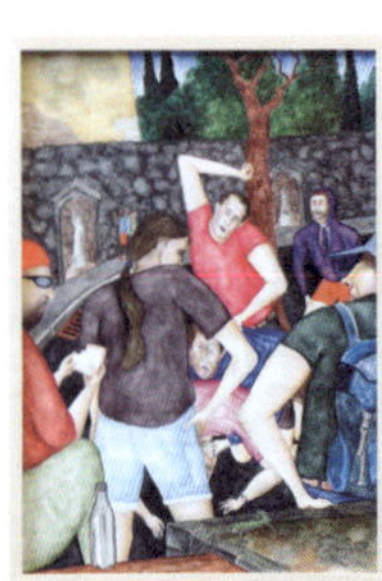

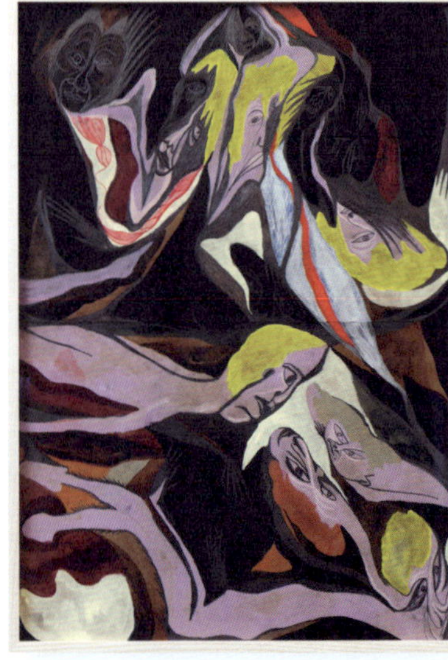

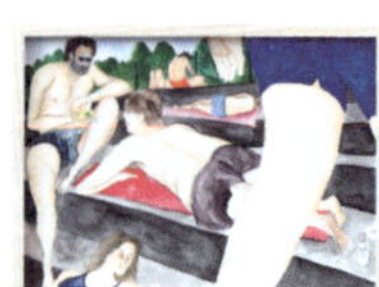

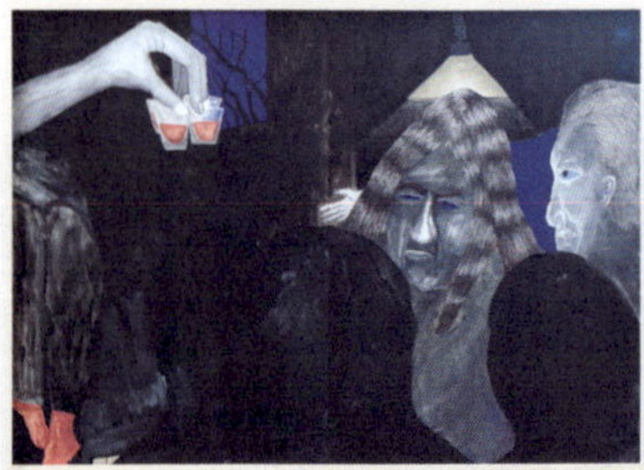

ELŻBIETA MATYNIA

„Wenn Gott die Polinnen und Polen 1987 nach ihren drei größten Wünschen gefragt hätte", schrieb kürzlich der legendäre Dissident Adam Michnik, „hätten sie Folgendes geantwortet: ‚Zuerst einmal wollen wir in einem Land leben, in dem es keine politischen Häftlinge gibt. Dann wollen wir ein Land ohne Zensur und ohne Besatzungsarmee. Und drittens wollen wir, dass die Sowjetunion zerfällt.' Und der gnädige Gott erhörte sie, und alle drei Wünsche wurden wahr. Wir bekamen die Freiheit. Heute hingegen fragt Gott die Polinnen und Polen: ‚Und was habt ihr nun aus dieser Freiheit gemacht?'"[1]

Alle drei Wünsche fußen auf dem klassischen Motiv, sich von Ketten loszumachen, sich aus der Unterdrückung zu befreien. Mich interessiert aber die letzte Frage am meisten: Was passiert mit der Freiheit, die wir erreicht haben, unabhängig davon, ob wir nun Polen, Amerikaner oder Europäer sind?

Mein Hauptaugenmerk liegt dabei auf jener Art Freiheit, die Hannah Arendt revolutionär nennen würde. Sie umfasst nicht nur die Freiheit, verschiedene Meinungen zu vertreten,[2] sondern sie ermöglicht auch Neuanfänge und bietet Chancen, von denen die Menschen zuvor nur träumen konnten. Aber es liegt an uns, diese Freiheit

Ashley Hans Scheirl

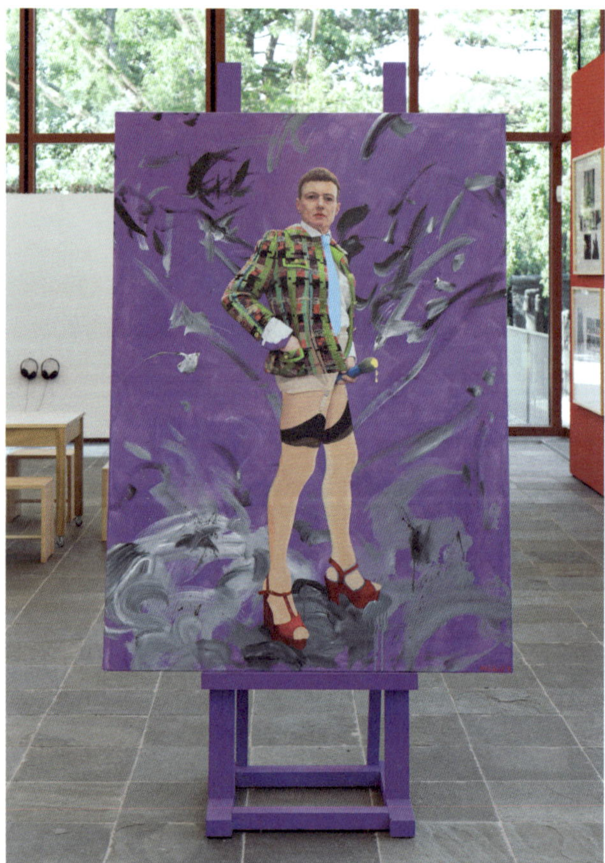

Selbstporträt mit Pinsel
2018, Acryl auf Leinwand und Staffelei, ca. 240 × 130 cm, Courtesy Ashley Hans Scheirl und Galerie Crone, Berlin und Wien

Außer um die Kritik herrschender gesellschaftlicher Verhältnisse geht es in den Werken von Ashley Hans Scheirl oft auch um die Konstruktion von Identität und Geschlechterrollen. Die Transgender-Künstlerin, die als Frau geboren wurde, ab Mitte der 1990er-Jahre als Mann auftrat und seit zwei Jahren wieder als Frau, verarbeitet die fließenden Übergänge zwischen Identitäten in ebenso wechselnden Medien wie Malerei, Zeichnung, Skulptur, Film, Video und Performance zu einem œuvreübergreifenden Gesamtkunstwerk. Mit ihrem Selbstporträt zitiert sie die Pose von Lynda Benglis in einem Inserat in *Artforum* von 1974, in der jene durch Aneignung die Repräsentation von Männlichkeit übersteigert, um in Relation dazu Normen der Darstellung von Weiblichkeit zu hinterfragen. Im Gegensatz zu Benglis, die sich einen Dildo wie eine Art Prothese vor den Schritt hält, posiert Scheirl mit einem Pinsel, was genauso wie bei Benglis als ein Akt der Selbstermächtigung über die Darstellung der eigenen sozialen Identität gelesen werden kann.

Self-Portrait with Brush
2018, acrylic paint on canvas and easel, approx. 240 × 130 cm, courtesy Ashley Hans Scheirl and Galerie Crone, Berlin and Vienna

In the works by Ashley Hans Scheirl, the artist not only criticizes prevailing social conditions but also explores how identity and gender roles come about. The transgender artist—who was born as a woman, from the mid-1990s performed as a man after taking testosterone, and for the last two years has reverted to being a woman again—examines the transitions between identities in media that likewise change (including painting, drawing, sculpture, film, video, and performance) to create a cross-œuvre Gesamtkunstwerk. With her self-portrait she cites the pose Lynda Benglis adopted in an advert in *Artforum* 1974, in which the former exaggerated the representation of masculinity through appropriation in order to question the depiction of femininity by comparison. Unlike Benglis, who holds a dildo like some kind of prosthetic limb in front of her crotch, Scheirl poses with a brush, which just as with Benglis can be read as an act of self-empowerment over the representation of her own social identity.

auch zu vollziehen. Wenn sich diese Freiheit in der Präsenz sprechender Akteure und nicht nur in der Absenz von Unterdrückung manifestiert und wir uns selbst formen und beherrschen können, wird sie als aktive Freiheit verkörpert. Ein Hauptmerkmal der aktiven Freiheit sind mithin Sprechakte, die helfen, ein Gefühl für ein Gemeinwesen zu entwickeln, in dem die Menschen und ihre unterschiedlichen Stimmen Bedeutung haben, indem sie es sowohl erzeugen als auch instand halten.

Freiheit an sich ist schwer zu fassen. Sie ist wie die Luft, die wir atmen. Nur wenn sie lebendig und verkörpert wird, kann sie auch öffentlich in Erscheinung treten. Um die Freiheit aber mit Sprechakten tatsächlich ausüben zu können, braucht es einen öffentlichen Raum. Diesen nennt Arendt „Erscheinungsraum“. Ich werde ihn im Folgenden als öffentlichen Platz bezeichnen, einen Ort, an dem Freiheit greif- und sichtbarer ist. Der öffentliche Platz ist die Voraussetzung für die Performativität der Freiheit, die sich ereignet, wenn das lange nicht gebrauchte, handlungsorientierte Wort aus dem Versteck kommt, sich durch die Ritzen nach außen zwängt und ab dem Moment, in dem es gehört wird, einen nicht zu verleugnenden öffentlichen Bereich sichtbar werden lässt. Zwischen aktiver Freiheit und öffentlichem Ort gibt es nämlich eine Wechselwirkung, denn ohne Freiheit verschwindet schließlich auch die öffentliche Sphäre. Und „[o]hne einen politisch garantierten öffentlichen Bereich“[3] hat Freiheit in der Welt keinen Ort, an dem sie in Erscheinung treten könnte.

Ein Beispiel für diese Wechselbeziehung zwischen Freiheit und öffentlicher Sphäre bot das Experiment aktiver Freiheit in Polen von 1980 bis 1981. Während dieser sogenannten Solidarność-Zeit wurde eine feste Verbindung zwischen aktiver Freiheit und jenem Aspekt von Demokratie, den ich performativ nenne, manifest. Ein wachsender Dissens und kleine Risse im autoritären System führten zu intensiven Verhandlungen zwischen den Arbeitenden und der Regierung sowie zur Gründung einer erstmals von den kommunistischen Behörden unabhängigen Gewerkschaft namens Solidarność. Diese verwandelte sich schnell in eine massive soziale Bewegung, in der sich die Menschen die Kompetenz zur Selbstverwaltung innerhalb eines Einparteienstaats aneigneten.

Der Schlüssel zur Demokratieausübung ist also die Schaffung eines freien öffentlichen Raums, wie unausgereift er auch immer sein mag, und danach dessen graduelle Kultivierung und Erweiterung. Ein öffentlicher Raum, in dem man mit anderen sprechen und ihnen zuhören kann. Solch ein Raum wurde für die ersten Zusammenkünfte der Solidarność-Mitglieder in Fabrikhallen, Universitäten, Kirchen und einer Vielzahl von Staatsunternehmen geschaffen. Dies waren die ersten öffentlichen Räume, in denen Menschen sich treffen und beraten konnten. Dort wurde eine anonyme, unpersönliche und „institutionelle“ Art zu sprechen durch konkrete, individuelle und charakteristische Stimmen ersetzt. Mit dem Selbstvertrauen, sich selbst frei organisieren zu können, dachten die Menschen die Prinzipien demokratischer Verwaltung weiter und setzten diese dann auch in die Praxis um.

An dieser Stelle muss erwähnt werden, dass der öffentliche Platz nicht bloß Inkubator und Erhalter von Demokratie ist, sondern der einzige Ort, an dem die aktive Freiheit gelebt werden kann. Die Möglichkeiten, die er bietet, gibt es sonst höchstens in der Kunst oder der Literatur. Einzig der öffentliche Platz bietet die Chance, die sonst so abstrakten Prinzipien der Freiheit in die Realität umzusetzen, unsere Handlungsmacht zu entfalten und unsere Verantwortung füreinander wahrzunehmen. Erst hier wird Pluralität manifest, der Vielfalt Ausdruck verschafft, Gastfreundschaft ermöglicht, erst hier werden die eigenen Vorurteile überprüft. Der öffentliche Raum ist ein unbezahlbares Terrain für Erkenntnisgewinn, aber auch für die Gestaltung und Umgestaltung des gesellschaftlichen Handelns. Wichtig ist auch, dass sich in diesem Umfeld die kritische Dimension der Solidarität bildet. Für mein Argument definiere ich Solidarität als Teilen bei aktiver Freiheit. Als Nebeneffekt des Dialogs im öffentlichen Raum besteht die Solidarität aus dem Gefühl, dass jede und jeder Einzelne „seinen

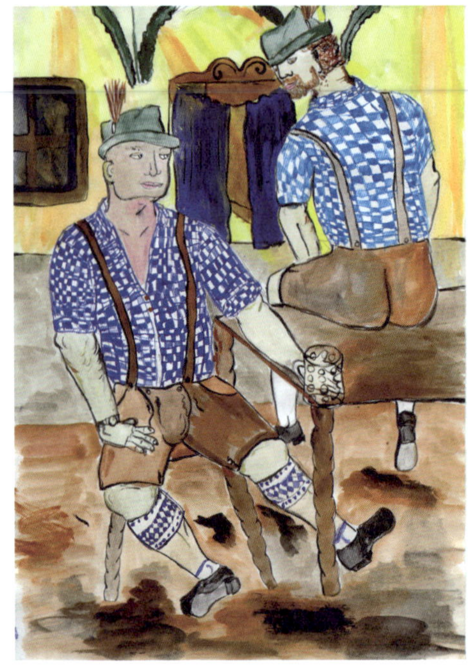

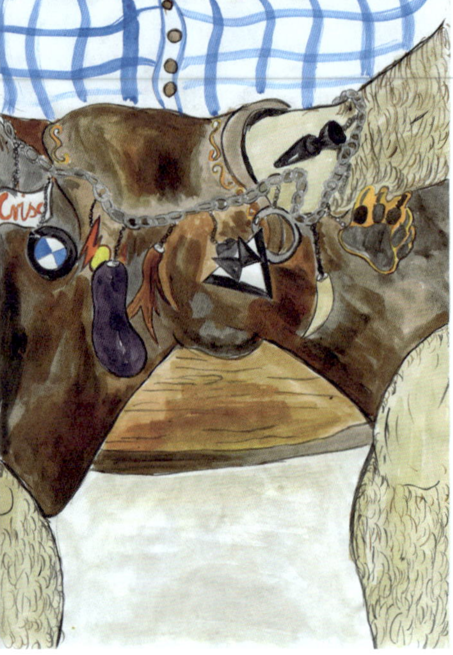

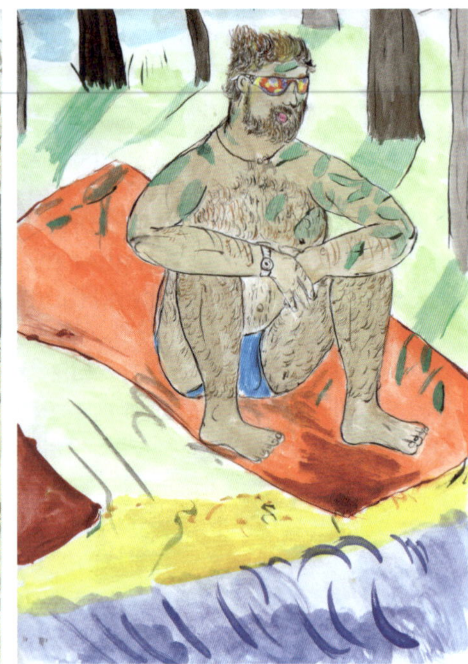

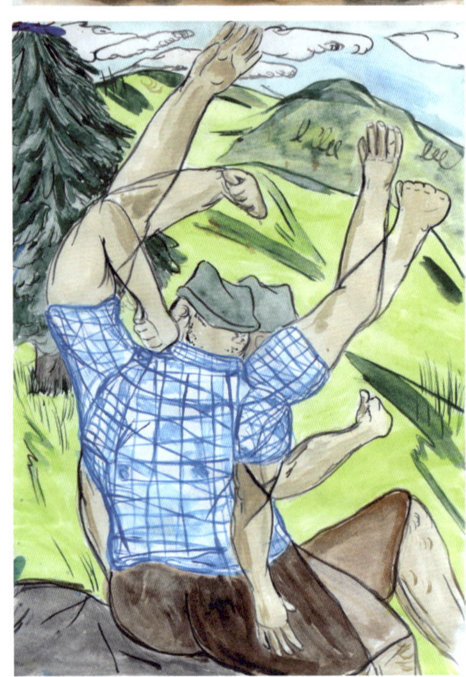

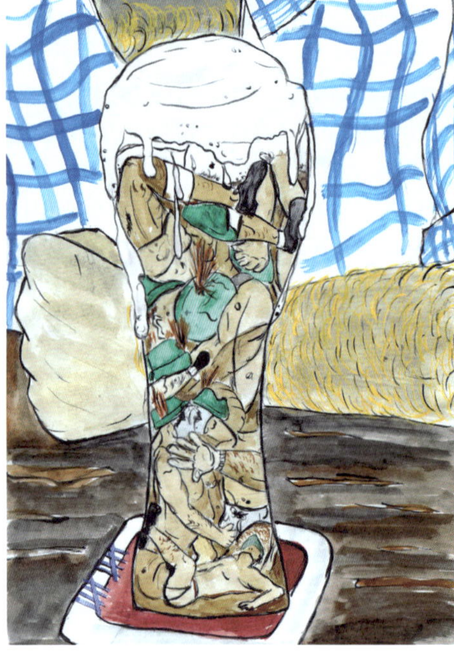

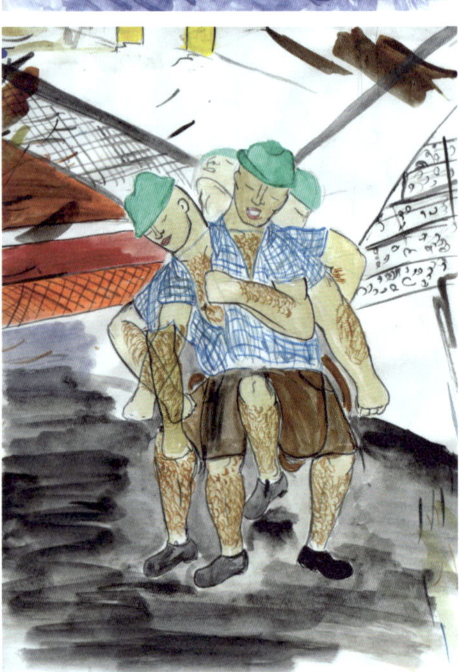

Toni & Jakob in der BOB (Bayerische Oberlandbahn) in Richtung Lenggries, nach dem Besuch des Filserballs in der Landeshauptstadt München

Schorsch (Georg) streckt sich beim Riederstein

Und Liebe

Martin mit unbekanntem Wesen in der Gmundner Bucht am Tegernsee

Sigi (Siegfried) auf einer Tanzveranstaltung bei Berchtesgaden

Ferdl (Ferdinand) mit einem dunklen Weißbier beim Gebirgsschützenfest im Chiemgau

Sepp mit Schnupftabak

Bertl (Bernhard) hat es irgendwie ins Berghain geschafft. Was das auch immer heißen mag. (Wochenendausflug vom Verein aus)

Rainers Charivari, das er seit den 80ern hat

Hias (Matthias) denkt in der Nähe von Geretsried nach

August denkt am Schliersee nach

Selbstporträt als Franz Josef Strauß

2017–2018, Aquarelle auf Papier, je 30 × 21 cm, courtesy Josip Novosel

Den in Kroatien geborenen, in Bayern aufgewachsenen und in Wien zum Künstler ausgebildeten Josip Novosel könnte man als romantischen Existenzialisten bezeichnen. Das Menschliche ist seinen Arbeiten immer eingeschrieben, oft auch in der Seichtheit ihrer Alltäglichkeit, jedenfalls immer nah dran an den Momenten, die man als intim umschreiben könnte. Seine Serie von Aquarellen ist eine Reflexion von Homosexualität in Bayern, die als schwule Identität hinter einem Raster aus gesellschaftlichen Konventionen und Traditionen verborgen scheint und nur in kleinen Momenten der Freiheit, oft evoziert durch Alkohol, hervorblitzt.

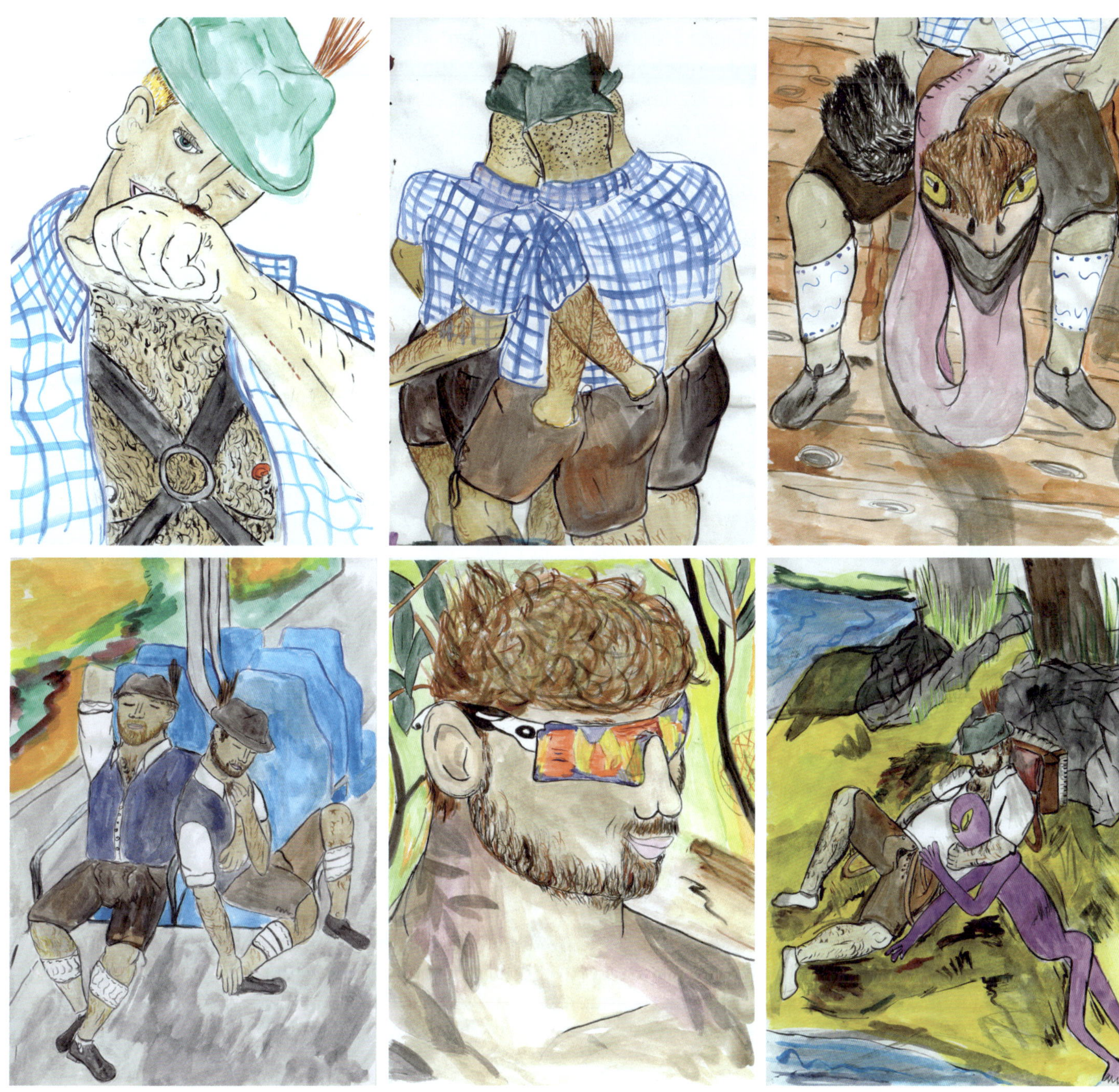

Toni & Jakob in the BOB (Bayerische Oberlandbahn) for Lenggries, after attending the Filserball in the Bavarian state capital of Munich

Schorsch (Georg) stretches himself at Riederstein

And Love

Martin with unknown creature in Gmund Bay Tegernsee

Sigi (Siegfried) at a dance near Berchtesgaden

Ferdl (Ferdinand) with a dark weissbier at the shooting fair in Chiemgau

Sepp with snuff

Bertl (Bernhard) has somehow made it into Berghain. Whatever that might mean. (Weekend trip organized by the club)

Rainer's traditional Bavarian decorative chain, which he has had since the 1980s

Hias (Matthias) ponders not far from Geretsried

August ponders at Lake Schliersee

Self-portrait as Franz Josef Strauss

2017–2018, watercolor on paper, 30 × 21 cm each, courtesy Josip Novosel

Born in Croatia, Josip Novosel grew up in Bavaria and trained as an artist in Vienna; he can certainly be described as a Romantic existentialist. His works always contain a sense of the human, often also in the shallowness of our everyday lives and at any rate always close to those moments that could be described as intimate. His series of watercolors is a reflection of homosexuality in Bavaria, where this gay identity seems to be hidden away behind a set of societal conventions and traditions, and can only be glimpsed in snatches of often alcohol-induced freedom.

und ihren Mitbürgerinnen und Mitbürgern nahe ist", man also voneinander abhängig ist und auch die Verantwortung für die Not der anderen teilt.

Natürlich ist der öffentliche Raum auch umstritten, ein Schmelztiegel von Spannungen und Meinungsverschiedenheiten. Hier prallen Ideologien aufeinander, hier werden Vorurteile prekär, hier ist der Konsens niemals von vornherein gegeben. Und dennoch sind die Stimmen oder die Sprechakte, die man hier vernimmt, die Grundlage performativer Demokratie und das Gegenteil von Gewalt, die, wie Arendt schreibt, „ohne Argument und ohne die Folgen zu bedenken vorgeht"[4]. Die Praxen der performativen Demokratie bieten eine scharfkantige Alternative zu Panzern und Gewehrkugeln, sie schaffen auch die Bedingungen, um die verlorene Würde freier Menschen, ihre Subjektivität als gesellschaftlich Handelnde und ihre Identität als Bürger wiederzuerlangen.

Nach 16 Monaten Freiheit rief das kommunistische Regime Polens im Dezember 1981 den Ausnahmezustand aus. Die Solidarność wurde geknebelt, ihre öffentlichen Orte geschlossen, die Menschen in den Untergrund gezwungen. Aber sie richteten sich wieder auf. Die Kunst des Dialogs und die Kunst, Kompromisse auszuhandeln, erwiesen sich als stärker. Deutlich zeigte sich das im April 1989, als sich die nunmehr illegale Solidarność zum ersten Mal mit der Regierung zu Gesprächen am Runden Tisch traf. Angesichts der Tatsache, dass es in Polen keinerlei demokratische Institutionen und Prozesse gab, war das ein bemerkenswertes Ereignis, in dem schon ein Versprechen von Freiheit steckte. Die auf dem Sprechen aufbauende performative Kompetenz der Solidarność trieb die Verhandlungen voran. Die Gespräche mit ihrer Improvisationsfreudigkeit und den einfallsreichen Lösungen waren eine großartige politische Installation und Performance. Das Ergebnis dieses Meisterwerks reaktivierte den öffentlichen Raum, und es wurde ein unorthodoxer, gewaltfreier Weg hin zu revolutionären Veränderungen angetreten. Eine Revolution zu verhandeln – was für ein großartiges Beispiel für aktive Freiheit!

Leider währt die performative Demokratie nicht ewig, besonders nicht ihre leidenschaftlichsten Momente. Aber das ist vielleicht auch nicht notwendig. Sie ist auch der Katalysator, durch den eine Demokratie, die, wie es so oft passiert, im Alter zu willfährig oder zu selbstgenügsam wird, sich erneuern oder überhaupt neu geboren werden kann. Sobald die liberale Demokratie im Alltag verankert ist und die Rechtsstaatlichkeit ihren Kern bildet, rücken andere Aspekte in den Vordergrund. Trotzdem kommt es neben den belebenden Qualitäten von performativer Demokratie und dem „grauen demokratischen Alltag"[5] auch zu Dürreperioden. Der öffentliche Platz ist dann zwar noch da, neben ihm die Institutionen der parlamentarischen Demokratie, politische Parteien, regelmäßig stattfindende Wahlen, freie Medien und Nichtregierungsorganisationen, die für ihre Sache eintreten. Was aber verschwindet, ist das von Michail Bachtin festgestellte Aufblühen der menschlichen Genialität, wenn es darum geht, Beziehungen zwischen Einzelnen neu zu gestalten und neue Gesellschaftsformen zu erfinden.[6] In den Dürreperioden hingegen wächst die Selbstgefälligkeit, das Denken verarmt, und Demokratiemissbrauch greift um sich.

Und heute hat man das verstörende Gefühl, dass tatsächlich etwas falsch läuft auf dem kostbaren Platz der Freiheit. Der polnische Historiker und Dissident Karol Modzelewski merkte an, dass vom Schlachtruf der Französischen Revolution nur noch *liberté* übrig geblieben ist, während *égalité* und *fraternité* verschwunden sind.[7] Und obwohl wir selbst – gute Bürgerinnen und Bürger, die wir sind – nicht direkt daran beteiligt waren, diese zwei Prinzipien zum Schweigen zu bringen, können wir wohl kaum behaupten, viel dagegen unternommen zu haben. Und was, wenn die verwaiste *liberté* nun auch noch verschwindet? Wir scheinen nicht in der Lage zu sein, die Ursachen zu benennen, aber wir können schon die Warnsignale um uns herum wahrnehmen. Wie kommt es, dass Gesellschaften, die sich einst in ihrem Bekenntnis zur aktiven Freiheit so einig waren, heute so stark gespalten sind? Warum wird die Vielfalt

123 Philipp Timischl

Hot style, sexy smile, nice ass, which class? (Hôtel de Ville)

Hot style, sexy smile, nice ass, which class? (Parc Rives de Seine)

Hot style, sexy smile, nice ass, which class? (Place Baudoyer)

Hot style, sexy smile, nice ass, which class? (Pont Louis-Philippe)

2018, Fine-Art-Inkjet-Pigmentdrucke auf Hahnemühle German Etching Papier; Foto: Maximilian Anelli-Monti, je 200 × 70 cm Courtesy Philipp Timischl und Galerie Emanuel Layr, Wien und Rom

Philipp Timischls Dragqueens sind überlebensgroß und schauen auf die Betrachterinnen und Betrachter herab. Misstrauisch mustern sie ihre Gegenüber. Der Titel *Hot style, sexy smile, nice ass, which class?* gibt einen Hinweis darauf, was ihre Blicke abzuchecken versuchen. Sprachliche, visuelle und verhaltensbezogene Codes werden abgefragt, um die Zugehörigkeit zu Gruppen nach geschlechtlichen, ethnischen und klassenspezifischen Gesichtspunkten festzustellen. Das Streben der Gruppen nach gesellschaftlicher Anerkennung und mehr Rechten und Freiheiten – die Identitätspolitik – ist geprägt vom problematischen Spannungsverhältnis zwischen Inklusion und Exklusion: Nur wer die Merkmale erfüllt, darf sich als Teil einer bestimmten Gruppe sehen und deren Anliegen sowohl vertreten als auch behandeln. Es werden also genau jene Mechanismen für das Individuum reproduziert, die die Identitätspolitik in der Gesellschaft aushebeln will.

Hot style, sexy smile, nice ass, which class? (Hôtel de Ville)

Hot style, sexy smile, nice ass, which class? (Parc Rives de Seine)

Hot style, sexy smile, nice ass, which class? (Place Baudoyer)

Hot style, sexy smile, nice ass, which class? (Pont Louis-Philippe)

2018, fine art inkjet pigment prints on Hahnemühle German Etching paper; photo: Maximilian Anelli-Monti, 200 × 70 cm each, courtesy Philipp Timischl and Galerie Emanuel Layr, Vienna and Rome

Philipp Timischl's drag queens are larger-than-life and look down at the observer. They eye the other person suspiciously. The title *Hot style, sexy smile, nice ass, which class?* provides a clue to what their gazes are trying to check out. Linguistic, visual, and behavioral codes are scanned in order to determine sexual, ethnic, and class affiliations. The striving of groups for social recognition, more rights and liberties—the identity politics—is characterized by a problematic and fraught relationship between inclusion and exclusion. Only those who possess the necessary characteristics can consider themselves part of a certain group, represent or address its concerns. In other words, the mechanisms reproduced for the individual are the very ones identity politics seeks to cancel.

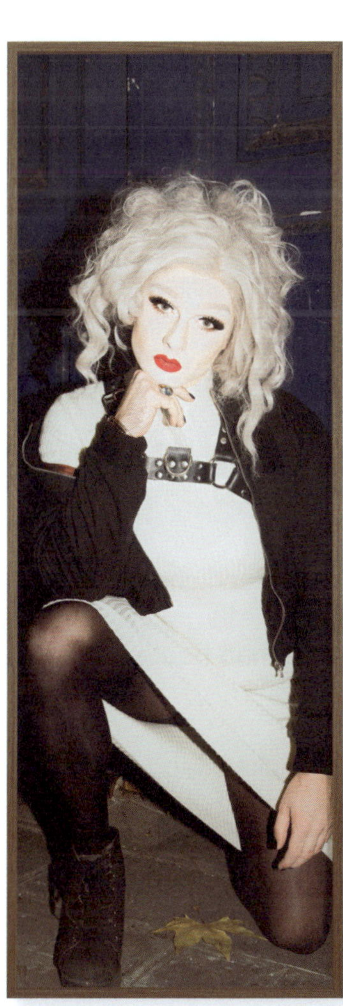
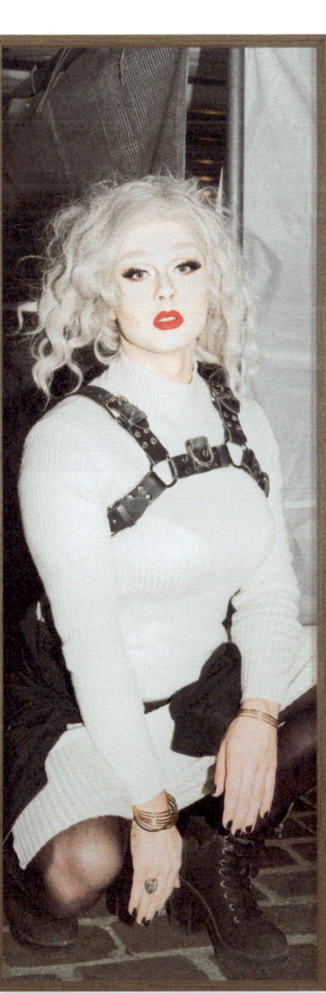
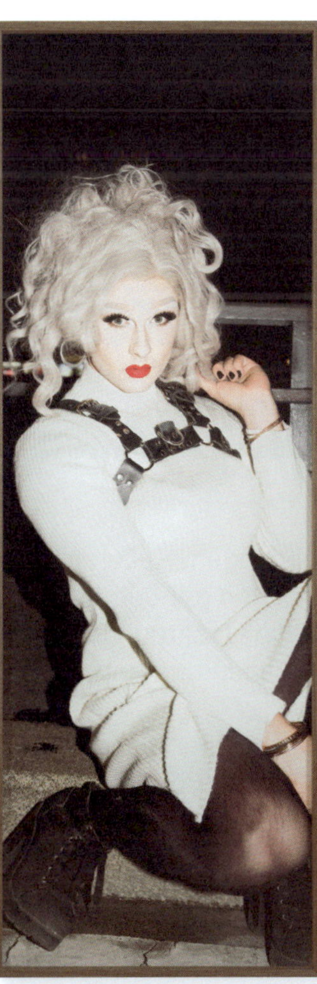
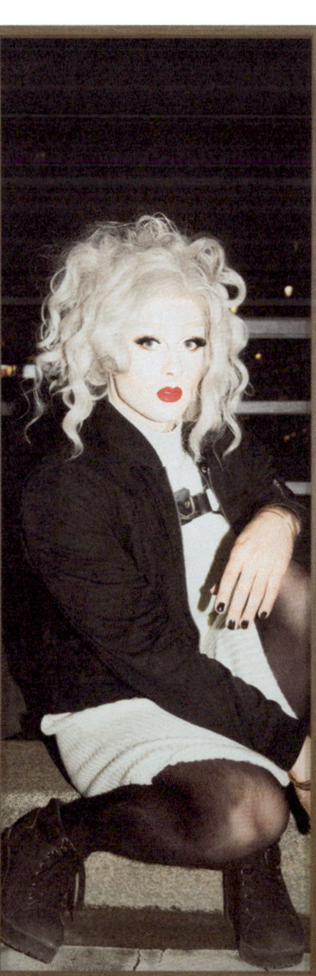

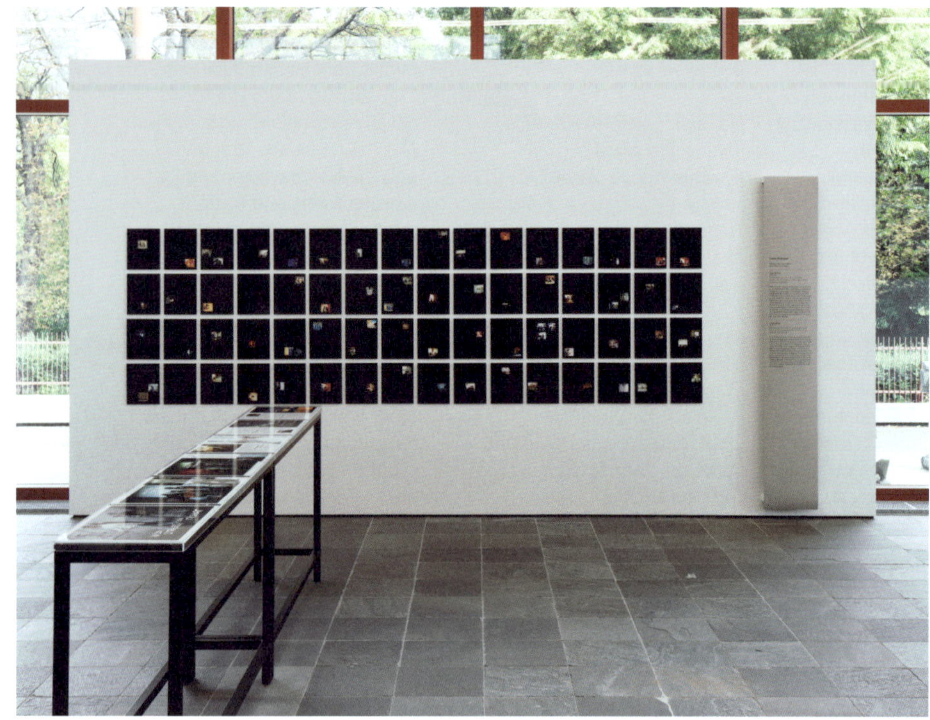

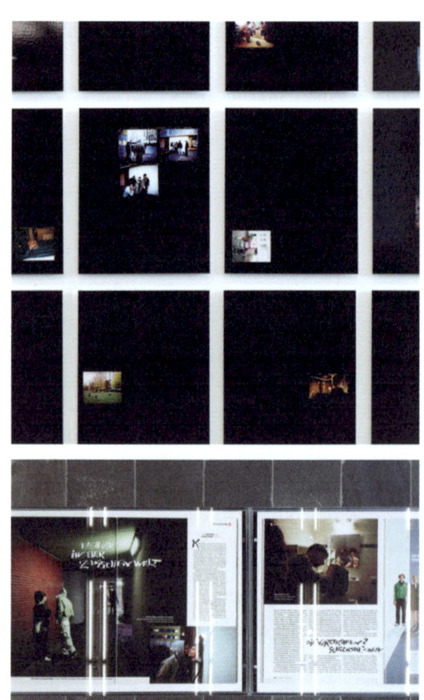

Jugendbilder
2006–2018, 64 Kontaktbögen, je ca. 30 × 25 cm, 6 Drucke, je ca. 60 × 40 cm, 2 Tische, je 175 × 40 × 100 cm, Courtesy Leon Kahane

In Reaktion auf die von ihm als einseitig, unempathisch und paternalistisch empfundene mediale Darstellung von Jugendlichen mit Migrationshintergrund versucht Leon Kahane über mehrere Jahre, einen intimeren Einblick in das stigmatisierte Milieu zu bekommen. 2008 wird in der Wochenillustrierten *stern* schließlich die Reportage „In den Straßen von Moabit" veröffentlicht, samt einer Auswahl von Kahanes Fotografien. Zehn Jahre später stellt er die Kontaktbögen seiner gesamten Recherche dem Artikel gegenüber, um die Ambivalenz zwischen eigenem Anspruch und Resultat selbstkritisch zu hinterfragen, aber auch um die Perspektive auf die Jugendlichen als Indikator eines gesellschaftlichen Selbstverständnisses sichtbar zu machen. Die Projektionen und Kategorisierungen der Gesellschaft finden in den Codes und Normen, mit denen sich die Jugendlichen identifizieren und abgrenzen, ihre Entsprechung.

Youth Images
2006–2018, 64 contact prints, c. 30 × 25 cm each, 6 prints, c. 60 × 40 cm each, 2 tables, 175 × 40 × 100 cm each, courtesy Leon Kahane

As a response to what he sees as a biased, unsympathetic and paternalistic media representation of young people from migrant backgrounds, Leon Kahane has tried for several years to gain a more intimate insight into this stigmatized milieu. In 2008, the weekly news magazine *stern* published the report "In den Straßen von Moabit" (In the streets of Moabit) together with a selection of Kahane's photographs. Now, 10 years later, he is juxtaposing the contact sheets from his entire research with the article in order to question self-critically the ambivalence between his own ambitions and the actual result, but also in order to visualize the perspective on the young people as an indicator of how society sees itself. The projections and categorizations of society find their equivalents in the codes and norms with which these young people identify and use to set themselves apart.

von Menschen, Meinungen, Kulturen und Glaubensbekenntnissen, die am öffentlichen Ort einst befürwortet und gar begrüßt wurde, nun gemieden? Wo sind sie hin, die Großzügigkeit und die Gastfreundschaft anderen gegenüber? Warum kann man heute so leicht Misstrauen säen und Angst und Verschwörungstheorien verbreiten?

Man wundert sich über diesen von der Globalisierung ausgelösten Rückschlag, der das Misstrauen gegenüber den demokratischen Institutionen erhöhte und nationale Identitäten destabilisierte, statt das Gefühl einer größeren, gemeinsamen, grenzüberschreitenden Bürgerschaft zu bekräftigen. Es ist besonders erschreckend, dass die politische Polarisierung, die wir um uns herum wahrnehmen können, wie eine simplifizierte Version des Begriffs des Politischen von Carl Schmitt wirkt, der auf einer notwendig scharfen Trennung zwischen Freund und Feind beruht. Kein Zweifel, die politische Mitte schrumpft dramatisch, und zwar in den neuen wie in den alten Demokratien. Wir haben es mit einer Variation des Phänomens einer Flucht vor der Freiheit zu tun, die wie in Faschismus, Populismus oder Kommunismus die erkennbaren Merkmale von Unfreiheit in sich trägt, aber dennoch haben wir noch keinen passenden Namen für sie.

Es ist unheimlich, wenngleich nicht ungewöhnlich, dass der Angriff auf die aktive Freiheit aus einem politischen Umfeld kommt, das durch die bestehenden demokratischen Einrichtungen und Freiheiten erst ermöglicht wurde. In Pseudodemokratien wie Wladimir Putins Russland gibt es keinen öffentlichen Raum mehr. Er wurde dort in ein Potemkin'sches Dorf verwandelt, einen Raum für Staatsmonologe. Das hat die Stimmen zum Schweigen und die aktive Freiheit zum Stillstand gebracht. In den noch funktionierenden Demokratien geht das nicht so leicht, und dennoch ändert der öffentliche Raum auch hier nach und nach seinen Charakter. Das Schreien ersetzt den Dialog. Das Bejubeln eines starken Führers könnte Diskussionen ersetzen, in denen die Wahrheit überprüft, Integrität anerkannt und nach Gleichberechtigung gestrebt werden kann.

Vor dem Hintergrund ihrer Einsichten, welche Umstände zu Unfreiheit führen, bedeutete für Hannah Arendt die Abschaffung des lebendigen Raums der Freiheit unmissverständlich den Beginn der Tyrannei.[8] Ihre Beobachtungen klingen heute beängstigend aktuell: „Die Vorbereitungen sind erfolgreich, wenn die Menschen nicht nur den Kontakt zu ihren Mitmenschen, sondern zur Wirklichkeit um sie herum verloren haben; mit diesem Kontakt verlieren sie nämlich auch ihre Fähigkeit zu erleben und zu denken."[9] Obwohl weder im vereinigten Europa noch in den USA der öffentliche Raum vollends abgeschafft wurde, leben wir doch in einer langwierigen Dürrezeit. So werden in Polen Gespräche am Runden Tisch, ein innovatives politisches Werkzeug der Hoffnung, vom rechten Flügel des Spektrums explizit abgelehnt. Alles in allem wird der öffentliche Raum ignoriert und vernachlässigt. Die endgültige Beseitigung oder Veränderung seiner dialogischen Funktion bedeutet, dass die Infrastruktur der Hoffnung, die für die aktive Freiheit essenziell ist, aufgelöst wurde. Was haben wir bloß mit unserer Freiheit gemacht?

Wir haben uns des Verbrechens schuldig gemacht, die Freiheit zu vernachlässigen. Offenbar erscheint vielen Menschen ein Leben außerhalb eines Dialogs, ein Leben in Sicherheit und Monolog, beruhigend und angenehm. Für andere ist die einzig wahre Realität ein postmodernes Chaos, das man nicht schlüssig begreifen kann. In beiden Fällen erscheint der Versuch sinnlos, Brücken zu bauen. Das Problem ist, dass wir die zwei Grundprinzipien der aktiven Freiheit vernachlässigt haben, nämlich das Prinzip des Dialogs und das Prinzip der Solidarität. Wir haben die Fähigkeit verloren, als Mitglieder einer gemeinsamen Gesellschaft miteinander in einen aufrichtigen Dialog zu treten. Unabhängig davon, ob man diese Entwicklung nun als sträflich oder bloß fahrlässig wertet, steht fest, dass dies nicht nur zu einer wachsenden Kommunikationskluft und einer steigenden Ungleichheit zwischen den Besitzenden und den Besitzlosen geführt hat, sondern auch zu einem allgemeinen Gefühl, dass wir uns gegenseitig im Stich gelassen haben.

Der Dialog ist tatsächlich strategisch wichtig. Um mit Arendt zu sprechen, gelangen wir nur über den Dialog näher an unsere Mitmenschen heran, und nur durch den Dialog, der uns den Standpunkt der anderen verstehen hilft, können wir die Gegenseitigkeit zur Gewohnheit machen.[10] In der Solidarność-Zeit lieferte der polnische Phänomenologe Pater Józef Tischner eine ganz bodenständige Definition von Dialog, die uns heute nützlich sein könnte: „Die erste Voraussetzung des Dialogs ist die Fähigkeit, sich mit dem Standpunkt des anderen anzufreunden. Dazu benötigt man nicht nur Empathie, sondern mehr – nämlich anzuerkennen, dass der andere von seinem Standpunkt aus bis zu einem gewissen Grad immer recht hat. Niemand schließt sich freiwillig im Keller ein, man muss offensichtlich einen Grund dafür haben.

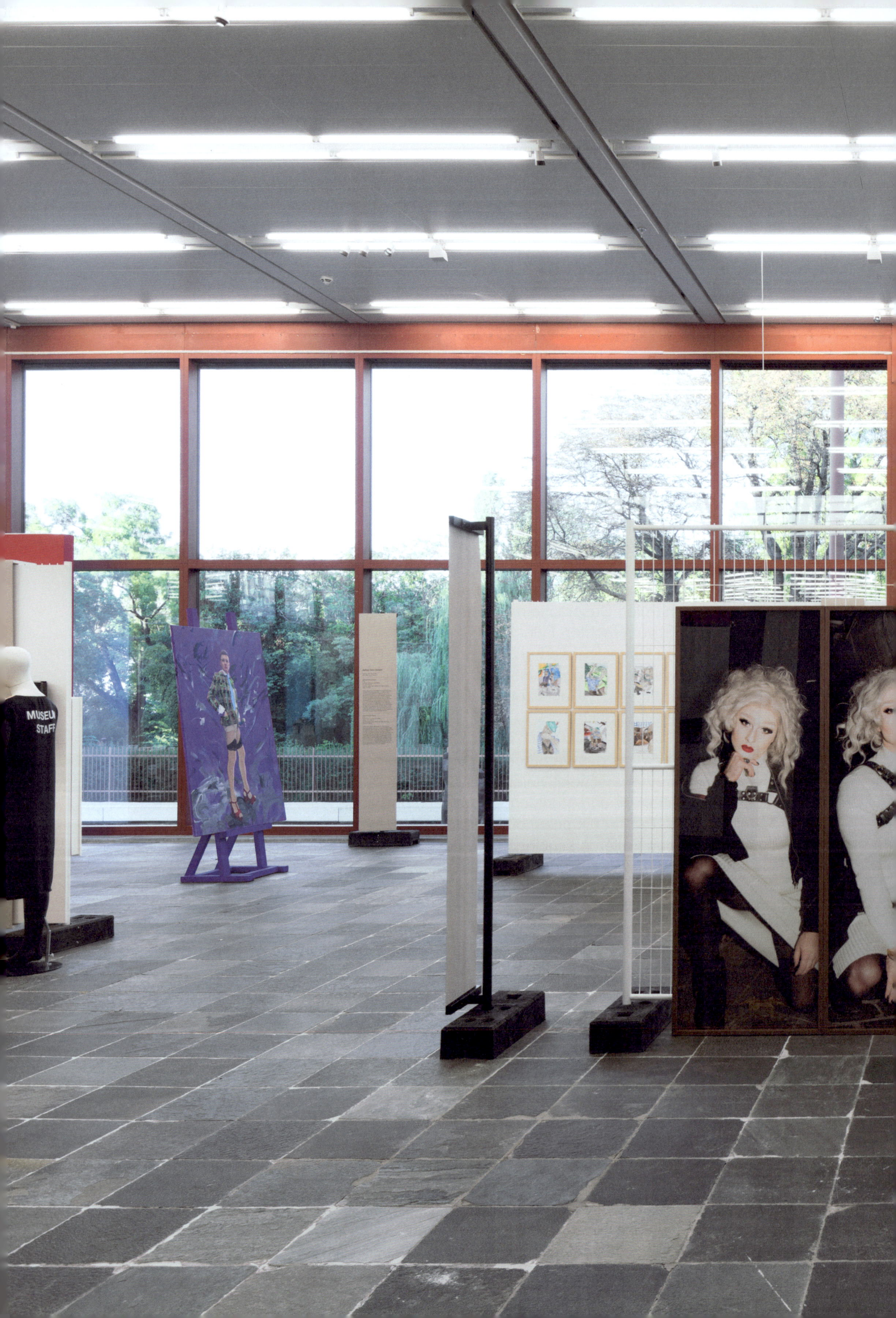
MUSEU
STAFF

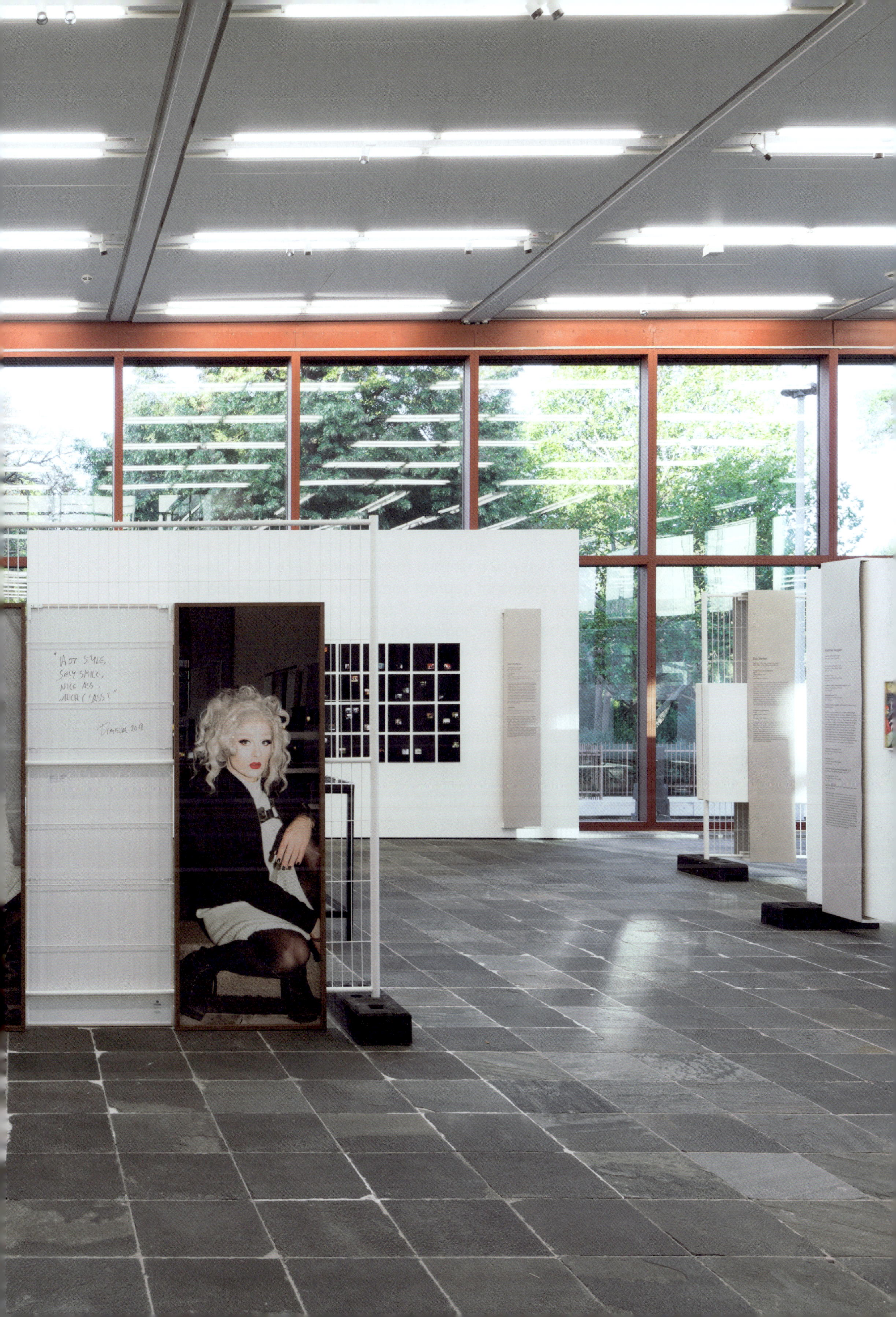
SEXY SMILE,
NICE ASS

Es ist notwendig, zu versuchen, diesen Grund zu verstehen. Das erste Wort jedes Dialogs enthält daher insgeheim das Bekenntnis: ‚Bis zu einem gewissen Grad musst du recht haben.‘ Dem folgt ein zweites, genauso wichtiges Bekenntnis: ‚Sicher habe ich nicht vollkommen recht.‘ Mit diesen zwei Bekenntnissen wachsen beide Gesprächspartner über sich hinaus und streben eine Einigung über ein und denselben Standpunkt gegenüber Dingen und Angelegenheiten an.“[11]

Letzen Endes kann das Wechselspiel zwischen Intersubjektivität und Sozialität ausschließlich im öffentlichen Raum stattfinden. Nur auf seinem fruchtbaren Boden können wir durch den Dialog mit dem anderen wachsen und Wissen – die Vorbedingung für das Handeln – generieren. Dieses Wissen, nie absolut oder vorherbestimmt, wird lokal erarbeitet und ist offen für Anpassungen und Nachbesserungen. Es vertreibt unsere Ignoranz, und sogar Arendt, die das Denken immer über das Wissen gestellt hat, hätte den kognitiven Wert dieses zugänglichen, vorläufigen Verstehens gesehen, das im öffentlichen Raum entwickelt wird und das oft in der Sprache der Poesie, des Imaginativen und des Unvorhersehbaren zum Ausdruck kommt.

Jede Unterdrückung des Dialogs durch eine gezielte Einschränkung der öffentlichen Sphäre greift in unser Verständnis der Welt ein und engt es ein: Wir glauben zu wissen, aber wir wissen nicht.

Ohne den öffentlichen Raum würden unsere Handlungen wohl auf etwas aufbauen, das ich *Misswissen* nenne. Im Gegensatz zum Wissen, das durchaus skeptisch und gerade deswegen dialogisch sein kann (so wie Sokrates’ Diktum „Ich weiß, dass ich nichts weiß“), ist das Misswissen immer monologisch („Ich weiß, dass ich weiß“). Der Zustand des Misswissens ist geprägt vom Scheitern, das eigene Wissen infrage zu stellen, vom Wissen auf unkritische und daher irrtümliche Weise. Das Misswissen beginnt mit der Abwesenheit jeglichen Hinterfragens der eigenen Selbstkenntnis und mit Selbstsicherheit. Es gibt mithin einen direkten Zusammenhang zwischen dem Misswissen und dem Beschränken oder Unterdrücken der aktiven Freiheit.

Also ja, die soziale Isolation erzeugt als Nebenprodukt der Schließung des öffentlichen Raums Ignoranz und Hoffnungslosigkeit. Wenn der öffentliche Raum zum Staatsraum wird, in dem sogar eingeschränkte Interaktionen kontrolliert und inszeniert werden und wo man nur eine einzige anonyme Stimme aus Lautsprechern hört, wird Ignoranz belohnt durch die Verbindung mit einer komfortablen Sicherheit, verschwinden die Bezugspunkte des Kennenlernens, und das Wissen wird zu Misswissen. Ein Misswissender glaubt, dass er weiß. Und das Markenzeichen dieses Misswissens ist seine Sicherheit.

1977 unterschrieb eine Gruppe tschechischer Staatsbürgerinnen und Staatsbürger, die sich als „freie, informelle und offene Verbindung von Menschen unterschiedlicher Überzeugungen, Berufe und Glaubensrichtungen“ bezeichnete, „die der Wunsch eint, als Einzelne oder gemeinsam die Wahrung der Bürger- und Menschenrechte einzufordern“[12], einen Protestbrief, der als „Charta 77“ in die Geschichte einging. Der *spiritus movens* hinter diesem Brief, Jan Patočka, beschrieb das Band zwischen den Dissidentinnen und Dissidenten als eine „Solidarität von Erschütterten“[13] – als Solidarität zwischen Menschen also, deren Grundannahmen und Überzeugungen erschüttert worden waren. Sie repräsentierten das, was einer der berühmtesten Unterzeichner, Václav Havel, später „die Macht der Machtlosen“ nennen sollte: Sie hatten sich entschlossen, so zu leben, als wären sie frei.

Viele Jahre später gelesen, scheint es, als ob die Gedanken von Tischner, einem katholischen Denker aus Polen, und Arendt, einer säkularen Jüdin in den Vereinigten Staaten, miteinander reden würden. Für Tischner entsteht Solidarität, d. h. „die Bürde des anderen zu tragen“, immer im Dialog.[14] Für Arendt entsteht sie aus der Fähigkeit, vom Standpunkt des anderen aus zu denken.[15] Tischner sagt es rundheraus:

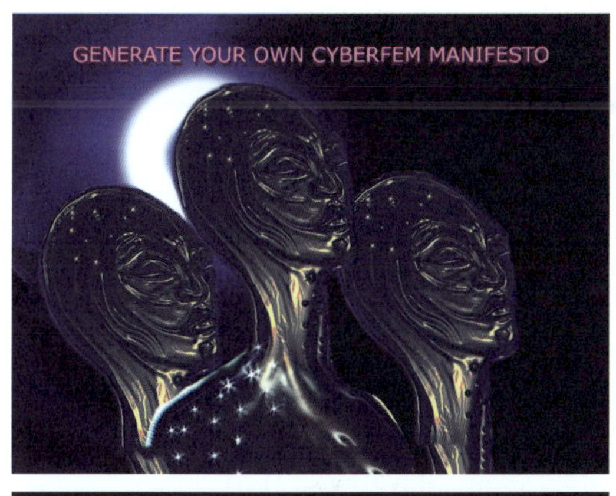

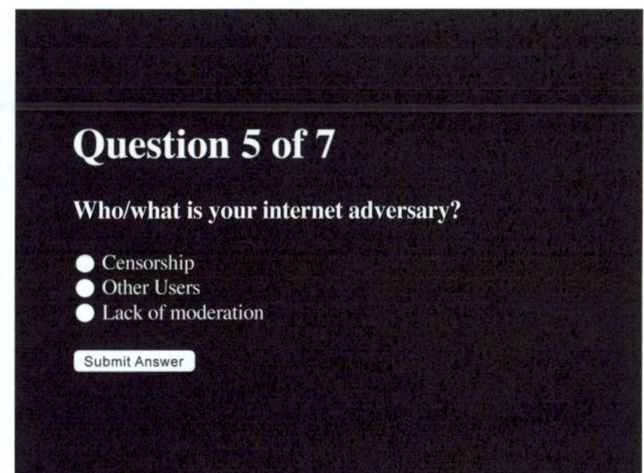

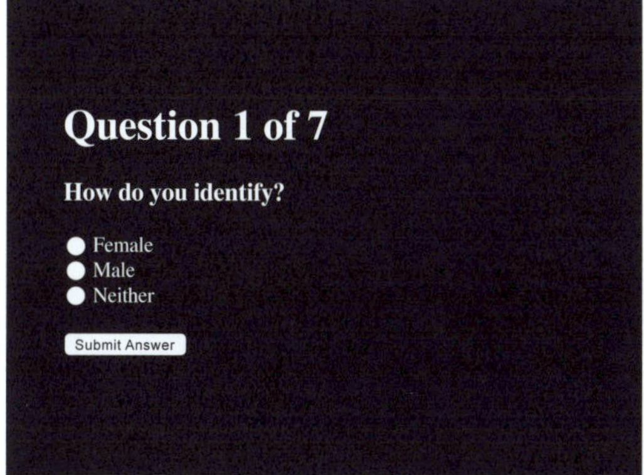

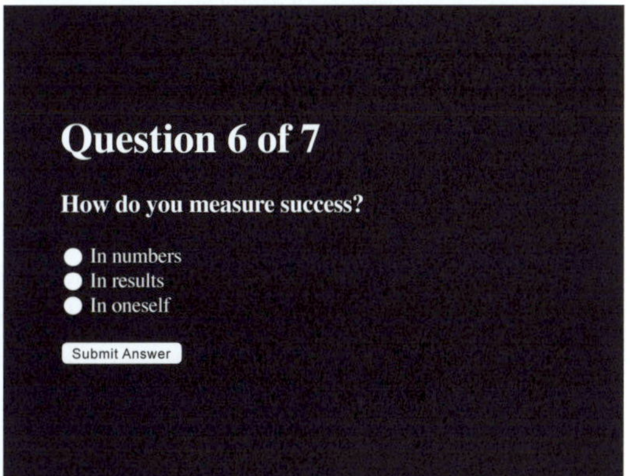

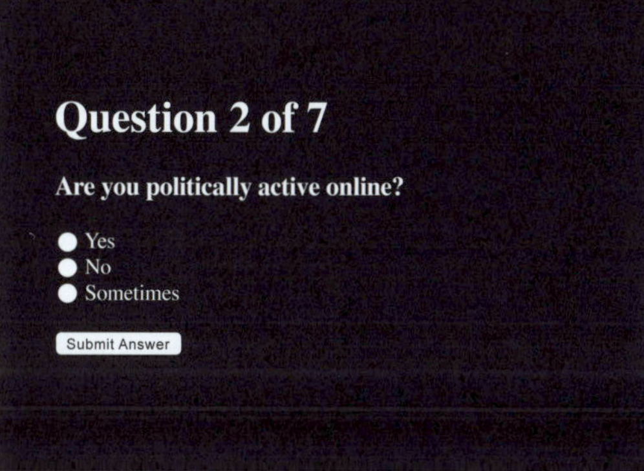

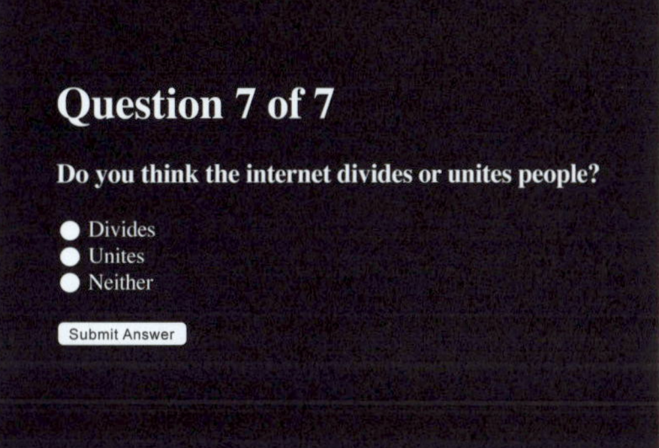

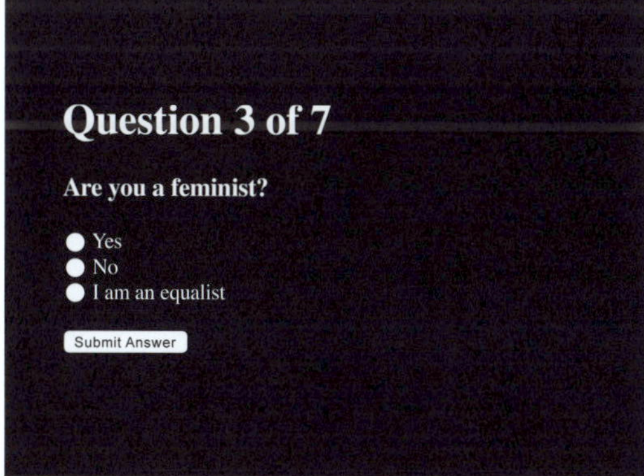

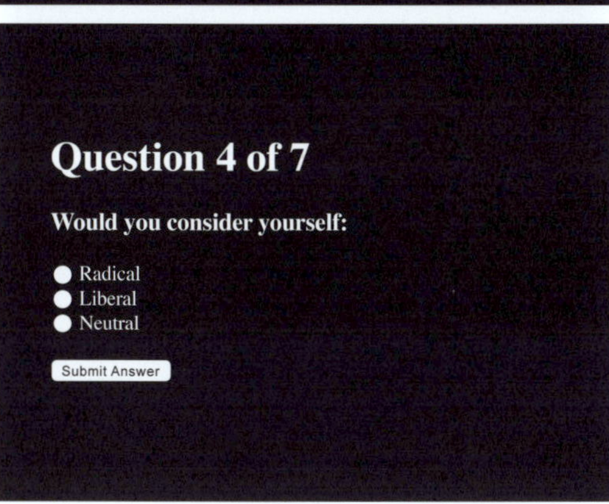

Cyberfem Manifesto Generator
2015, HTML, JavaScript and CSS auf https://isabella-maund.art/cyberfem/, Courtesy Isabella Celeste Maund

Der Begriff Cyberfeminismus geht auf das Künstlerinnen-kollektiv VNS Matrix zurück, das 1991, beeinflusst von Donna Haraways *A Cyborg Manifesto* (1984), ein Cyber-feministisches Manifest für das 21. Jahrhundert veröffentlichte. Seither wurde eine Reihe von Manifesten geschrieben, die verschiedene Ansätze von radikalem bis liberalem Feminismus in Beziehung zur Gestaltung und Verwendung des Cyberspace und den Informations- und Kommunikationstechnologien setzen. Isabella Celeste Maund hat eine Webseite programmiert, die auf Basis der Beantwortung von sieben Fragen ein persönliches cyberfeministisches Manifest generiert. Während Maund die Absurdität verdeutlicht, dass aus wenigen Fragen und ihren vorgegebenen Antwortmöglichkeiten komplexe Haltungspositionierungen generiert werden können, ermuntert sie zur vertiefenden Beschäftigung mit cyberfeministischer Theorie und zur Nutzung des enormen Potenzials zur Veränderung der Geschlechterverhältnisse über das Internet.

Cyberfem Manifesto Generator
2015, HTML, JavaScript and CSS on https://isabellamaund.art/cyberfem/
Courtesy Isabella Celeste Maund

The term cyberfeminism can be traced back to the artist collective VNS Matrix, which in 1991 and influenced by Donna Haraway's *A Cyborg Manifesto* (1984), published a cyberfeminist manifesto for the 21st century. Since that time, a series of manifestoes has been written, forging links between various approaches of radical to liberal feminism, and the organization and use of cyberspace not to mention information and communication technologies. Isabella Celeste Maund has programmed a website that generates a personal cyberfeminist manifesto based on the person visiting it answering seven questions. Although Maund highlights the absurdity of being able to generate complex attitudes from just a handful of questions and the small selection of possible answers, she encourages a deeper examination of cyberfeminist theory and how its enormous potential can be exploited to change gender relations via the Internet.

„Solange ich mich ausschließlich mit meinen eigenen Augen betrachte, kenne ich nur einen Teil der Wahrheit. Solange du dich nur mit deinen Augen betrachtest, kennst auch du nur einen Teil der Wahrheit. Die ganze Wahrheit ist immer die Frucht gemeinsamer Wahrnehmungen – deiner Wahrnehmung von mir und meiner Wahrnehmung von dir.“[16]

Der Begriff der Solidarität scheint auf den ersten Blick näher an der Brüderlichkeit zu liegen als an Freiheit oder Gleichheit. Dennoch würde Arendt darauf beharren, dass er kein Ausdruck von Sentimentalität oder Mitleid ist, sondern vielmehr eine rationale und bewusste Entscheidung darstellt, die unsere Handlungen lenkt.[17] Trotzdem bringt Solidarität ein kritisches Korrektiv zum kalten, liberalen Freiheitsbegriff ins Spiel: eine verkörperte, aktive Freiheit, die von den Prinzipien des Dialogs und der Solidarität genährt wird und eine viel wärmere Vorstellung liefert. Die aktive Freiheit verringert dadurch, dass sie Menschen wirklich verbinden kann, die Angst und die Einsamkeit des/der Einzelnen. Damit schafft sie auch realistischere Hoffnungen bei jenen, die sie nicht besitzen. Im Augenblick scheint es, als wären wir daran gescheitert, die aktive Freiheit zu bewahren – obwohl unser Solidaritätsgefühl eng mit der Aussicht auf sie verbunden ist.

Ich denke, durch das Versprechen einer aktiven Freiheit, gewährleistet durch einen robusten öffentlichen Raum, in dem die Solidarität von Dialogen Wärme abstrahlt, könnte die beängstigende Verfinsterung unserer Zeit aufgehellt werden. Wir alle müssen dorthin zurück.

1 Michniks Vortrag „From Velvet Revolution to Velvet Dictatorship: Reflections on Democratic Regression“ wurde am 3. Mai 2018 auf *Public Seminar* veröffentlicht: www.publicseminar.org/from-velvet-revolution-to-velvet-dictatorship (zuletzt besucht am 14.6.2018).
2 Hannah Arendt, „Interview mit Adalbert Reif“, in: dies., *Macht und Gewalt*, München 1985, S. 107–133.
3 Arendt erwähnt den Erscheinungsraum etwa passim in „Freiheit und Politik“, in: *Die neue Rundschau*, 69. Jg., 1958, S. 670–694.
4 Hannah Arendt, „Reflections on Violence“, in: *The New York Review of Books. Special Supplement*, Bd. 12, Nr. 14, 27.2.1969, S. 65.
5 Adam Michnik, „Gray Is Beautiful“, in: ders., *Letters from Freedom*, Berkeley/Los Angeles/London 1998.
6 Michail Bachtin, *Rabelais und seine Welt*, Frankfurt a. M. 1995.
7 „Karol Modzelewski. Rewolucjonista“ („Karol Modzelewski: ein Revolutionär“), Interview mit Donata Subbotko, in: *Gazeta Wyborcza*, 22.11.2014.
8 Hannah Arendt, *Elemente und Ursprünge totalitärer Herrschaft*, München 1991.
9 Hannah Arendt, *The Origins of Totalitarianism*, New York 1951, S. 474.
10 Hannah Arendt, „The Crisis of Culture“, in: dies., *Between Past and Future*, New York 1977, S. 221.
11 Józef Tischner, *Etyka Solidarnosci*, Krakau 1981, auf Englisch: *The Ethics of Solidarity*, hg. von Dobrosław Kot, übers. von Anna Fraś, Krakau 2005, S. 42.
12 „Declaration of Charter ’77“, Prag, 1.1.1977, S. 3, https://ktwop.files.wordpress.com/2011/12/charter-77-declaration.pdf (zuletzt besucht am 12.6.2018).
13 Jan Patočka, *Heretical Essays in the History of Philosophy*, hg. von James Dodd, Chicago 1996, S. 134.
14 Tischner 1981 (wie Anm. 11), S. 37.
15 Arendt 1977 (wie Anm. 10).
16 Tischner 1981 (wie. Anm. 11), S. 42.
17 Hannah Arendt, *Über die Revolution*, München 2011.

ELŻBIETA MATYNIA

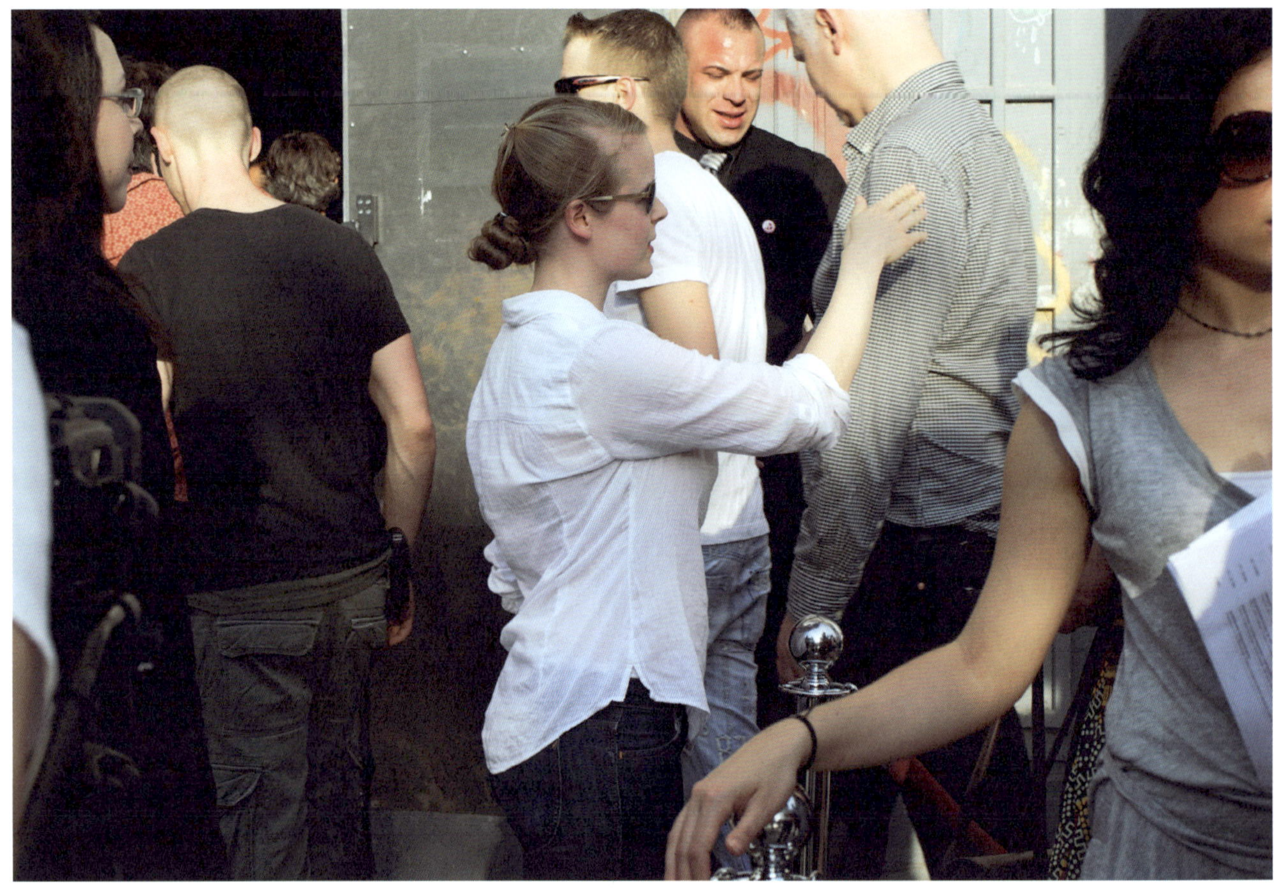

Einlasspolitik, oder meine Antwort auf die Ausstellungspolitik der 6. Berlin Biennale für zeitgenössische Kunst, die von Kathrin Rhomberg kuratiert wurde, zu der ich, neben 11 Künstlerinnen und 33 Künstlern (ein Geschlechterverhältnis, das auf eine Bestätigung des De-facto-Standards bei Präsentationen zeitgenössischer Kunst hinausläuft) eingeladen worden war und bei deren Eröffnung, die am 10. Juni 2010 bei freiem Eintritt stattfand, ich gemeinsam mit einem professionellen Securityteam die Ausstellungspolitik beim Eingang in das Gebäude umsetzte und 12 Besucherinnen pro 33 Besucher einließ und, wenn die Frauenwarteschlange zu lange wurde, von Zeit zu Zeit, nach Gesprächen mit den Frauen die Einlasspolitik änderte und nur Frauen einließ.

2011, Offset-Lithografie auf Holz (163 × 109 cm), Absperrständer mit Kordeln, versteckte Tonquelle, Objektbeschriftung, Dimension variabel, Courtesy Marlene Haring

Wie Marlene Haring in ihrem Titel festhält, handelte es sich bei der Performance *Einlasspolitik, oder ich beiße die Hand, die mich füttert* um eine Reaktion auf die kuratorische Entscheidung, im Rahmen der 6. Berlin Biennale zwölf Künstlerinnen und 33 Künstler auszustellen. Dieses Geschlechterverhältnis spiegelt die Unterrepräsentation von Frauen im Kunstbetrieb wider, die heute im Gegensatz zu ihrer Sichtbarkeit in Ausstellungen eine Mehrheit der Kunstschaffenden ausmachen. Dieses Ungleichverhältnis übertrug Haring auf die Besucherinnen und Besucher der Eröffnung und machte so die Marginalisierung direkt spür- und nachvollziehbar.

Door Policy, or my answer to the exhibition policy of the 6th Berlin Biennale for Contemporary Art, curated by Kathrin Rhomberg, in which I was selected to take part alongside 11 other female artists and 33 male artists (a gender proportion that amounts to a confirmation of the de facto norm for presentations of contemporary art), on the occasion of the opening on 10 June 2010, when entrance was free, I, assisted by a team of professional security personnel, applied the exhibition policy to the door and admitted 12 female visitors for every 33 male visitors, and, since the women's queue quickly became very long, from time to time, after discussing the situation with the women waiting, changed the policy to women only.

2011, offset litho mounted on wood (163 × 109 cm), rope and post barriers, hidden sound source, title inscription, dimension variable, courtesy Marlene Haring

As Marlene Haring records in her title, the performance *Door Policy, or Biting the Hand that Feeds Me* is a reaction to a decision by the curator of the 6th Berlin Biennale to exhibit 12 female artists and 33 male artists. As Haring explains, this gender proportion reflects the underrepresentation of women in the art business, even though in contrast to their visibility they make up the majority of artists. Haring passed this disequilibrium on to the visitors at the opening, in order to enable people to experience marginalization directly.

"If in 1987 God had asked the Poles what their three most fervent wishes were," as legendary dissident Adam Michnik recently quipped, "they would have replied: 'First, we want to live in a country with no political prisoners. Second, we want a country without censorship and foreign armies. And third, we would like the Soviet Union to fall apart.' And the good Lord listened to Poland, and all three wishes came true. We got freedom. But today God is asking the Poles: so what have you done with that freedom?"[1]

All three wishes represent a popular imaginary, that is, freedom from chains, freedom from coercion. But what interests me most is the tale's concluding question: What is happening to the freedom we achieved, whether we are Poles, Americans, or Europeans?

My own focus here is on a kind of freedom that Hannah Arendt would call revolutionary, one that implies freedom of dissent,[2] opens doors to new beginnings, and affords opportunities that people could only dream of. And now it is up to us to enact it. When such freedom is manifested by the presence of speaking actors and not just the absence of oppression, and we can sculpt and master ourselves—it becomes embodied as active freedom. A key attribute of active freedom is that of speech-acts, which help build the sense of a polity in which people and their different voices matter in both creating and maintaining it.

Freedom as such is not easily tangible. It is like the air we breathe. Only when it becomes alive and embodied can it appear in public. But for freedom to become truly performative with speech-acts, it needs a public space. Arendt calls this a "space of appearance," which I shall refer to as the public square, a site where freedom is more solid and visible. It creates the condition for freedom's performativity, which occurs when the long-unused, action-oriented word comes out from hiding, squeezing itself through the cracks into the open, and from the moment it is heard, prompting the emergence of an undeniably public realm. Indeed, the relationship between active freedom and the public square is reciprocal, since without freedom, the public sphere eventually vanishes. And "without a politically guaranteed public realm," freedom does not have a space in which to appear.[3]

One instance of such interdependence between freedom and the public realm was provided by a laboratory of active freedom in Poland in 1980–81. It was during this so-called "Solidarity" period that a robust connection between active freedom, and the dimension of democracy I call performative, became evident. Growing dissent and small cracks in the authoritarian system had led to intense negotiations between workers and the government, and the emergence of a unique trade union independent of the Communist authorities. Called "Solidarity," it quickly turned into a massive social movement in which people mastered the skills of self-governance within a one-party state.

So, at the core of performative democracy is the constitution, however embryonic, of a free public space, and its gradual cultivation and expansion, where one can speak with and listen to others. Such space was furnished for early gatherings of Solidarity members in the production halls of factories and in universities, churches, and myriad state enterprises. Those were the first public squares in which people could come together and deliberate. There an anonymous, impersonal, and "institutional" way of speaking was replaced by concrete, individual, distinctive voices. Empowered by a sense of being free to organize themselves, people explored and developed the principles and practices of democratic governance, and enacted them.

It is imperative to point out here that the public square is not just an incubator and maintainer of democracy, but is the only site where active freedom can be lived. Otherwise the experience it provides is not really accessible except through the arts or literature. The public square gives us an opportunity to process the otherwise intangible principles of freedom, bolstering our agency, and guiding our responsibilities toward the other. It is here that plurality is demonstrated, diversity expressed, hospitality considered, assumptions tested. It is a priceless epistemic terrain for generating new ways of knowing, and then shaping or reshaping society's practices.

Importantly, it is in such an environment that the critical dimension of solidarity is formed. For purposes of this discussion, solidarity means sharing in active freedom. A side-effect of dialogue in the square, solidarity is the sense individuals have of being "close to their fellow citizens," relying on each other, and sharing responsibility for the hardships of others.

To be sure, the public square is an agonistic space, a crucible for tensions and disagreements, where dogmas are confronted, prejudices challenged, and consensus is not a given. Nonetheless such voices, or speech acts, the fundamentals of performative democracy, are the opposite of violence, which, writes Arendt, "is to act without argument and without reckoning with consequences."[4] The practices of performative democracy offer a sharp alternative to tanks and bullets, while at the same time creating conditions for recovering the lost dignity of free people, their subjectivity as social actors, and their identity as citizens.

In December 1981, after 16 months of freedom, the Communist regime imposed a state of emergency, suppressing Solidarity, closing its public squares, and forcing people underground. However, their backs straightened, and the art of dialogue they had developed along with the art of compromise proved to be more durable. This became clear in April 1989 when the first major encounter between a delegalized Solidarity and the government took place at the Roundtable Talks. Given a broader context that lacked any democratic institutions and processes, this was a remarkable event in which the promise of freedom was already squarely inherent in the action. The speech-based performative capacities employed by the Solidarity side moved the negotiations ahead. The talks were a brilliant political installation and performance, with their spirit of improvisation and imaginative solutions. The outcome of this masterpiece reactivated the public square, and an unorthodox, non-violent path to revolutionary change was founded. Negotiating revolution—what an instance of active freedom!

However, performative democracy, especially in its most fervent moments, does not last forever, and perhaps it does not have to. It emerges as the enabler of a new democracy to be born—or to be re-animated when, as often happens in older democracies, it has become too complacent or taken for granted. Once everyday liberal democracy is instituted, with the rule of law at its center, other dimensions of democracy step in to play a leading role. Still, along with the enlivening qualities of performative democracy and the everyday functioning of "gray democracy,"[5] there also occur periods of drought. The public square is still there, along with the institutions of parliamentary democracy, political parties, regular elections, free media, and non-governmental organizations advocating for their causes. What begins to disappear is the Bachtinian upsurge of human ingenuity in forming new relationships between individuals and inventing new social forms.[6] What advances in periods of democratic drought is complacency, intellectual poverty, and abuse.

And today we have a disturbing sense that something is indeed going wrong in this precious square of freedom. Polish historian and former dissident, Karol Modzelewski, noticed that all that is left of the battle-cry of the French Revolution is *liberté*, while *égalité* and *fraternité* are gone.[7] Even if we ourselves—good citizens that we are—did not participate directly in silencing those two principles, it is hard to claim that we did much to stop the silencing. And what if the orphaned *liberté* is on its way out as well? We seem not to be able to spell out the reasons, but we already see the warning signs around us. Why is it that societies once united in their commitment to active freedom are now so fiercely divided? Why is a diversity of people, opinions, cultures, and beliefs—once acknowledged and even embraced in the public square—now shunned? Where have generosity, and hospitality toward the other, gone? Why is it so easy to plant suspicion, and to spread fear and a belief in conspiratorial motivations?

One wonders about the backlash caused by a globalization that has bred mistrust in democratic institutions and destabilized national identities, while not underwriting a sense of a larger, shared, trans-border citizenship. What is particularly distressing, the political divisiveness we see around us looks like a simplistic rendering of the Schmittian concept of the political, as necessarily based on a sharp distinction between friend and enemy. No doubt, the political middle ground is dramatically shrinking in both the new and the old democracies. We are dealing with a variation on the phenomenon of an escape from freedom, which carries the recognizable features of unfreedom, as in fascism, populism, or communism, and yet we still have no name for it.

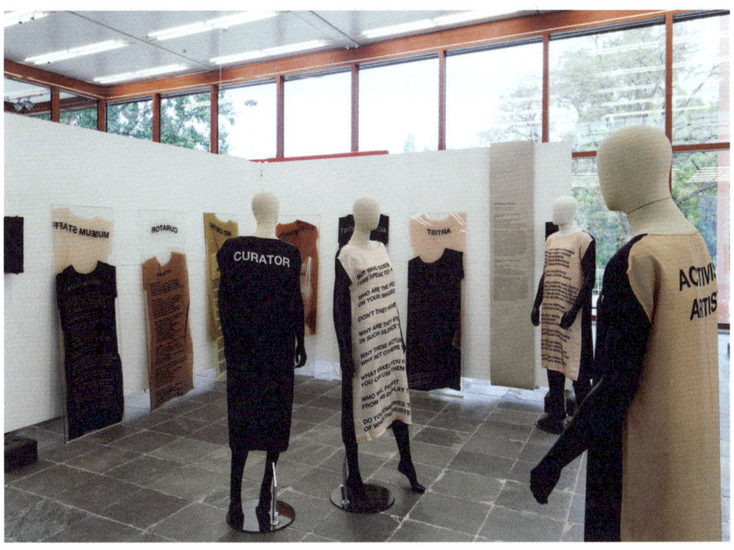

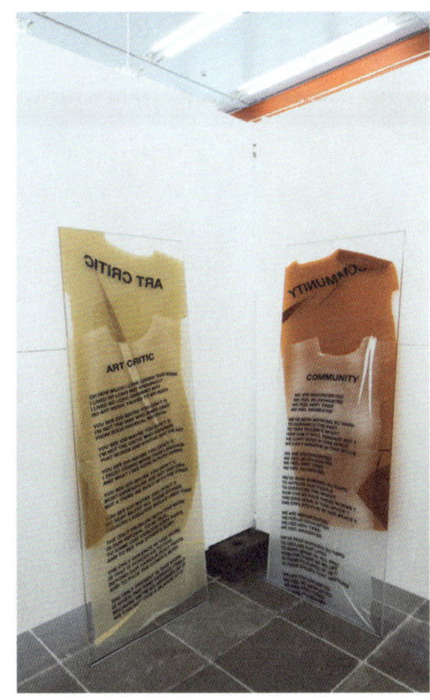

Small Tragic Opera of Images and Bodies in the Museum
2017, Glas, bedruckte Seide, Schaufensterpuppen, Lautsprecher, Verstärker, Ton, 34′ 28″, Dimension variabel, Courtesy Lili Reynaud-Dewar, Galerie Emanuel Layr, Wien und Rom, Sammlung Francesco Giovanelli, Trient, und Sammlung Tony Pecoraro, Castrovillari

Nachdem ein junger schwarzer Mann von der Polizei ermordet worden ist, setzt die Handlung von Lili Reynaud-Dewars „kleiner tragischer Oper" ein, die sie so beschreibt: „Ein Museum zeigt die Ausstellung eines Künstlers, dessen Werke wiederholt auf Archivbilder von Polizeigewalt und schwarzen Körpern zurückgreifen. Teile des Museumspersonals und der lokalen Kunstszene sind entrüstet von dem, was sie als unangemessene und unsensible künstlerische Behauptung wahrnehmen, als eine Fetischisierung von Gewalt und Entfremdung. Der Künstler wird dazu herausgefordert, seine Arbeiten zu rechtfertigen, scheitert aber beim Beantworten der Fragen, beim Beschwichtigen der Besorgnis, des Zorns. Die Spannung steigt. Diese Bilder werden reklamiert. Entschuldigungen werden geschrieben. Wände werden gebaut." Mit ihrer Oper beschreibt Reynaud-Dewar die Folgen einer Identitätspolitik, die Individuen, die nicht den ethnischen Merkmalen einer spezifischen Gruppe entsprechen, das Recht abspricht, sich über die Probleme der Gruppe zu äußern, bzw. den Vorwurf kultureller Aneignung erhebt. Wie soll man sich in Zukunft verhalten, damit miteinander diskutiert werden kann, ohne Trennwände einzuziehen?

Small Tragic Opera of Images and Bodies in the Museum
2017, glass, printed silk, mannequins, speakers, amplifier, sound, 34′ 28″, dimensions variable, courtesy Lili Reynaud-Dewar, Galerie Emanuel Layr, Vienna and Rome, Francesco Giovanelli Collection, Trient, and Tony Pecoraro Collection, Castrovillari

The plot of Lily Dewar's "Small Tragic Opera" unfolds in the aftermath of a young black man's murder by police. She describes her work as follows: "A museum hosts an exhibition by an artist whose work has repeatedly made use of archival images of police violence and black bodies. Some of the museum staff and the local artistic community are outraged by what they consider to be an inappropriate and insensitive artistic proposition, a fetishization of violence and alienation. The artist is challenged to justify his body of works but fails to answer the questions, appease the anxiety, the anger. Tension grows. These images are protested. Apologies get written. Walls are built." With her opera Reynaud-Dewar demonstrates the consequences of identity politics that denies individuals who do not correspond to the ethnic characteristics of a specific group the right to express themselves about the problems of the group or accuses them of cultural appropriation. How are we to behave in future so that people can discuss problems with one another without erecting dividing walls?

It is uncanny, though not unusual, that the challenge to active freedom comes from the very political environment that is enabled by our existing democratic arrangements and freedoms. In some pseudo-democracies like Putin's Russia, the public square has already been deactivated—turned into a Potemkin Village, a monological state square. This has silenced voices, and brought active freedom to a standstill. In the context of still-functioning democracies, this is not easily doable, yet even here the public square might be gradually altering its character. Shouting is replacing dialogue. The hailing of a strong leader may be replacing discussions in which truth can be examined, integrity acknowledged, and strivings for equality activated.

For Arendt, with her insights into the circumstances conditioning unfreedom, the

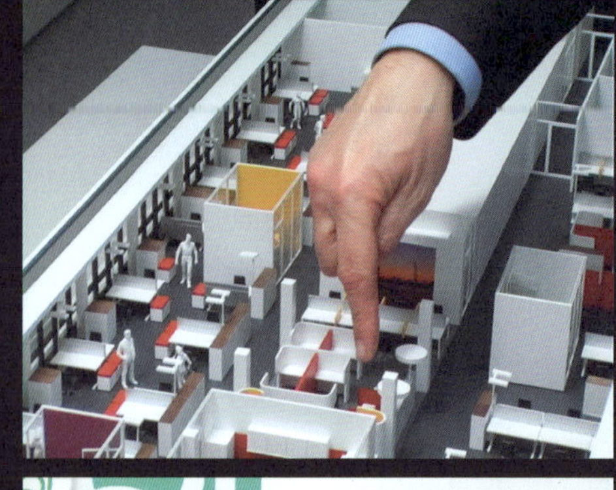

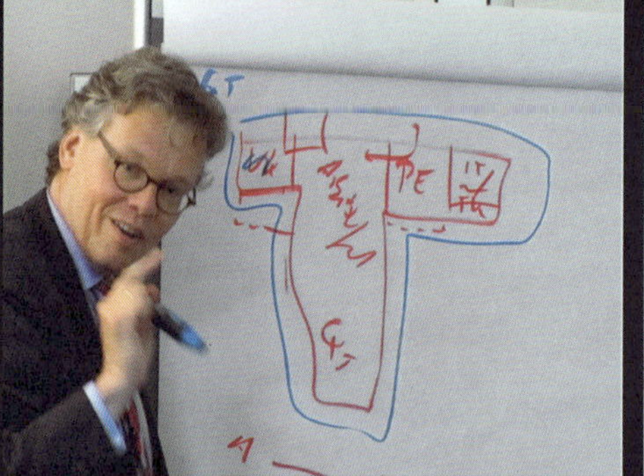

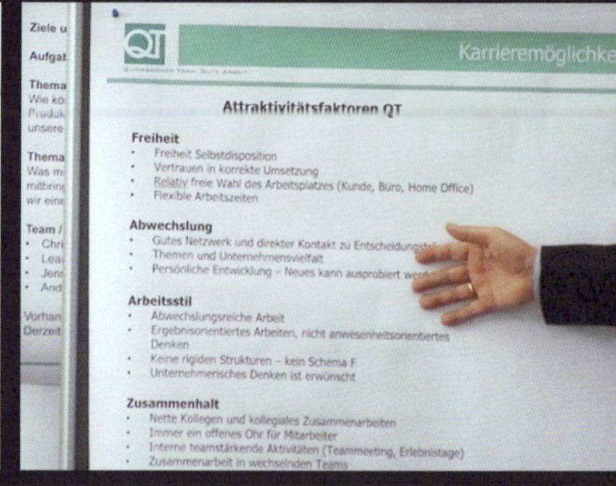

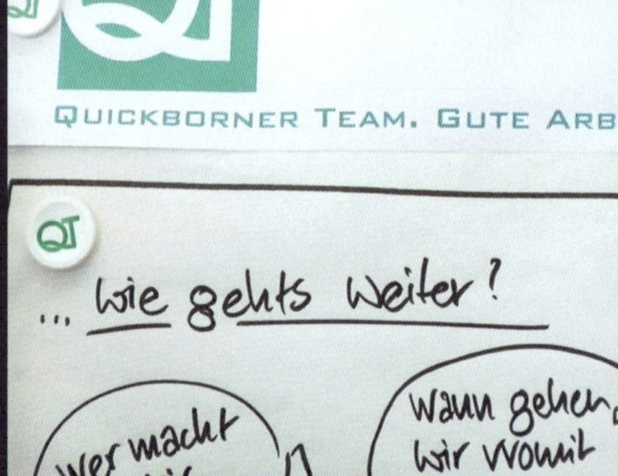

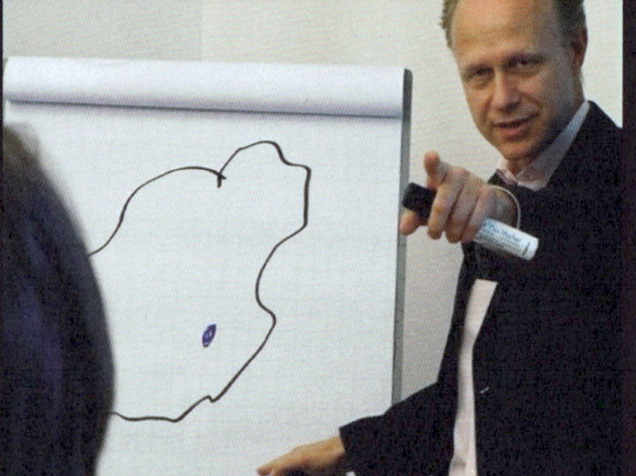

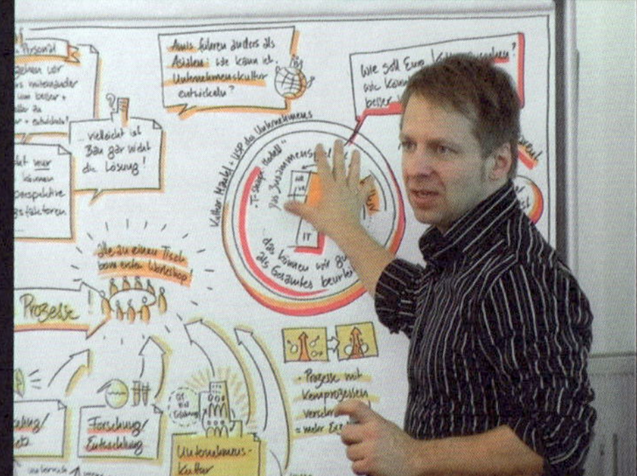

Ein neues Produkt
2012, Video (Farbe, Ton), 36′ 38″, Courtesy Harun Farocki, GbR, Berlin

In der Dokumentation *Ein neues Produkt* begleitet Harun Farocki die Unternehmensberater des Quickborner Teams über den Zeitraum eines Jahres. Dass sie in Besprechungen mit ihren Auftraggebern die Aufgabe haben, in der Büroraumplanung neue Ansätze zu vermitteln, ist oft nicht leicht zu durchschauen. In internen Gesprächen wird dann auch das neue Produkt zwischen den Beratern besprochen: Die Unternehmenskultur soll das Firmengebäude als identitätsstiftendes Merkmal ablösen. Das Streben nach Optimierung, das dem stetig steigenden Einsatz von Beraterinnen und Beratern in Unternehmen zugrunde liegt, wird von den Consultern auf die Angestellten umgelegt, die in Eigenverantwortung in eine Struktur von räumlicher und zeitlicher Mobilität entlassen werden sollen – symptomatisch für das Verständnis des zeitgenössischen Individuums, das sich an Effizienz- und Produktivitätsoptimierung misst und sich selbst als Humankapital definiert.

Ein neues Produkt (A new product)
2012, video (color, sound), 36′ 38″, courtesy Harun Farocki, GbR, Berlin

In the documentation *Ein neues Produkt (A new product)* Harun Farocki accompanies the consultants from Quickborner Team for an entire year. It is often not easy to work out that in the discussions with their clients their task is to communicate new approaches in office space planning. Then, in internal discussions the consultants talk about the new product: The idea is for corporate culture to replace the firm's physical building as the defining characteristic of the company. In the process, they transpose the striving for optimization (and it is the reason for the steadily increasing use of consultants in companies) onto the employees, who are expected to find their own feet in a structure typified by spatial and temporal mobility, and to assume responsibility for themselves. This is typical of how people understand themselves today, measuring themselves in terms of how they optimize their efficiency and productivity, and thus defining themselves as human capital.

shutting down of the living space of freedom means unambiguously the beginning of tyranny.[8] Today, her observations sound unnervingly close to home: "The preparations have succeeded when people have lost contact with their fellow men, as well as the reality around them; for along with these contacts men lose the capacity for both experience and thought."[9] Although neither in United Europe nor in the United States has the public square been fully shut down, we do live in a period of protracted drought. In Poland, the Roundtable, this innovative political tool of hope, is officially detested at the right wing of the political spectrum. All in all, the public square is ignored and neglected. The ultimate eradication or alteration of its dialogicality means that the infrastructure of hope, essential for active freedom, has been dismantled. So, what have we done with our freedom?

We have committed a crime of negligence. It seems that for some, a life outside

137 Amalia Ulman

Privilege 6/29/2016
2016, Lentikulardruck,
118 × 86 × 2 cm,
Courtesy Amalia Ulman,
Arcadia Missa, London, und
Galerie Deborah Schamoni,
München

Privilege 12/8/2015
2016, Fuji-Fotodruck auf
Aludibond hinter Gussharz,
100 × 100 × 0,7 cm,
Courtesy Amalia Ulman und
Arcadia Missa, London

2015 startete Amalia Ulman ihre Onlineperformance *Privilege*, in der sie von ihrem Büro aus die Ereignisse in der Welt und ihre visuellen Ausdrucksformen untersucht und zu eigenen Formaten verarbeitet. Sie spielt dabei keine fiktive Person wie in der vorhergehenden Instagram-Performance *Excellences & Perfections*, sondern eine übertriebene, fast karikaturhafte Version ihrer selbst, die die eigene Angst vor sozialem Abstieg und den Verlust eines bestimmten Lebensstils vor Augen hat. Gleichzeitig reflektiert sie mit *Privilege* – und auch den im Zuge der Performance entstandenen *Monday Cartoons* – die Arbeit der Kunstschaffenden, deren Produktionsprozesse sich immer mehr der Logik der Marktwirtschaft unterwerfen.

Privilege 6/29/2016
2016, lenticular print
of a digital drawing
118 × 86 × 2 cm, courtesy
Amalia Ulman, Arcadia
Missa, London and Galerie
Deborah Schamoni,
Munich

Privilege 12/8/2015
2016, Fuji photo print
on aluminum dibond under
clear composite,
100 × 100 × 0.7 cm,
courtesy Amalia Ulman and
Arcadia Missa, London

In 2015, Amalia Ulman started her online performance *Privilege* in which, from her office, she explores world events and the visual forms in which they are expressed–and on that basis creates her own formats. However, she does not play a fictional person as in the previous Instagram performance *Excellences & Perfections*, preferring instead an exaggerated, almost caricature-like version of herself, someone who visualizes her own fear of losing her place in society and with it a specific lifestyle. Simultaneously, with *Privilege*–and *the Monday Cartoons* produced during the performance–she responds to the work of artists whose production processes are increasingly in thrall to the logic of the market economy.

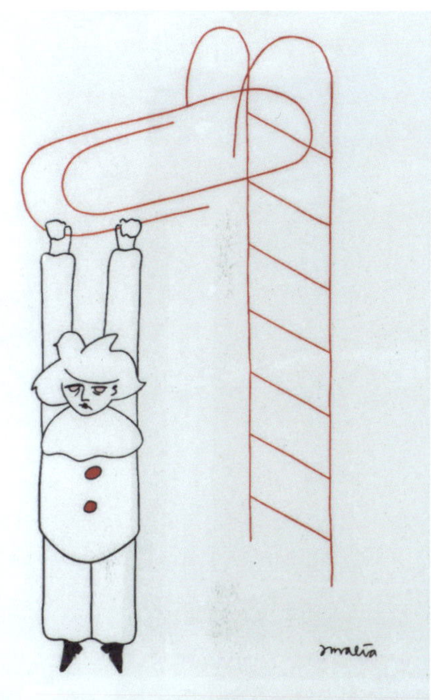

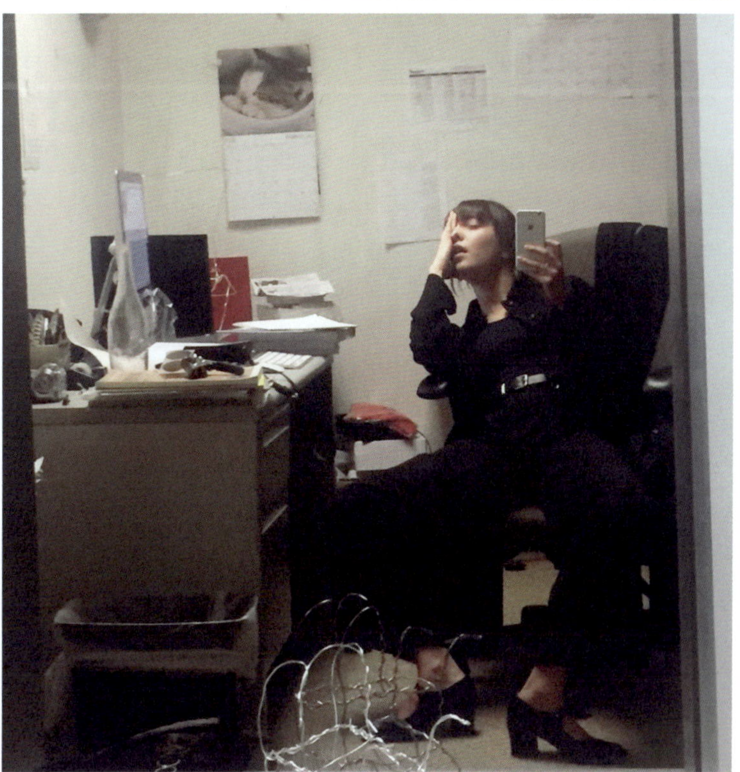

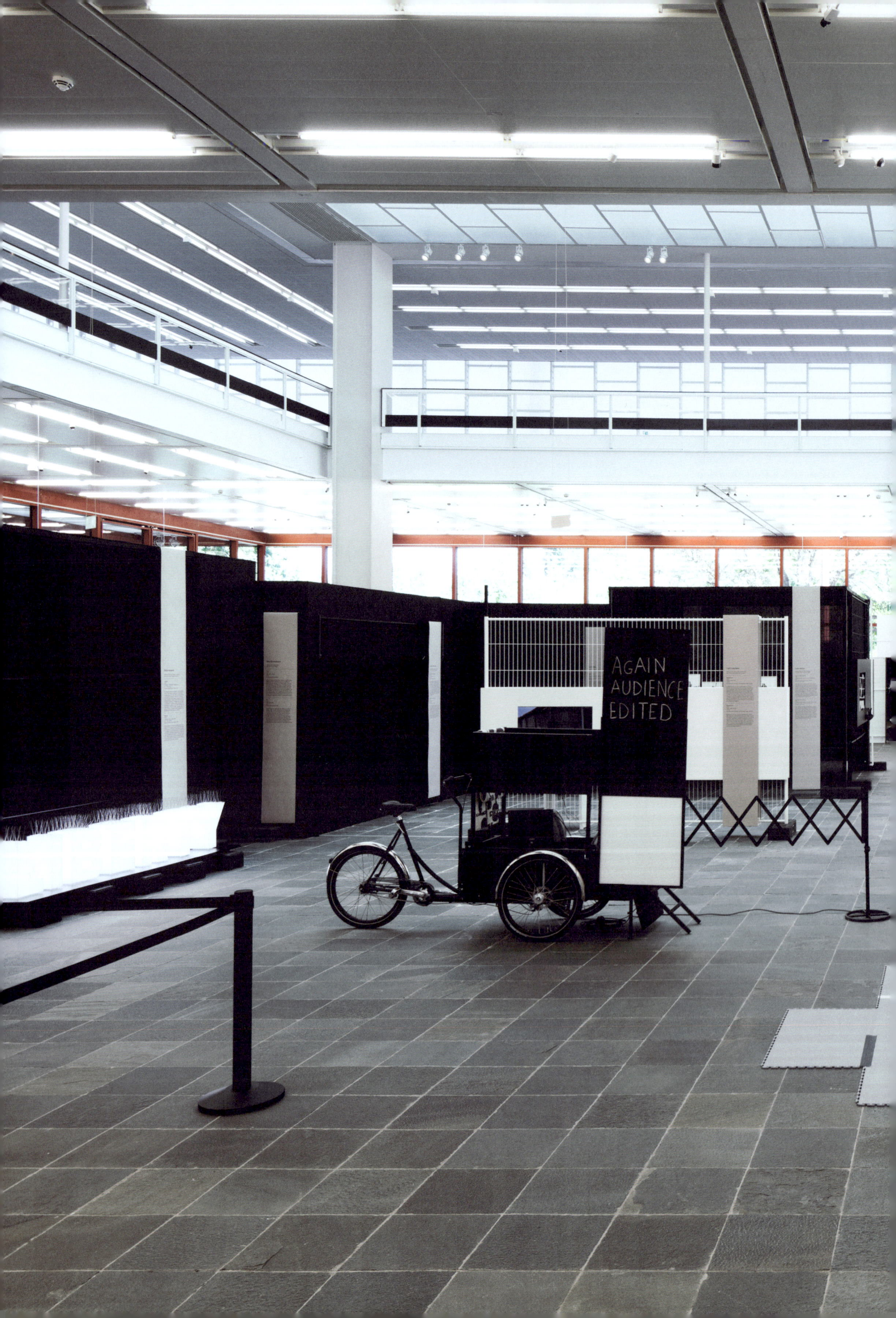
AGAIN
AUDIENCE
EDITED

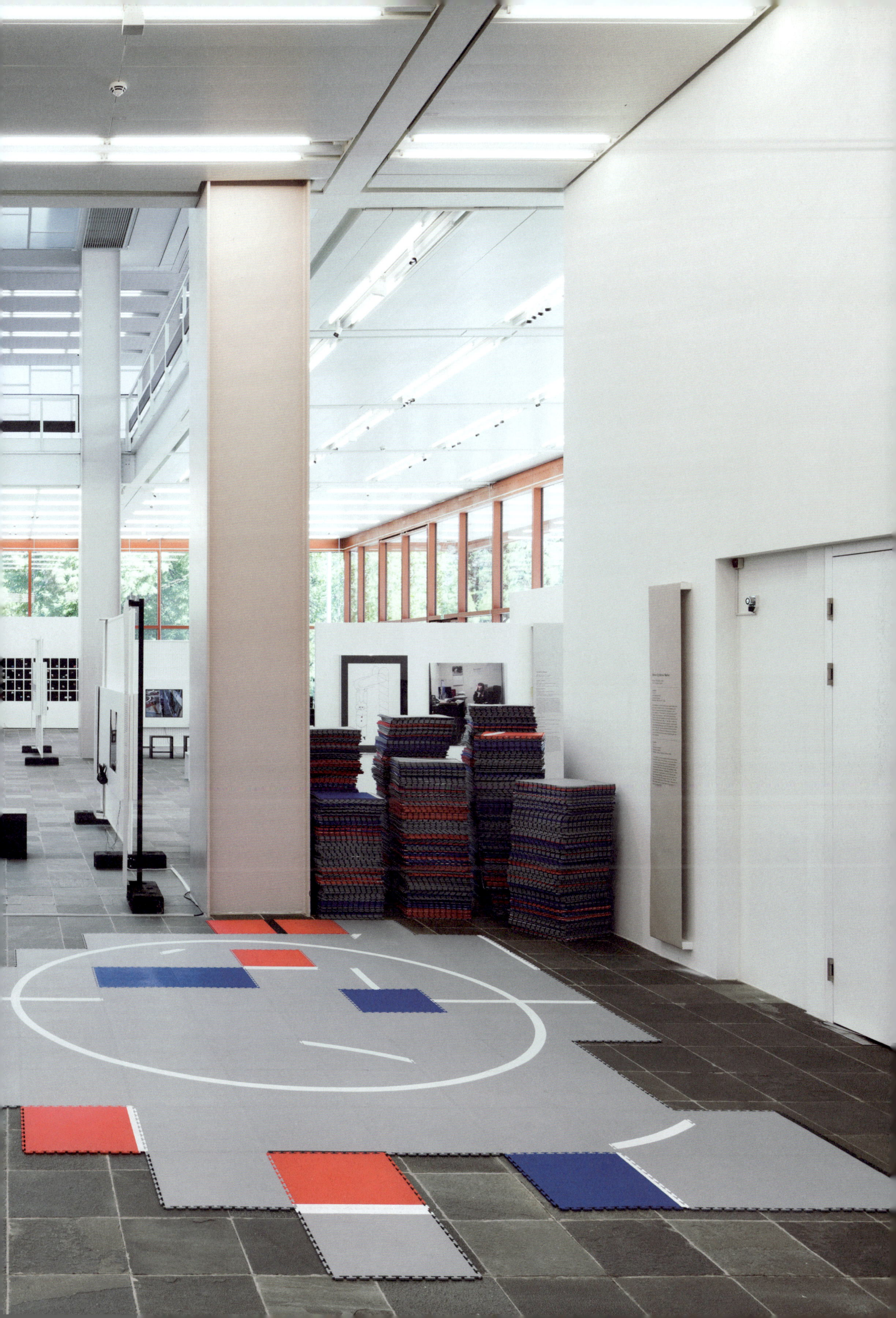

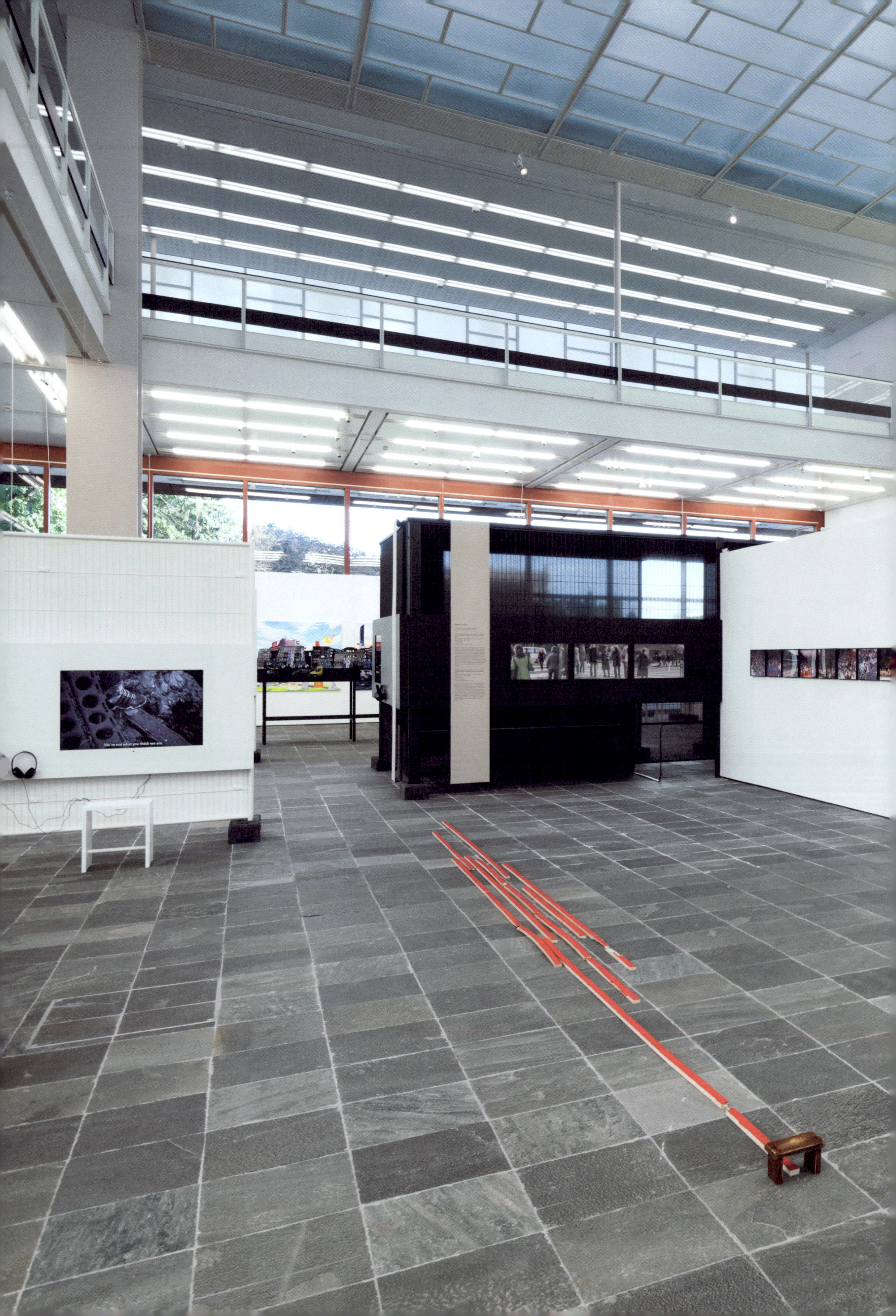
We're not what you think we are.

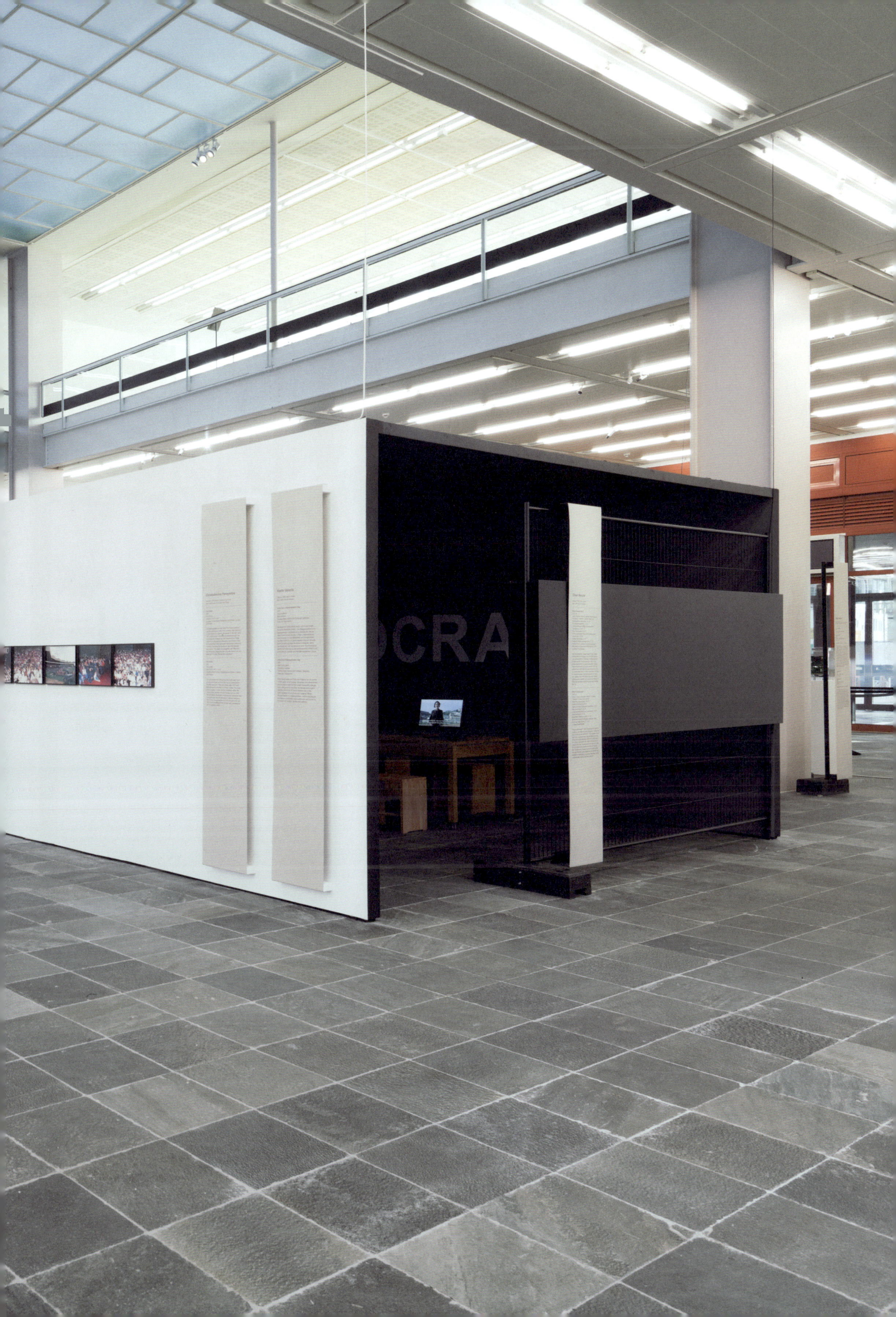

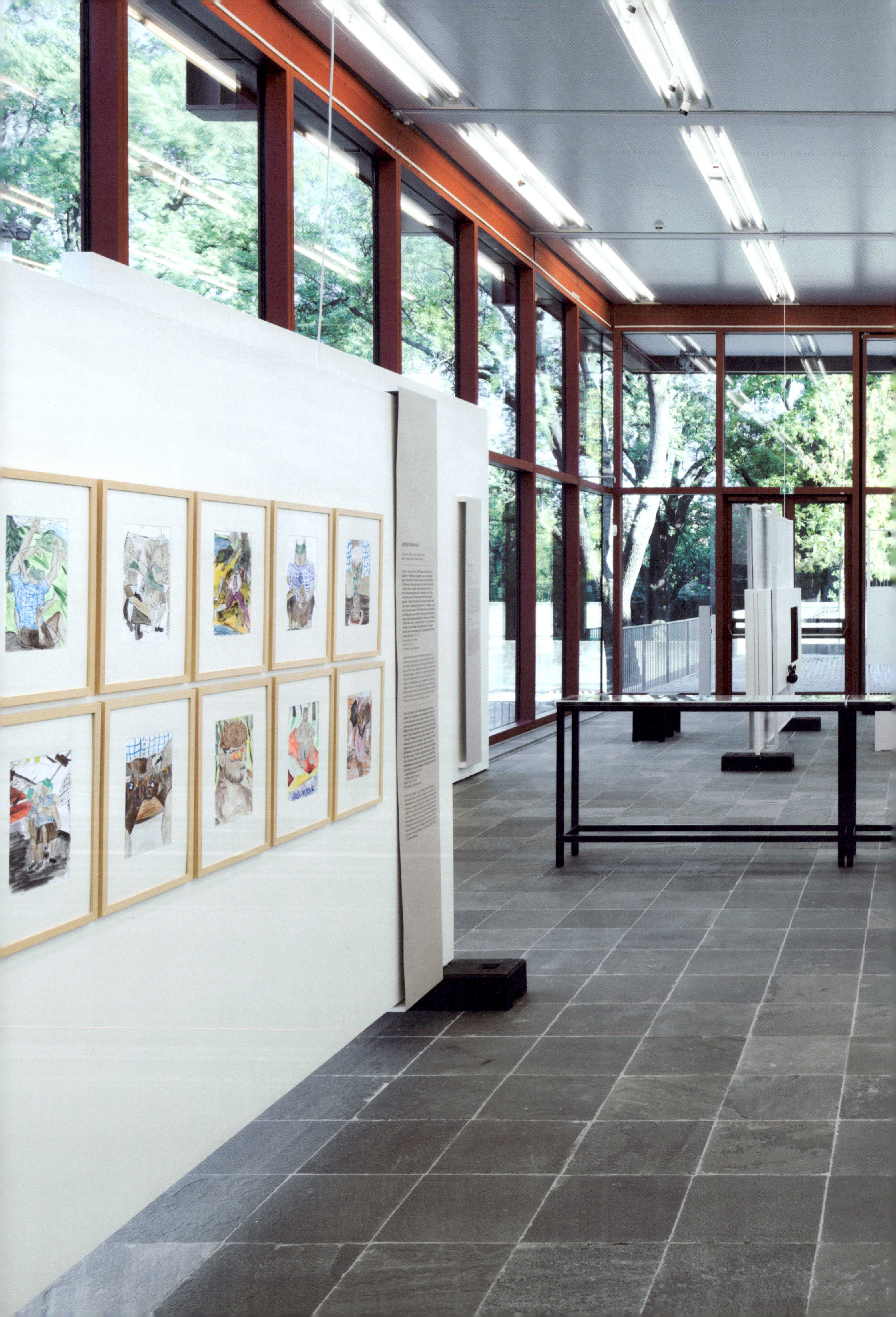

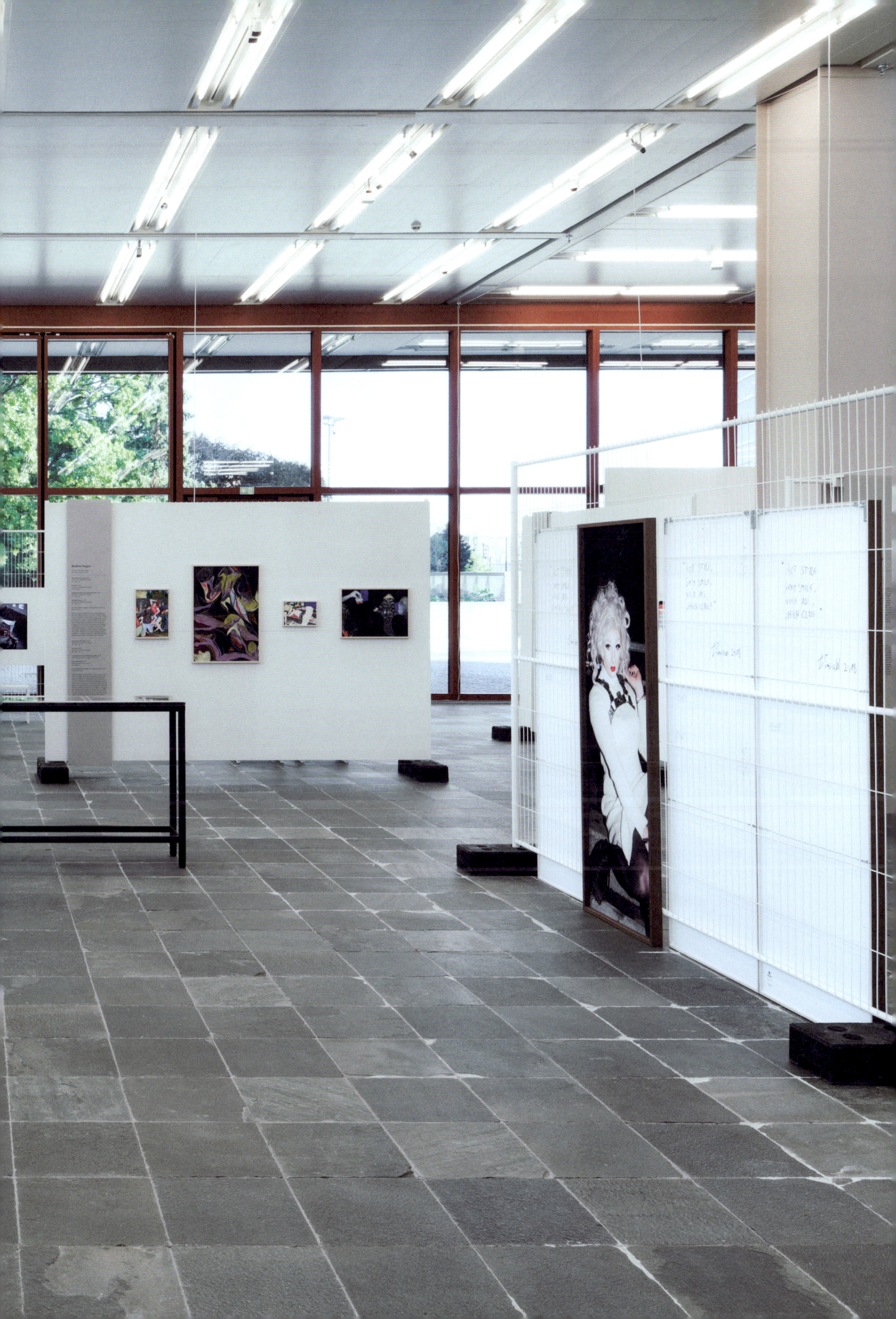
"HOT STYLE
SEXY SMILE,
NICE ASS,

of dialogue, a life in certainty and monologue, might be reassuring and even convenient. For others, the only true reality is that of a postmodern chaos which it is futile to frame as coherent and knowable. In both cases, any effort to build bridges appears to be a non-starter. The problem is that we have neglected the two sustaining principles of active freedom: the principle of dialogue and the principle of solidarity. We have lost the capacity for honest dialogue as members of our shared society. Whether a crime or just recklessness, this has caused not only a growing gap in communication and a growing gap in equality between the haves and the have-nots, but a general feeling that we, as citizens, have let ourselves down.

Pilvi Takala

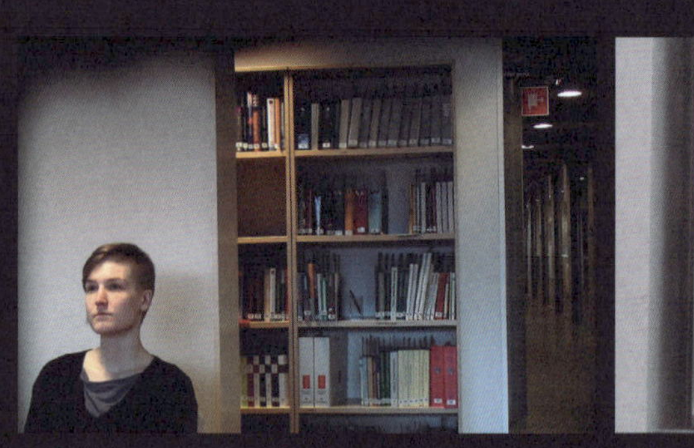

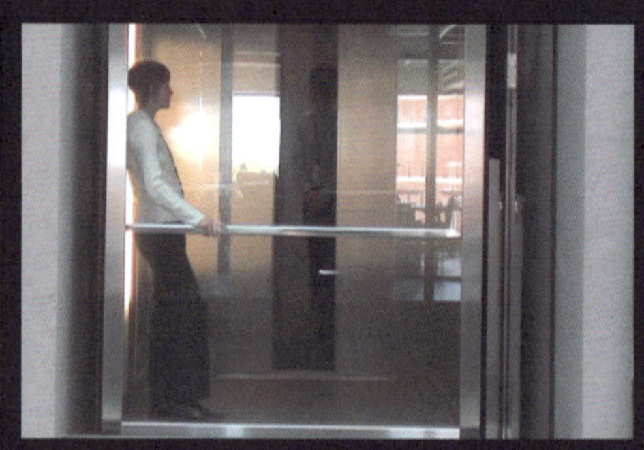

From: X
Sent: February 26 2008 15:00
To: Z
Subject: Trainee at marketing
Importance: High

Hi

A girl, who said her name is Johanna, has been sitting in the 5th floor hall. She says she is a trainee in Marketing. I just wanted to ask, did you lose a trainee and is it ok, that she is doing brain work all day?

X

From: X
Sent: February 27 2008 00:16
To: Z, Y
Subject: marketing-trainee
Importance: High

Hi

As I already mentioned to Z, there has been a person sitting in the Tax library space and staring out of the window with a glazed look in her eyes... Female, very short hair, she said when asked that she's a trainee in Marketing. She sat in front of an empty desk from 10:30 on, went for lunch...

The Trainee
2008, Video (1-Kanal-Version, Farbe, Ton), 13′ 52″, Courtesy Pilvi Takala

Für *The Trainee* ist Pilvi Takala in die Rolle einer Praktikantin geschlüpft. Einen Monat lang arbeitet sie in der Marketingabteilung der internationalen Steuerberatungsfirma Deloitte. Aber ihr Verhalten beunruhigt die anderen Mitarbeiterinnen und Mitarbeiter. Denn sie arbeitet nicht an einem Computer, sondern sitzt am Schreibtisch oder fährt mit dem Lift auf und ab und schaut in die Luft. Angesprochen auf ihre Tätigkeit, antwortet Takala, sie mache „nur ein wenig Kopfarbeit“, was zu regem besorgtem Emailverkehr zwischen anderen Angestellten und der Marketingleitung führt. Als zeitgenössischer Bartleby, der vorzieht, „es nicht zu tun“, verweigert Takala sich einer Produktivitätsmaxime, die andere Mitarbeiterinnen und Mitarbeiter so weit internalisiert haben, dass deren offensichtliche Nichterfüllung die öffentliche Ordnung am Arbeitsplatz zu stören scheint.

The Trainee
2008, video (single channel version, color, sound), 13′ 52″, courtesy Pilvi Takala

For *The Trainee* Pilvi Takala slipped into the role of an intern. For an entire month she worked in the marketing division of international tax consultancy Deloitte. But her behavior upset the other employees because she did not work on her computer but just sat at a desk or went up and down in the elevator and looked into space. When asked what she was doing Takala said “I am just doing some brain work,” which provoked a great deal of concerned emails between her co-workers and the head of marketing. Like a contemporary Bartleby who prefers “not to,” Takala refuses to adopt some maxim of productivity, which other employees have internalized to the extent that when it is blatantly not fulfilled this seems to disturb the public order at the workplace.

The importance of dialogue is in fact strategic. Paraphrasing Arendt, it is through dialogue that we can get closer to our fellow citizens, and it is through dialogue—while learning to think from the viewpoint of others—that we develop the habit of reciprocity.[10] During the Solidarity period the Polish phenomenologist Father Jozef Tischner gave a down-to-earth elucidation of dialogue that we may find useful today: "The first condition of dialogue is the ability to sympathize with the other's point of view. It is not only about compassion, but about something more, a recognition that the other, from his point of view, is always to some extent right. No one voluntarily shuts oneself up in the underground, evidently one must have a reason for it. It is necessary to try to understand this reason. In the first word of a dialogue, there is hidden a confession: 'you must be to some extent right.' This goes along with the second no less important confession: 'surely I am not entirely right.' Both sides surpass themselves in these confessions, striving to the unity of one and the same point of view on things and matters."[11]

In the end, it is in the public square that the interplay between intersubjectivity and sociality can take place. It is in this fertile context that we can grow through dialogue with the other, and that our knowing—the condition for acting—is generated. Never absolute or predetermined, this knowing is locally produced, and open to adjustments and amendments. It drives away our ignorance, and even Arendt—with her inclination to emphasize thinking over knowing—would have seen the cognitive value of the kind of popular, preliminary understanding that is developed in the square and often expressed in the language of the poetic, the imaginative, and the unpredictable.

Any silencing of dialogue caused by a regimented shrinking of the public realm interferes with and limits our comprehension of the world: we believe we know but we do not. Without the public square our actions might be based on what I call *misknowing*. Indeed, even knowing has the capacity to be skeptical, and therefore dialogical (as in Socrates' "I know that I know nothing"), whereas misknowing is always monological (I know that I know). The condition of misknowing is characterized by the failure to question one's knowing, by knowing uncritically and thus erroneously. Indeed, misknowing starts with an absence of any questioning of one's own self-knowledge, and one's own certainty. There is a direct link between misknowing and the shrinking or repressing of active freedom.

So yes, social isolation, a by-product of the closing of the public square, breeds ignorance and despair. When the public square is forced into a state square—where even limited interactions are controlled and staged, and where only one voice is heard, coming anonymously through loud-speakers—ignorance is rewarded by its ties to a comfortable kind of certainty, the sources of getting to know disappear, and knowing becomes misknowing. A misknower believes that he knows, and certainty is a trademark of his knowing.

In 1977, a group of Czech citizens describing themselves as "a free, informal and open association of people of different convictions, different faiths, and different professions, who are linked by the desire, individually or jointly, to insist on the respecting of civil and human rights,"[12] signed a letter of protest known as Charter 77. The *spiritus movens* behind the letter, Jan Patočka, described the dissidents' bond as the "solidarity of the shaken,"[13] the solidarity of people whose daily assumptions and certainties had been shattered. They represented what the key signatory, Václav Havel, later called "the power of the powerless," the decision to live as though they were free.

Read many years later, the thoughts offered by Tischner, a Catholic thinker living in Poland, and Arendt, a secular Jew living in America, seem to be talking with each other. For Tischner, solidarity, "to carry another's burden," is always a solidarity arising from dialogue.[14] For Arendt, it is the capacity to think from the point of view of the other.[15] Tischner says it directly: "As long as I look at myself solely with my own eyes, I know only a part of the truth. As long as you look at yourself with your eyes, you also know only a part of the truth. The complete truth is the fruit of our common experiences—yours about me and mine about you."[16]

While the idea of solidarity appears to be closer to that of brotherhood than to the idea of liberty or equality, Arendt would insist that it is not a mark of sentiment or pity, but a rational, deliberate decision that guides our actions.[17] Still, solidarity introduces a critical corrective to the cold liberal concept of freedom, one of an embodied, active freedom nurtured by the principles of dialogue and solidarity, which provides a much warmer imaginary. With its capacity to build real bonds with others, active freedom lessens fear along with the loneliness of the individual, and opens more plausible prospects for those who do not have it. At the moment, it seems that though our sense of solidarity is deeply invested in the prospects for active freedom, we have failed to retain it.

I think the scary darkening of our times could be brightened by the promise of an active freedom afforded by a robust public square, its warmth beaming from the solidarity of dialogues. We all need to be there again.

1 Michnik's lecture, "From Velvet Revolution to Velvet Dictatorship: Reflections on Democratic Regression," was published on May 3, 2018, Public Seminar, www.publicseminar.org/from-velvet-revolution-to-velvet-dictatorship (accessed on June 14, 2018).

2 Hannah Arendt, "Thoughts on Politics and Revolution" (interview by Adalbert Reif), *The Last Interview and Other Conversations*, New York-London, 2013, p. 91.

3 Arendt often refers to the space of appearance, e.g. *Between the Past and the Future*, Penguin Books, New York, 1968, pp. 148, 154–5.

4 Hannah Arendt, "Reflections on Violence," *Special Supplement: The New York Review of Books*, Vol. 12, no 14, Feb, 27, 1969, p. 65.

5 Adam Michnik, "Grey is Beautiful", in *Letters from Freedom*, Berkeley-Los Angeles-London, 1998.

6 M. Bakhtin, *Rabelais and His World*, Bloomington, 1984, pp. 123, 280.

7 "Karol Modzelewski. Rewolucjonista," ["Karol Modzelewski: A Revolutionary"], interviewed by Donata Subbotko, Gazeta Wyborcza, November 22, 2014.

8 Hannah Arendt, *The Origins of Totalitarianism*, New York, 1951, p. 466.

9 Arendt, 1951, p. 474 (see note 8).

10 Hannah Arendt, "The Crisis of Culture," *Between Past and the Future*, New York, 1977, p. 221.

11 Jozef Tischner, *Etyka Solidarnosci*, Krakow,1981; in English, The *Ethics of Solidarity*, selected by Dobrosław Kot, translated by Anna Fraś, Krakow, 2005, p. 42.

12 Declaration of Charter 77, Prague, January 1, 1977, p. 3. https://ktwop.files.worldpress.com/2011/12/charter-77-declaration.pdf (accessed on June 12, 2018).

13 Jan Patočka, *Heretical Essays in the History of Philosophy*, J. Dodd, ed., Chicago, 1996, p. 134.

14 Tischner, p. 37 (see note 11).

15 Hannah Arendt, "The Crisis of Culture" (see note 10).

16 Tischner, p. 42 (see note 11).

17 Hannah Arendt, *On Revolution*, London, 1977, pp. 88.

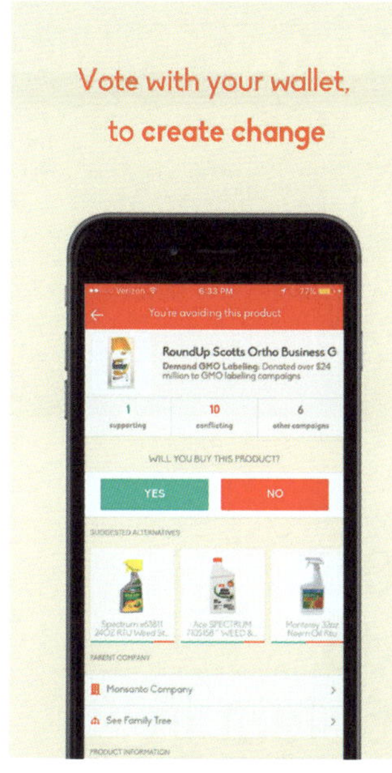

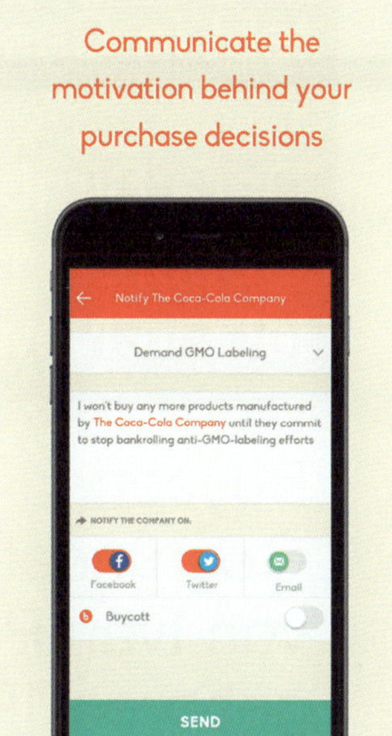

Discover why millions
are using Buycott

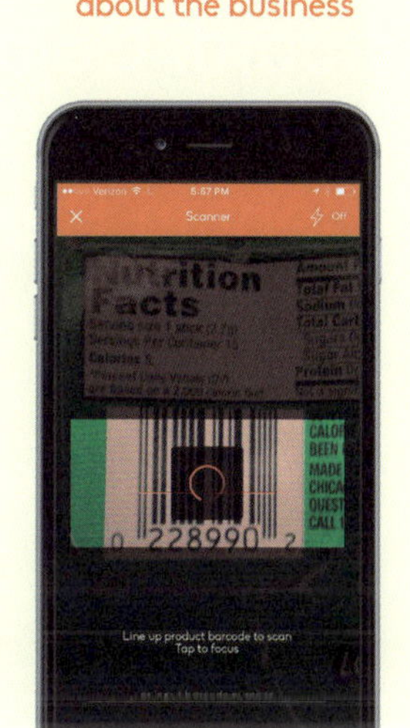

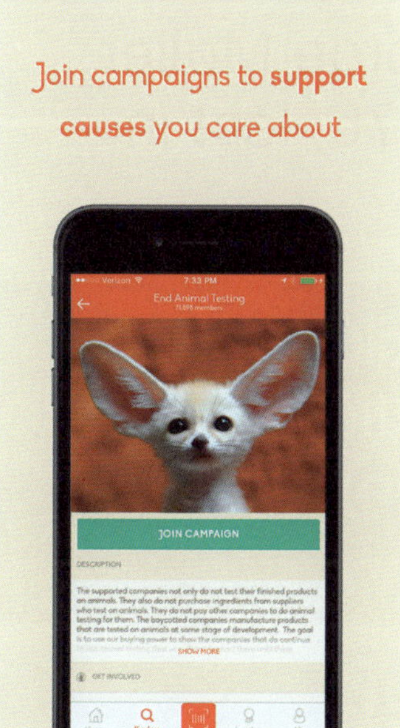

App für iOS und Android, Erweiterung für Chrome, https://www.buycott.com, Courtesy Ivan Pardo

Buycott wurde als App für Mobiltelefone entwickelt, mit der man Strichcodes einscannen und so schnell Informationen zu Produkten einholen kann. Da mittlerweile nicht mehr überschaubar ist, welche Hersteller hinter welchem Produkt stecken, versucht Buycott, Klarheit zu schaffen und Konsumentinnen und Konsumenten eine Entscheidungsgrundlage für ihre Einkäufe zu bieten. Die App zeigt nicht nur an, zu welchem Konzern ein spezifisches Produkt gehört, sondern auch ob und warum dieser in Kritik steht. Darüber hinaus gibt die App auch an, ob ein Erzeugnis konträr zur eigenen Haltung steht, die man über eine Vielzahl von Kategorien wie Umwelt, Menschenrechte, soziale Verantwortung oder ökonomische Gerechtigkeit definieren kann. Buycott versucht so, die Macht der Verbraucherinnen und Verbraucher zu stärken und mittels „Wählen mit der Geldbörse“ den Konsum in eine Form von Aktivismus zu verwandeln.

App for iOS and Android, extension for Chrome, https://www.buycott.com, courtesy Ivan Pardo

Buycott was developed as an app for smartphones that lets you scan barcodes on products to obtain information on them quickly. As it is not always easy to find out which manufacturer is behind a particular product, Buycott attempts to provide clarity and in this way make it easier for consumers to decide whether to buy something or not. The app not only shows which corporation owns a specific product, but also whether the article in question is the focus of criticism, and if so why. In addition, the app shows whether a product goes against your own outlook, which can be defined using a large number of categories such as environments, human rights, social responsibility or economic equity. The aim of Buycott is to try and strengthen the power of consumers, allowing them to “vote with their wallet” and in this way transform consumerism into a kind of activism.

Zbyněk Baladrán
Geboren 1973,
lebt in Český Brod

Dara Birnbaum
Geboren 1946,
lebt in New York

Buycott
Gegründet 2012
von Ivan Pardo,
geboren 1986, lebt in
Los Angeles

Jordi Colomer
Geboren 1962,
lebt in Barcelona
und Paris

Carola Dertnig
Geboren 1963, lebt in
Wien

Simon Dybbroe Møller
Geboren 1976, lebt in
Berlin

Harun Farocki
1944 Nový Jičín
(Neutitschein) –
2014 Berlin

Karin Ferrari
Geboren 1982,
lebt in Wien und
Yogyakarta

Forensic Oceanography
2011 gegründet
von Lorenzo Pezzani,
geboren 1982,
lebt in London,
und Charles Heller,
geboren 1981,
lebt in London

John Gerrard
Geboren 1974, lebt in Dublin und Wien

Johannes Gierlinger
Geboren 1985, lebt in Wien

Lola Gonzàlez
Geboren 1988, lebt in Paris

Johan Grimonprez
Geboren 1962, lebt in Brüssel und New York

Igor Grubić
Geboren 1969, lebt in Zagreb

Eva Grubinger
Geboren 1970, lebt in Berlin

Marlene Haring
Geboren 1978, lebt in London

Hiwa K
Geboren 1975, lebt in Berlin

Leon Kahane
Geboren 1985, lebt in Berlin

Šejla Kamerić
Geboren 1976, lebt in Sarajevo und Berlin

Alexander Kluge
Geboren 1932, lebt in München

Nina Könnemann
Geboren 1971, lebt in Berlin

Laibach
Gegründet 1980,
die derzeitigen Bandmitglieder leben in Ljubljana

Lars Laumann
Geboren 1975, lebt in Oslo und Brüssel

Luiza Margan
Geboren 1983,
lebt in Wien und
Rijeka

Teresa Margolles
Geboren 1963,
lebt in Mexico City
und Madrid

Isabella Celeste Maund
Geboren 1996,
lebt in Basel und
London

Anna Meyer
Geboren 1964,
lebt in Wien

Aernout Mik
Geboren 1962,
lebt in Amsterdam

Matthias Noggler
Geboren 1990,
lebt in Wien

Josip Novosel
Geboren 1988,
lebt in Rottach-Egern

Julian Oliver
Geboren 1974,
lebt in Berlin

Trevor Paglen
Geboren 1974,
lebt in Berlin

Christodoulos
Panayiotou
Geboren 1978, lebt in
Limassol und Paris

Oliver Ressler
Geboren 1970, lebt in
Wien

Lili Reynaud-Dewar
Geboren 1975, lebt in
Grenoble

Ashley Hans Scheirl
Geboren 1956, lebt in
Wien

Christoph Schlingensief
1960 Oberhausen –
2010 Berlin

Andreas Siekmann
Geboren 1961, lebt in
Berlin

Eva Stefani
Geboren 1964, lebt in
Athen und Berlin

SUPERFLEX
Gegründet 1993,
die Mitglieder leben in
Kopenhagen

Pilvi Takala
Geboren 1981, lebt in
Berlin

Philipp Timischl
Geboren 1989, lebt in
Wien

Milica Tomić
Geboren 1960, lebt in
Belgrad und Graz

Betty Tompkins
Geboren 1945, lebt in
New York und Mount
Pleasant

Amalia Ulman
Geboren 1989, lebt in
Los Angeles

Kostis Velonis
Geboren 1968, lebt in
Athen

Kara Walker
Geboren 1969, lebt in
New York

Stephen Willats
Geboren 1943, lebt in
London

Anna Witt
Geboren 1981, lebt in
Wien

Hannes Zebedin
Geboren 1976, lebt in
Vipava und Wien

Zentrum für Politische
Schönheit
Gegründet 2008,
die Mitglieder leben in
Berlin

Tobias Zielony
Geboren 1973, lebt in
Berlin

Artur Żmijewski
Geboren 1966, lebt in
Warschau

Zbyněk Baladrán
Born 1973, lives in
Český Brod

Dara Birnbaum
Born 1946, lives in
New York

Buycott
Founded in 2012 by Ivan
Pardo, born 1986, lives
in Los Angeles

Jordi Colomer
Born 1962, lives in
Barcelona and Paris

Carola Dertnig
Born 1963, lives in
Vienna

Simon Dybbroe Møller
Born 1976, lives in
Berlin

Harun Farocki
1944 Nový Jičín –
2014 Berlin

Karin Ferrari
Born 1982,
lives in Vienna and
Yogyakarta

Forensic Oceanography
2011 founded by Lorenzo Pezzani, born 1982, lives in London, and Charles Heller, born 1981, lives in London

John Gerrard
Born 1974, lives in Dublin and Vienna

Johannes Gierlinger
Born 1985, lives in Vienna

Lola Gonzàlez
Born 1988, lives in Paris

Johan Grimonprez
Born 1962, lives in Brussels and New York

Igor Grubić
Born 1969, lives in Zagreb

Eva Grubinger
Born 1970, lives in Berlin

Marlene Haring
Born 1978, lives in London

Hiwa K
Born 1975, lives in Berlin

Leon Kahane
Born 1985, lives in Berlin

Šejla Kamerić
Born 1976, lives in Sarajevo and Berlin

Alexander Kluge
Born 1932, lives in Munich

Nina Könnemann
Born 1971, lives in Berlin

Laibach
Founded 1980, the current band members live in Ljubljana

Lars Laumann
Born 1975, lives in Oslo and Brussels

Luiza Margan
Born 1983, lives in Vienna and Rijeka

Teresa Margolles
Born 1963, lives in Mexico City and Madrid

Isabella Celeste Maund
Born 1996, lives in
Basel and London

Anna Meyer
Born 1964, lives in
Vienna

Aernout Mik
Born 1962, lives in
Amsterdam

Matthias Noggler
Born 1990, lives in
Vienna

Josip Novosel
Born 1988, lives in
Rottach-Egern

Julian Oliver
Born 1974, lives in
Berlin

Trevor Paglen
Born 1974, lives in
Berlin

Christodoulos
Panayiotou
Born 1978, lives in
Limassol and Paris

Oliver Ressler
Born 1970, lives in
Vienna

Lili Reynaud-Dewar
Born 1975, lives in
Grenoble

Ashley Hans Scheirl
Born 1956, lives in
Vienna

Christoph Schlingensief
1960 Oberhausen –
2010 Berlin

Andreas Siekmann
Born 1961, lives in
Berlin

Eva Stefani
Born 1964, lives in
Athens and Berlin

SUPERFLEX
Founded 1993,
the members live in
Copenhagen

Pilvi Takala
Born 1981, lives in
Berlin

Philipp Timischl
Born 1989, lives in
Vienna

Milica Tomić
Born 1960, lives in
Belgrade and Graz

Betty Tompkins
Born 1945, lives in
New York and
Mount Pleasant

Amalia Ulman
Born 1989, lives in
Los Angeles

Kostis Velonis
Born 1968, lives in
Athens

Kara Walker
Born 1969, lives in
New York

Stephen Willats
Born 1943, lives in
London

Anna Witt
Born 1981, lives in
Vienna

Hannes Zebedin
Born 1976,
lives in Vipava and
Vienna

Center for Political
Beauty
Founded 2008,
the members live in
Berlin

Tobias Zielony
Born 1973, lives in
Berlin

Artur Żmijewski
Born 1966, lives in
Warsaw

Autorinnen und Autoren

Severin Dünser arbeitet als Kurator für zeitgenössische Kunst im Belvedere 21. 2009 gründete er in Wien gemeinsam mit Christian Kobald den Kunstverein COCO, der seit 2012 auf Projektbasis weitergeführt wird. Zuvor leitete er den Projektraum der Galerie Krinzinger, kuratierte Ausstellungen im In- und Ausland und schrieb u. a. für *Spike* und *mono.kultur*.

C Scott Jordan ist Direktionsassistent am Centre for Postnormal Policy and Futures Studies (CPPFS). Er studierte Philosophie an der Creighton University in Omaha, Nebraska, USA, an der er auch seinen Master in Ost-West-Studien machte. Jordan schreibt regelmäßig für die vierteljährlich erscheinende literarische Zeitschrift *Critical Muslim* und arbeitet eng mit dem Asian World Center an der Creighton University zusammen, wo er die Radio-Postcast-Sendung *Tea Talk Asia* moderiert. Seine Arbeit am CPPFS umfasst Bereiche wie Theoriebildung, Content-Erstellung und postnormale Wissenschaftstheorie. Zu seinen Publikationsschwerpunkten zählen postnormale Wissenschaft, Politikwissenschaft, Philosophie und Film.

Oliver Marchart ist seit 2016 Professor für Politische Theorie an der Universität Wien. Zuvor hatte er die Professur für Soziologie an der Kunstakademie Düsseldorf inne. Zu seinen Buchveröffentlichungen zählen u. a.: *Hegemonie im Kunstfeld. Die documenta-Ausstellungen dX, D11, d12 und die Politik der Biennalisierung*, Köln 2008; *Die politische Differenz. Zum Denken des Politischen bei Nancy, Lefort, Badiou, Laclau und Agamben*, Berlin 2010; *Das unmögliche Objekt. Eine postfundamentalistische Theorie der Gesellschaft*, Berlin 2013. Demnächst erscheinen: *Conflictual Aesthetics. Artistic Activism and the Public Sphere*, Berlin; *Thinking Antagonism. Political Ontology after Laclau*, Edinburgh; sowie *Der demokratische Horizont. Politik und Ethik radikaler Demokratie*, Berlin.

Elżbieta Matynia ist Professorin für Liberal Studies und Direktorin des Transregional Center for Democratic Studies an der New School for Social Research in New York. Ihre letzten beiden Publikationen vereinen die Themen Politik, Performancekunst und Bürgerbeteiligung. In *An Uncanny Era*, 2014, veröffentlichte sie Gespräche, die nach dem Umbruch von zwei Dissidenten geführt worden waren, die in Europa zu wahren Symbolfiguren geworden sind: der tschechische Schriftsteller und Präsident Václav Havel und der politische Denker Adam Michnik aus Polen. In *Performative Democracy*, 2009, untersucht Matynia ein Potenzial der Politik, das von der Theorie gerne außer Acht gelassen wird: die Umsetzung der Demokratie durch die Bürgerinnen und Bürger selbst. Die Autorin, die das aufkommende öffentliche Engagement der Bevölkerung in Polen vor 1989 selbst miterlebt hat, geht in diesem Werk den Rahmenbedingungen für die Beteiligung am öffentlichen Leben auf den Grund.

Stella Rollig ist seit Jänner 2017 Generaldirektorin und wissenschaftliche Geschäftsführerin des Belvedere. Sie studierte Germanistik und Kunstgeschichte an der Universität Wien und war als Kunstpublizistin tätig (u. a. ORF, *Der Standard*). Von 1994 bis 1996 war Stella Rollig österreichische Bundeskuratorin für bildende Kunst, in dieser Zeit gründete sie auch *Depot. Kunst und Diskussion* im MuseumsQuartier Wien. Von 2004 bis 2016 leitete die Ausstellungsmacherin das LENTOS Kunstmuseum Linz, ab 2011 zusätzlich das NORDICO Stadtmuseum Linz. Neben ihrer kuratorischen Tätigkeit lehrte Stella Rollig an zahlreichen Instituten.

Authors

Severin Dünser works as curator of contemporary art at the Belvedere 21 in Vienna. Together with Christian Kobald, he founded COCO Kunstverein in 2009 (entirely project-based since 2012). Prior to this, he managed the project space of Galerie Krinzinger, curated exhibitions in Austria and abroad, and wrote for, amongst others, *Spike* and *mono.kultur*.

C Scott Jordan is the Assistant Director of the Centre for Postnormal Policy and Futures Studies (CPPFS). He studied philosophy at Creighton University in Omaha, Nebraska, USA. where he also obtained his Master's Degree in East-West Studies. Jordan is a frequent contributor to the quarterly literary journal *Critical Muslim*. He also works closely with the Asian World Center at Creighton University where he hosts a radio podcast show, *Tea Talk Asia*. In his work with the CPPFS, Scott contributes to theory building, content production, and educational opportunities for developing Postnormal Times Theory (PNT). His writing largely focuses on postnormal times, political science, philosophy and film.

Oliver Marchart has been Professor for Political Theory at the University of Vienna since 2016; prior to that he held the Chair of Sociology at Kunstakademie Düsseldorf. His book publications include: *Hegemonie im Kunstfeld. Die documenta-Ausstellungen dX, D11, d12 und die Politik der Biennalisierung* (Cologne, 2008); *Die politische Differenz. Zum Denken des Politischen bei Nancy, Lefort, Badiou, Laclau und Agamben* (Berlin, 2010); *Das unmögliche Objekt. Eine postfundamentalistische Theorie der Gesellschaft* (Berlin, 2013). Forthcoming: *Conflictual Aesthetics. Artistic Activism and the Public Sphere* (Berlin); *Thinking Antagonism. Political Ontology after Laclau* (Edinburgh), and *Der demokratische Horizont. Politik und Ethik radikaler Demokratie* (Berlin).

Elżbieta Matynia is a Professor of Sociology and Liberal Studies, and director of the Transregional Center for Democratic Studies at the New School for Social Research in New York. Her two recent books bring together theater of politics, performance art, and citizens' agency. An *Uncanny Era* (2014) presents post-revolutionary conversations between Europe's most emblematic former dissidents: Czech playwright and president Václav Havel, and Polish political thinker Adam Michnik. Her *Performative Democracy* (2009) explores a potential in political life that easily escapes theorists: the indigenously inspired enacting of democracy by citizens. Written by one who experienced an emerging public sphere within pre-1989 Poland, it seeks to identify the conditions for performativity in public life.

Stella Rollig has been CEO and Artistic Director of the Belvedere since January 2017. She studied German and art history at the University of Vienna and later worked as an arts journalist (for ORF, *Der Standard*, and others). From 1994 to 1996, Rollig was the Austrian Federal Curator for the Fine Arts; during this time she also founded "Depot, Kunst und Diskussion" at MuseumsQuartier Wien. From 2004 to 2016, she was Artistic Director of the LENTOS art museum in Linz, and from 2011 also Director of NORDICO Stadtmuseum Linz. In addition to her curatorial roles, Rollig has taught at numerous institutions.

Impressum

Dieser Katalog erscheint anlässlich der Ausstellung *Der Wert der Freiheit* vom 19. September 2018 bis 10. Februar 2019 im Belvedere 21, Wien.

Wissenschaftliche Geschäftsführerin / Generaldirektorin:
Stella Rollig
Wirtschaftlicher Geschäftsführer:
Wolfgang Bergmann

Kurator der Ausstellung: Severin Dünser
Kuratorische Assistentin: Gabrielle Berlin

Ausstellungsmanagement und Sammlungsverwaltung:
Stephan Pumberger
Ausstellungsproduktion: Mario Kojetinsky
Kunst und Programmentwicklung: Harald Krejci
Kunstvermittlung: Susanne Wögerbauer,
Naima Wieltschnig, Julia Haimburger
Marketing: Markus Wiesenhofer
Besucher_innenservice: Margarete Stechl
Kommunikation und Digitales Belvedere:
Monika Voglgruber, Irene Jäger
Research Center: Christian Huemer
Restaurierung: Stefanie Jahn, Matthias Müller

Belvedere
Prinz Eugen-Straße 27
1030 Wien
www.belvedere.at

Publikation

Herausgeber_innen: Stella Rollig, Severin Dünser

Autor_innen: Severin Dünser, C Scott Jordan,
Oliver Marchart, Elżbieta Matynia, Stella Rollig
Grafikdesign: grafisches Büro, Wien
Publikationsmanagement: Eva Lahnsteiner
Lektorat: Katharina Sacken
Übersetzung (Deutsch–Englisch): Ishbel Flett (Dünser,
Marchart), Jeremy Gaines (Kurztexte)
Übersetzung (Englisch–Deutsch): Ann Cotten (Jordan),
Thomas Raab (Matynia)
Bildbearbeitung: Pixelstorm, Wien
Druck und Bindung: Grasl FairPrint, Bad Vöslau

Papier: Pergraphica high white rough
Schrift: Arial

Erschienen im:
VfmK Verlag für moderne Kunst GmbH
Salmgasse 4a
1030 Wien
hello@vfmk.org
www.vfmk.org

Vertrieb
Europa: LKG, www.lkg-va.de
UK: Cornerhouse Publications,
www.cornerhousepublications.org
USA: D.A.P., www.artbook.com

Bibliografische Information der Deutschen Nationalbibliothek
Die Deutsche Nationalbibliothek verzeichnet diese Publikation in der Deutschen Nationalbibliografie; detaillierte bibliografische Daten sind im Internet über http://dnb.de abrufbar.

ISBN 978-3-903114-63-0 (Museumsausgabe)
ISBN 978-3-903269-10-1 (Buchhandelsausgabe)

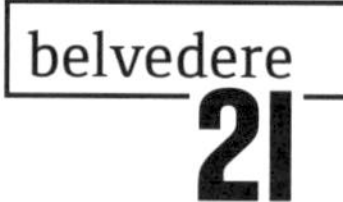

Cover: Milica Tomić, *One day, instead of one night, a burst of machine-gun fire will flash, if light cannot come otherwise*, 2009, Courtesy Charim Galerie Wien

Fotonachweis

Foto: Peter Mochi: S. 18, 25–28, 40–41, 43, 51, 52–55, 59 (re.), 68, 70, 81–86, 90, 93, 103–106, 112, 116, 118, 124, 126–127, 135, 138–143; Foto: Belvedere, Wien, Johannes Stoll: S. 30, 38, 61; © Teresa Margolles, Foto: Jim Frank: S. 48; © Aernout Mik, Foto: Gert Jan van Rooij: S. 57; © Julian Oliver: S. 59 (li.); © Zentrum für Politische Schönheit, Foto: Patryk Witt: S. 72; © Igor Grubić, Boris Hnatjuk, Lovro Čepelak, Vladimir Tatomir, Milica Tomić, Đurđica Bjelošević, Vladimir Tupanjac, Sandra Grubić, Miro Ploj, Zela Luša, Marijeta Karlović, Jana Fabijanić: S. 74/75.

Falls zu einzelnen Abbildungen trotz eingehender Recherche der korrekte Bildnachweis nicht erbracht werden konnte, ersuchen wir in diesen Fällen um Verständnis und bitten um Hinweis für künftige Nennungen.

Colophon

This catalogue is published on the occasion of the exhibition *The Value of Freedom* from September 19, 2018 to February 10, 2019 at the Belvedere 21, Vienna.

Artistic Director, CEO: Stella Rollig
CFO: Wolfgang Bergmann

Curator of the Exhibition: Severin Dünser
Curatorial Assistant: Gabrielle Berlin

Exhibition Management and Loans: Stephan Pumberger
Exhibition Production: Mario Kojetinsky
Exhibitions & Programs: Harald Krejci
Education: Susanne Wögerbauer, Naima Wieltschnig, Julia Haimburger
Marketing: Markus Wiesenhofer
Visitor Services: Margarete Stechl
Communications and Digital Belvedere: Monika Voglgruber, Irene Jäger
Research Center: Christian Huemer
Conservation Department: Stefanie Jahn, Matthias Müller

Belvedere
Prinz Eugen-Straße 27
1030 Vienna
www.belvedere.at

Publication

Editors: Stella Rollig, Severin Dünser

Authors: Severin Dünser, C Scott Jordan, Oliver Marchart, Elżbieta Matynia, Stella Rollig
Graphic Design: grafisches Büro, Vienna
Publication Management: Eva Lahnsteiner
Copy Editing: Louise Stein
Translation (German–English): Ishbel Flett (Dünser, Marchart), Jeremy Gaines (short texts)
Translation (English–German): Ann Cotten (Jordan), Thomas Raab (Matynia)
Picture Editing: Pixelstorm, Vienna
Printed and bound by: Grasl FairPrint, Bad Vöslau

Paper: Pergraphica high white rough
Font: Arial

Published by:
VfmK Verlag für moderne Kunst GmbH
Salmgasse 4a
A-1030 Vienna
hello@vfmk.org
www.vfmk.org

Distribution
Europe: LKG, www.lkg-va.de
UK: Cornerhouse Publications, www.cornerhousepublications.org
USA: D.A.P., www.artbook.com

Bibliographic information published by Die Deutsche Nationalbibliothek
Die Deutsche Bibliothek lists this publication in the Deutsche Nationalbibliografie; detailed bibliographic data is available in the Internet at http://dnb.de.

ISBN 978-3-903114-63-0 (museum edition)
ISBN 978-3-903269-10-1 (trade edition)

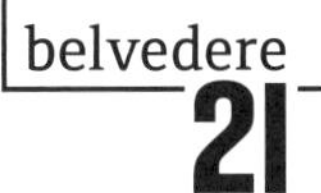

Cover: Milica Tomić, *One day, instead of one night, a burst of machine-gun fire will flash, if light cannot come otherwise*, 2009, Courtesy Charim Galerie Wien

Picture Credits

Photo: Peter Mochi: pp. 18, 25–28, 40–41, 43, 51, 52–55, 59 (right), 68, 70, 81–86, 90, 93, 103–106, 112, 116, 118, 124, 126–127, 135, 138–143; Photo: Belvedere, Vienna, Johannes Stoll: pp. 30, 38, 61; © Teresa Margolles, photo: Jim Frank: p. 48; © Aernout Mik, photo: Gert Jan van Rooij: p. 57; © Julian Oliver: p. 59 (left); © Center for Political Beauty, photo: Patryk Witt: p. 72; © Igor Grubić, Boris Hnatjuk, Lovro Čepelak, Vladimir Tatomir, Milica Tomić, Đurđica Bjelošević, Vladimir Tupanjac, Sandra Grubić, Miro Ploj, Zela Luša, Marijeta Karlović, Jana Fabijanić: pp. 74/75.

© 2018 / Bildrecht, Vienna, for Jordi Colomer, Carola Dertnig, Eva Grubinger, Marlene Haring, Anna Meyer, Andreas Siekmann, Superflex

If in spite of our thorough research any individual illustrations have not been correctly attributed or acknowledged, we offer our apologies and would appreciate any information that will allow us to rectify the matter in future editions.